dtv

Ihr Kleid war hochgerutscht und zeigte mehr, als ich seit Monaten zu sehen bekommen hatte. Sie sah mein Lächeln und erwiderte es. Ich lächelte, sie lächelte, die Welt war eitel Sonnenschein. Als es grün wurde, sprang sie auf und rannte auf mich zu. Ich trat mit dem rechten Fuß die Beifahrertür auf, und sie glitt herein. »Willst du Berg- und Talbahn?« fragte sie, »oder Einmal um die Welt? Willst du Badesalz, Brauner Hund oder Gelbes Meer? Schneebesen? Saugnapf? Besenstiel? Ich mach auch Dreihand-Mary und Kaminfeger. Was soll's sein?«

»Ich will meinen Führerschein erneuern lassen«, sagte ich.

»Fünfzig Dollar.«

»Das machst du auch?«

»Klar.«

Charles Bukowski wurde am 16. August 1920 in Andernach geboren. Er lebte seit seinem zweiten Lebensjahr in Los Angeles. Nach wechselnden Jobs als Tankwart, Schlachthof- und Hafenarbeiter begann er zu schreiben und veröffentlichte weit über vierzig Prosa- und Lyrikbände. Er starb am 9. März 1994 in San Pedro/L. A.

Charles Bukowski
Jeder zahlt drauf

Stories

Deutsch von Carl Weissner

Deutscher Taschenbuch Verlag

Januar 1995
12. Auflage August 2008
Deutscher Taschenbuch Verlag GmbH & Co. KG, München
www.dtv.de
© 1983, 1990 Charles Bukowski
Titel der amerikanischen Originalausgabe:
›Septuagenarian Stew‹
(Black Sparrow Press, Santa Rosa 1990)
© 1993 der deutschsprachigen Ausgabe:
Verlag Kiepenheuer & Witsch, Köln
Die deutsche Ausgabe wurde vom Autor um zwei Stories
erweitert: ›Szenen einer Ehe‹ (Erstveröffentlichung)
und ›Nächtliche Tour‹ (High Times, New York, Dezember 1983)
Umschlagkonzept: Balk & Brumshagen
Umschlagbild: ›Smoker #8‹ von Tom Wesselmann
(VG Bild-Kunst, Bonn 2008)
Satz: IBV Satz- und Datentechnik, Berlin
Druck und Bindung: Druckerei C. H. Beck, Nördlingen
Gedruckt auf säurefreiem, chlorfrei gebleichtem Papier
Printed in Germany · ISBN 978-3-423-11991-7

Inhalt

Ich war elf, meine beiden Freunde Hass und Morgan zwölf, als wir in den großen Ferien eines Tages hinter der Garage meines Vaters im Gras saßen und Zigaretten paffften – ich unter einem Baum, Hass und Morgan mit dem Rücken an der Garagenwand.

»Scheiße«, sagte ich.

»Was ist?« fragte Morgan.

»Wir müssen was unternehmen gegen diese Drecksau«, sagte ich. »Er bringt unsre ganze Gegend in Verruf.«

»Wer denn?« fragte Hass.

»Simpson.«

»Yeah«, sagte Hass, »mich nervt er schon lange mit seinen vielen Sommersprossen.«

»Darum geht's nicht«, sagte ich.

»Ach nee?« meinte Morgan.

»Nee. Der Scheißer behauptet, er hätt letzte Woche unter unserm Haus ein Mädchen gefickt«, sagte ich. »Das ist ne unverschämte Lüge.«

»Klar«, sagte Hass. »Garantiert.«

»Der weiß gar nicht, wie das geht«, sagte Morgan.

»Aber lügen kann er wie gedruckt«, sagte ich.

»Ich hab was gegen Lügenbeutel«, sagte Hass und blies einen Rauchring.

»Mir paßt es nicht, wenn ein Kerl mit Sommersprossen so 'n Scheiß erzählt«, sagte Morgan.

»Na, dann sollten wir ihn vielleicht mal in die Mangel nehmen«, schlug ich vor.

»Warum nicht?« meinte Hass.

»Auf geht's«, sagte Morgan.

Wir gingen bei Simpson die Einfahrt hoch. Da stand er und warf einen Handball ans Garagentor.

»Hey«, sagte ich, »sieh mal an, wer da mit sich selber spielt.«

Simpson fing den zurückprallenden Ball und drehte sich zu uns um. »Tag, Jungs!«

Wir rückten ihm auf die Pelle.

»Mal wieder irgendwelche Mädchen unter irgendwelchen Häusern gefickt in letzter Zeit?« fragte Morgan.

»Nee.«

»Und warum nicht?« sagte Hass.

»Ach, keine Ahnung.«

»Ich glaub, du hast noch nie jemand gefickt, außer dir selber«, sagte ich.

»Ich muß jetzt rein«, sagte Simpson. »Meine Mutter hat gesagt, ich soll das Geschirr spülen.«

»Deine Mutter stopft sichs vorher jedesmal in die Fut«, sagte Morgan.

Wir lachten. Wir rückten Simpson noch dichter auf die Pelle. Ich knallte ihm ohne Vorwarnung eine harte Rechte in den Magen. Er knickte ein und hielt sich den Bauch. Eine halbe Minute blieb er so, dann richtete er sich auf.

»Mein Dad kommt jeden Moment nach Hause«, eröffnete er uns.

»So? Fickt dein Dad auch kleine Mädchen unter Häusern?« fragte ich.

»Nein.«

Wir lachten.

Simpson sagte nichts.

»Seht euch diese Sommersprossen an«, sagte Morgan. »Jedesmal, wenn er ne Kleine unter einem Haus fickt, kriegt er noch ne Sommersprosse dazu.«

Simpson sagte noch immer nichts. Er sah nur zunehmend verängstigt drein.

»Ich hab ne Schwester«, sagte Hass. »Wer sagt mir, daß du nicht versuchst, meine Schwester unter irgendnem Haus zu ficken?«

»Das würd ich nie machen, Hass! Ehrenwort!«

»Yeah?«

»Yeah. Im Ernst!«

»Na, da hast du was, damit du's auch wirklich nicht tust!« Hass drosch ihm eine harte Rechte in den Magen. Simpson knickte wieder ein. Hass bückte sich, griff sich eine Handvoll Erde und stopfte sie ihm hinten ins Hemd. Simpson richtete sich auf. Er hatte Tränen in den Augen. Ein Waschlappen.

»Laßt mich gehn, Jungs! *Bitte!*«

»Wohin denn?« fragte ich. »Willst du dich unterm Rock deiner Mutter verkriechen, während ihr die Teller aus der Fut plumpsen?«

»Du hast noch nie jemand gefickt«, sagte Morgan. »Du hast nichtmal 'n Schwanz. Du pißt aus dem Ohr.«

»Wenn ich dich je dabei erwische, daß du meine Schwester auch nur *ansiehst*, kriegst du so ne Abreibung, daß du wie ne einzige große Sommersprosse aussiehst!« sagte Hass.

»Laßt mich doch gehn! Bitte!«

Mir war danach, ihn gehen zu lassen. Vielleicht hatte er wirklich niemanden gefickt und es sich nur eingebildet. Aber ich war der Anführer und konnte mir kein Mitgefühl leisten.

»Du gehst jetzt mit, Simpson!«

»Nein!«

»Von wegen nein! Du gehst mit! Los! Beweg dich!«

Ich ging hinter ihn und trat ihn kräftig in den Arsch. Er schrie auf.

»Halt's Maul!« brüllte ich ihn an. »Halt's Maul, oder du kriegst noch was Schlimmeres ab! Los jetzt!«

Wir marschierten mit ihm nach vorn und über den Rasen, dann bei mir die Einfahrt hoch und nach hinten in den Garten.

»Jetzt steh stramm!« sagte ich. »Hände an die Hosennaht! Wir halten jetzt ein Femegericht über dich.«

Ich wandte mich an Hass und Morgan. »Wer meint, daß dieser Mann schuldig ist, weil er gelogen hat, er hätte ein Mädchen unter meinem Haus gefickt, der soll jetzt ›schuldig‹ sagen.«

»Schuldig«, sagte Hass.

»Schuldig«, sagte Morgan.

»Schuldig«, sagte ich.

Ich wandte mich an den Gefangenen.

»Simpson, du bist für schuldig befunden!«

Jetzt liefen ihm richtig die Tränen herunter.

»Ich hab nichts gemacht!« schluchzte er.

»Eben. Deswegen bist du schuldig«, sagte Hass. »Weil du gelogen hast!«

»Aber ihr Typen lügt die ganze Zeit!«

»Nicht, wenn's um Ficken geht«, sagte Morgan.

»Darüber lügt ihr am allermeisten! Ich habs euch bloß nachgemacht!«

»Korporal«, sagte ich zu Hass, »knebeln Sie den Gefangenen. Ich hab seine verdammten Lügen satt!«

»Ja, Sir!«

Hass lief zur Wäscheleine. Er fand ein Taschentuch und einen Spüllappen. Während wir Simpson festhielten, stopfte er ihm das Taschentuch in den Mund und zurrte ihm den Spüllappen um den Mund. Simpson gab würgende Laute von sich, und sein Gesicht verfärbte sich.

»Meinst du, er kriegt noch Luft?« fragte Morgan.

»Er kann durch die Nase atmen«, sagte ich.

»Yeah«, meinte Hass zustimmend.

»Was machen wir jetzt?« wollte Morgan wissen.

»Der Gefangene ist schuldig, oder nicht?« sagte ich.

»Yeah.«

»Also. Als Richter verurteile ich ihn hiermit zum Tod durch den Strang!«

Simpson gurgelte irgendwas. Seine Augen sahen uns flehentlich an. Ich lief in die Garage und holte das Seil, das ordentlich aufgerollt an einem großen Nagel an der Wand hing. Ich hatte keine Ahnung, wozu mein Vater das Seil angeschafft hatte. Soviel ich wußte, hatte er es noch nie benutzt. Jetzt sollte es eingeweiht werden.

Ich ging mit dem Seil nach draußen.

Simpson versuchte zu fliehen, aber Hass rannte ihm

nach, hechtete ihm zwischen die Beine und brachte ihn zu Fall. Er zerrte ihn auf den Rücken und schlug ihm ein ums andere Mal die Faust ins Gesicht. Ich lief hin und knallte Hass das lange Ende des Seils ins Gesicht. Er hörte auf und sah zu mir hoch.

»Du Drecksau! Dir kick ich den Arsch in Fetzen!«

»Als Richter hab ich das Urteil gefällt, daß dieser Mann *gehenkt* wird, also wird's auch so gemacht! Jetzt laß die Hände von dem Gefangenen.«

»Ich mach dich *fertig*, du elende Drecksau!«

»*Erst* hängen wir den Gefangenen auf. *Dann* regeln wir zwei unsere Differenzen.«

»Darauf kannst du dich verlassen, verflucht noch mal«, sagte Hass.

»Der Gefangene soll jetzt aufstehn«, sagte ich.

Hass rutschte von ihm runter, und Simpson rappelte sich auf. Blut lief ihm aus der Nase und hinterließ knallrote Flecken auf seiner Hemdbrust. Er schluchzte jetzt nicht mehr und schien sich mit seinem Schicksal abgefunden zu haben. Aber der entsetzte Ausdruck in seinen Augen war ein gräßlicher Anblick.

»Gib mir ne Zigarette«, sagte ich zu Morgan.

Er steckte mir eine zwischen die Lippen.

»Anzünden«, sagte ich.

Er zündete mir die Zigarette an. Ich machte einen Zug, exhalierte durch die Nase und knüpfte das Seilende zu einer Schlinge.

»Schafft den Gefangenen auf die Veranda!« kommandierte ich.

Wir hatten nach hinten heraus eine überdachte Veranda. Ich warf das Seil über einen Balken und zog die Schlinge herunter, bis sie vor Simpsons Gesicht baumelte. Ich wollte eigentlich nicht mehr weitermachen, weil ich fand, daß Simpson genug gelitten hatte, aber ich war der Anführer und würde mich anschließend mit Hass prügeln müssen, und deshalb durfte ich keine Schwäche zeigen.

»Vielleicht sollten wirs sein lassen«, meinte Morgan.

»Dieser Mann ist *schuldig!*« schrie ich.

»Genau!« schrie Hass. »Er soll hängen!«

»Schaut mal, er hat sich in die Hose gepißt«, sagte Morgan.

Tatsächlich, Simpsons Hose hatte vorne einen dunklen Fleck, der sich vergrößerte.

»Kein Mumm«, sagte ich.

Ich legte Simpson die Schlinge um den Hals. Ich zog ihn hoch, bis er nur noch knapp auf den Zehenspitzen stand, dann schlang ich das Ende des Seils um einen Wasserhahn an der Hauswand und zurrte es fest. »Los«, schrie ich, »jetzt aber weg hier!«

Wir sahen uns Simpson an, auf seinen Zehenspitzen. Er drehte sich so ganz sachte und sah schon wie tot aus.

Ich rannte los, dicht gefolgt von Hass und Morgan. Wir liefen über die Einfahrt zur Straße. Dort setzten sich die beiden nach Hause ab, und mir wurde klar, daß ich nirgends hinkonnte. Hass, dachte ich, entweder hast du unsere Prügelei vergessen, oder du hast sie nicht gewollt.

Ich blieb eine Minute auf dem Bürgersteig stehen, dann lief ich zurück in den Garten. Simpson drehte sich noch immer. Ganz sachte. Wir hatten vergessen, ihm die Hände zu fesseln. Er hatte beide Hände oben und versuchte den Druck von seinem Hals zu nehmen, aber seine Finger rutschten ab. Ich rannte zum Wasserhahn, band das Seil los und gab es frei. Simpson plumpste auf die Veranda und kippte vornüber auf den Rasen.

Ich drehte ihn auf den Rücken und machte ihm den Knebel ab. Er sah schlimm aus. Er machte den Eindruck, als würde er sterben. Ich beugte mich zu ihm herunter.

»Hör zu, du Drecksack, stirb mir nicht weg. Ich hab dich nicht killen wollen. Wirklich nicht. Wenn du stirbst, tut's mir leid, aber wenn du *nicht* stirbst, und du sagst *irgend jemand* ein Wort davon, dann ist es garantiert dein Tod! Hast du verstanden?«

Simpson antwortete nicht. Er starrte mich nur an. Er sah gräßlich aus. Sein Gesicht war bläulich angelaufen, und um den Hals hatte er einen roten Striemen von der Schlinge.

Ich richtete mich auf und beobachtete ihn noch eine Weile. Er regte sich nicht. Das sah übel aus. Mir wurde flau, doch ich fing mich wieder. Ich holte tief Luft und ging über die Einfahrt zurück zur Straße. Es war etwa vier Uhr nachmittags. Ich ging die Straße runter, und als ich den Boulevard erreichte, ging ich einfach weiter. Allerhand Gedanken gingen mir durch den Kopf. Mein Leben, so schien es, war verwirkt. Simpson war immer ein Einzelgänger gewesen. Wahrscheinlich war er einsam. Er gab sich nie mit uns anderen ab. In der Beziehung war er eigen. Vielleicht war es das, was uns an ihm störte. Trotzdem hatte er irgendwie auch etwas Nettes an sich. Mir war, als hätte ich etwas sehr Schlimmes getan, doch andererseits auch wieder nicht. Eigentlich war es mehr so ein Gefühl von innerer Leere, das sich in meinem Magen breitmachte. Ich ging und ging, bis hinunter zum Highway und wieder zurück. Meine Schuhe drückten überall. Meine Eltern kauften mir immer billige Schuhe, die vielleicht eine Woche gut aussahen, aber dann wurde das Leder rissig, und die Nägel aus den Sohlen kamen durch. Ich ging trotzdem weiter.

Als ich nach Hause kam, war es beinahe Abend. Ich ging nach hinten in den Garten. Simpson war nicht mehr da. Auch das Seil war verschwunden. Vielleicht war er tot. Vielleicht hatte er sich auch irgendwo verkrochen. Ich sah mich um.

Hinter der Fliegengittertür stand mein Vater.

»Rein mit dir«, sagte er.

Ich stieg auf die Veranda und drückte mich an ihm vorbei.

»Deine Mutter ist noch nicht da, und das ist gut so. Geh auf dein Zimmer. Ich hab mit dir zu reden.«

Ich ging auf mein Zimmer, setzte mich auf die Bettkante und starrte auf meine billigen Schuhe. Mein Vater war einssechsundachtzig groß. Er hatte einen großen Schädel, große Ohren, wulstige Lippen und buschige Brauen, die ihm über die Augen hingen. Er sah gemein aus, ohne sich anstrengen zu müssen.

»Wo bist du gewesen?« fragte er.

»Spazieren.«

»Spazieren. Warum?«

»Ich geh gern spazieren.«

»Seit wann?«

»Seit heute.«

Er schwieg eine ganze Weile. Dann sagte er: »Was ist heute in unserm Garten passiert?«

»Ist er tot?«

»Wer?«

»Ich hab ihn gewarnt, er soll nicht reden. Wenn er geredet hat, dann ist er nicht tot.«

»Nein, tot ist er nicht. Aber seine Eltern wollten die Polizei rufen. Ich mußte lange auf sie einreden, um sie davon abzubringen. Wenn die Polizei gekommen wäre, hätte es deine Mutter umgebracht! Ist dir das klar?«

Ich antwortete nicht.

»Es hätte deine Mutter umgebracht! Ist dir das klar!«

Ich gab keine Antwort.

»Ich mußte ihnen Geld geben, damit sie schweigen. Außerdem muß ich die Arztrechnungen übernehmen. Ich werde dir die Abreibung deines Lebens verpassen! Dir werd ich die Flausen austreiben! Ich zieh keinen Sohn groß, der für die Gesellschaft nichts taugt!«

Er stand regungslos an der Tür. Ich sah diesen massiven Körper an, die Augen unter diesen Brauen.

»Ich will die Polizei, nicht dich«, sagte ich. »Hol die Polizei.«

Er kam langsam auf mich zu.

»Die Polizei weiß nicht, wie man so was wie dich behandeln muß!«

Ich stand vom Bett auf und ballte die Fäuste.

»Na los«, sagte ich. »Ich schlag mich mit dir!«

Er stürzte sich auf mich. Es gab einen grellen Blitz, und

ich lag auf dem Boden. Der Schlag war so hart gewesen, daß ich ihn gar nicht spürte. Ich stand auf.

»Besser, du bringst mich um«, sagte ich. »Wenn ich nämlich groß genug bin, bring ich *dich* um!«

Der nächste Schlag ließ mich unters Bett kullern. Das da unten schien mir ein guter Platz zu sein. Ich sah zu den Sprungfedern hoch und hatte das Gefühl, noch nie etwas gesehen zu haben, das so wunderbar gut war. Dann lachte ich, aus reiner Panik, aber auch, weil mir der Gedanke kam, daß Simpson vielleicht tatsächlich ein Mädchen unter unserem Haus gefickt hatte.

»Was hast du zu lachen, verdammt!« schrie mein Vater. »Du bist wahrhaftig nicht mein Sohn, sondern ein Sohn des *Satans!*«

Ich sah seine große Pranke, die unter dem Bett nach mir tastete. Als sie nahe genug war, packte ich sie mit beiden Händen und biß mit aller Kraft hinein. Er riß die Hand zurück und stieß ein wildes Heulen aus. Ich spürte nasse Hautfetzen in meinem Mund und spuckte sie aus. Dann ging mir auf: Simpson mochte vielleicht nicht tot sein, aber *ich* würde es bald sein.

»Na schön«, hörte ich meinen Vater leise sagen. »Jetzt hast du's herausgefordert, bei Gott, und jetzt kriegst du's auch...«

Ich wartete ab. Alles, was ich hörte, waren merkwürdige Geräusche. Ich hörte Vogelzwitschern, ich hörte das Geräusch vorbeifahrender Autos, ich hörte sogar meinen Herzschlag und das Blut, das durch meine Adern pumpte. Ich konnte die Atemzüge meines Vaters hören, und ich rutschte genau unter die Mitte des Betts und wartete, was als nächstes kommen würde.

Ein Arbeitstag

Brock, der Vorarbeiter, griff dauernd mit der linken Hand nach hinten und bohrte sich die Finger in den Arsch. Seine Hämorrhoiden machten ihm schwer zu schaffen. Das fiel Tom im Laufe des Tages immer wieder auf.

Brock setzte ihm schon seit Monaten zu. Seine runden, leblosen Augen schienen Tom ständig zu beobachten. Während Tom beobachtete, wie zwischendurch die linke Hand nach hinten griff und bohrte. Und Brock hatte es auch auf *seinen* Arsch abgesehen...

Tom machte seine Arbeit so gut wie die anderen. Vielleicht zeigte er nicht ganz soviel Begeisterung wie manche, aber er erledigte den Job. Trotzdem war Brock dauernd hinter ihm her, machte Bemerkungen, verlangte unsinniges Zeug.

Brock war mit dem Fabrikbesitzer verwandt, und man hatte eine Position für ihn gefunden. Vorarbeiter.

Tom packte die Neonröhrenfassung in den acht Fuß langen Karton, den er vor sich hatte, und warf den Karton auf den Stapel, der sich hinten auf seiner Werkbank türmte. Als er sich umdrehte, um die nächste Fassung vom Band zu nehmen, stand Brock vor ihm.

»Ich muß mal mit dir reden, Tom...«

Brock war groß und hager. Sein Oberkörper knickte nach vorn, der Kopf auf dem langen dürren Hals hing vornüber, und der Mund stand immer offen. Die Nase war mehr als prominent und hatte überdimensionale Nasenlöcher. Die Füße waren groß und linkisch. Die Hose schlabberte um die mageren Lenden.

»Tom, du machst deine Arbeit nicht ordentlich.«

»Was soll das? Ich hinke nie hinterher.«

»Ich finde, du stopfst die Kartons nicht richtig aus. Du mußt mehr Schnipsel nehmen. Wir hatten Reklamationen wegen Bruch, und das wollen wir abstellen.«

»Laß doch jeden Packer seine Kartons abzeichnen, und wenn es Bruch gibt, könnt ihrs zurückverfolgen.«

»*Ich* besorge hier das Denken, Tom. Das ist *mein* Job.«

»Sicher.«

»Los, komm mal mit rüber zu Roosevelt und sieh dir an, wie der es macht.«

Sie gingen zu Roosevelt an den Tisch. Roosevelt war seit dreizehn Jahren dabei. Sie sahen zu, wie er die Papierschnipsel um eine Fassung packte.

»Siehst du, was er macht?« fragte Brock.

»Hm, ja...«

»Ich meine, schau dir an, was er mit den Schnipseln macht.«

»Yeah. Er tut sie da rein.«

»Ja, sicher... aber siehst du, wie er die Schnipsel *nimmt*? Er hebt sie hoch und läßt sie fallen... es ist wie Klavierspielen.«

»Damit ist die Fassung nicht unbedingt geschützt.«

»Doch. Kapierst du nicht – er schüttelt das Zeug *auf*.«

Tom zwang sich, ruhig ein- und auszuatmen. »Na schön, Brock, ich werd es aufschütteln.«

»Tu das...«

Brock griff mit der linken Hand nach hinten und bohrte. »Übrigens – du hängst jetzt eine Fassung zurück.«

»Klar. Weil du mit mir geredet hast.«

»Spielt keine Rolle. Sieh zu, daß du nachkommst.«

Brock bohrte noch einmal und ging weg.

Roosevelt lachte in sich hinein. »*Aufschütteln*, Motherfucker.«

Tom lachte. »Wieviel Scheiß muß ein Mensch einstekken, bloß um zu überleben?«

»Jede Menge«, kam die Antwort. »Und noch einiges mehr...«

Tom ging zurück an seine Werkbank und holte den Rückstand auf. Wenn Brock zu ihm hersah, schüttelte er die Schnipsel auf. Und Brock schien immer herzusehen.

Dann war endlich Mittagspause. Dreißig Minuten.

Doch für viele Arbeiter bedeutete die Mittagspause nicht essen, sondern runter ins »Villa« zu gehen und sich eine Dose Bier und Ale nach der anderen reinzuschütten, um sich für die Nachmittagsschicht zu wappnen.

Manche von den Jungs schluckten Aufputschmittel, andere schluckten Beruhigungstabletten. Viele warfen beides ein und spülten es mit Bier und Ale herunter.

Andere saßen in ihren alten Autos auf dem Parkplatz vor der Fabrik, und jeder war auf seiner eigenen Party. Die Mexikaner waren für sich, und die Schwarzen waren für sich, doch manchmal – anders als in den Gefängnissen – waren sie auch beisammen. Weiße gab es nicht viele, nur ein paar Stille aus dem Süden. Tom mochte sie alle, die ganze Bande.

Das einzige Problem in dem Laden war Brock.

Während der Mittagspause saß Tom mit Ramon in seinem Wagen, und sie tranken. Ramon machte die Hand auf und zeigte Tom eine große gelbe Tablette, die aussah, als könnte man davon Maulsperre kriegen.

»Hey, Großer, versuch mal. Danach bist du alle Sorgen los. Vier oder fünf Stunden vergehn wie fünf Minuten. Und es macht dich *stark*. Gibt nichts mehr, was dich müde macht.«

»Nee danke, Ramon. Ich bin schon zu verkrampft.«

»Aber das *ent*krampft dich, kapierst du nicht?«

Tom gab keine Antwort.

»Okay«, sagte Ramon. »Ich hab schon eine geschluckt, aber jetzt nehm ich deine auch noch.«

Er steckte die Tablette in den Mund, setzte die Bierdose an und trank einen Schluck. Tom konnte sehen, wie die enorme Tablette durch Ramons Hals rutschte und verschwand.

Ramon wandte sich langsam zu Tom um und sagte mit einem Grinsen: »Schau, ich hab das verdammte Ding noch nichtmal im Bauch und fühl mich *jetzt* schon besser!«

Tom lachte.

Ramon trank noch einen Schluck Bier und zündete sich eine Zigarette an. Für einen Mann, der sich angeblich sehr gut fühlte, wirkte er sehr ernst.

»Nee, ich bin kein Mann. Ich bin überhaupt kein Mann. Hey, gestern abend hab ich versucht, meine Frau zu ficken. Sie hat dieses Jahr achtzehn Kilo zugenommen. Ich hab mich erst besaufen müssen. Ich hab gestoßen und gestoßen, und *nichts*... Ich hab ihr gesagt, es wär der Job. Es *war* der Job, und auch wieder nicht. Das Schlimmste war, daß *sie* mir leid getan hat. Sie ist aufgestanden und hat den Fernseher angemacht...«

»Mann«, sagte er nach einer Weile, »alles hat sich verändert. Scheint noch keine zwei Jahre her zu sein, da war für mich und meine Frau noch alles interessant und lustig. Wir haben uns über alles schiefgelacht. Jetzt ist das alles weg... verschwunden... ich weiß nicht, wohin...«

»Ich weiß, was du meinst, Ramon...«

Ramon fuhr hoch, als hätte er einen Anpfiff bekommen.

»Scheiße, Mann, wir müssen wieder rein!«

»Dann mal los.«

Tom nahm eine Fassung vom Band, und als er sich umdrehte, wartete Brock auf ihn.

»All right«, sagte Brock, »leg das weg. Komm mit.«

Sie gingen nach vorn zum Fließband der Montage. Dort stand Ramon mit seiner kleinen braunen Schürze und seinem dünnen Schnurrbärtchen.

»Stell dich links neben ihn«, sagte Brock.

Brock hob die Hand, und das Band lief an. Es bewegte die acht Fuß langen Fassungen auf sie zu, unaufhaltsam, mit immer gleicher Geschwindigkeit.

Ramon hatte eine riesige, scheinbar endlose Rolle Papier vor sich. Dickes braunes Packpapier. Die erste Fassung von der Montage kam an. Er riß einen Bogen Papier ab, legte ihn auf den Tisch und setzte die Fassung darauf. Er faltete die Längsseiten des Papiers übereinander und hielt sie mit einem Stück Klebeband zusammen. Dann falzte er das linke und rechte Ende zu einem Dreieck, und die Fassung bewegte sich weiter zu Tom.

Tom riß ein langes Stück gummiertes Band ab und spannte es sorgfältig über die beiden Papierhälften, die zu verkleben waren. Mit zwei kürzeren Stücken klebte er links und rechts die beiden Dreiecke fest. Dann hob er die schwere Fassung hoch, drehte sich um, überquerte einen Gang und stellte sie hochkant in ein Regal an der Wand, wo einer der Packer sie holen würde. Er ging zurück an den Tisch, und dort kam bereits die nächste Fassung auf ihn zu.

Es war der schlimmste Job im ganzen Betrieb, und alle wußten es.

»Du wirst jetzt mit Ramon arbeiten, Tom...«

Brock ging. Es war nicht nötig, auf ihn zu achten. Wenn Tom nicht richtig funktionierte, kam das ganze Montageband ins Stocken.

Als zweiter Mann bei Ramon hatte sich bisher noch niemand lange gehalten.

»Hab doch gewußt, daß du die Gelbe nötig hast«, sagte Ramon und grinste.

Stur kamen die Fassungen an. Tom zog lange Streifen aus dem Dispenser, den er vor sich hatte. Das Klebeband war dick und glänzte feucht. Er zwang sich in den raschen Rhythmus der Arbeit, doch um mit Ramon mithalten zu können, mußte er einiges an Vorsicht opfern, und die rasiermesserscharfen Ränder des Bands schnitten ihm ab und zu tief in die Hände. Die Schnitte waren kaum zu sehen und bluteten nur selten, aber wenn er seine Finger und Handflächen betrachtete, konnte er die hellroten Risse in der Haut sehen. Es gab nie eine Pause. Die Fassungen schienen schneller und schneller zu kommen und immer schwerer zu werden.

»Verflucht«, sagte Tom, »ich sollte den Kram hinschmeißen. Wär nicht eine Pennerbank im Park noch besser als diese Scheiße?«

»Klar«, sagte Ramon. »Alles ist besser als diese Scheiße.«

Ramon arbeitete mit einem starren, irren Grinsen, das die Unmöglichkeit des Ganzen leugnete. Und dann blieb das Band, wie es hin und wieder geschah, mit einem Ruck stehen. Was für ein Geschenk des Himmels!

Etwas hatte sich verklemmt oder überhitzt. Ohne diese Pannen hätten die meisten Arbeiter nicht durchgehalten. In diesen Verschnaufpausen von zwei oder drei Minuten brachten sie ihre fünf Sinne und ihr seelisches Gleichgewicht wieder auf die Reihe. Beinahe.

Die Mechaniker suchten hektisch nach der Ursache der Panne.

Tom schaute hinüber zu den jungen Mexikanerinnen am Montageband. Er fand sie alle ganz fabelhaft. Sie gaben ihre Zeit und ihr Leben für eine öde, stumpfsinnige Arbeit her, aber etwas hielten sie zurück, irgendeine Kleinigkeit bewahrten sie sich. Viele hatten kleine Schleifen im Haar – blau, gelb, grün, rot... Sie machten private Scherze und hatten immer etwas zu lachen. Sie zeigten allerhand Courage. Ihre Augen wußten etwas.

Doch die Mechaniker waren äußerst tüchtig, das Band lief wieder an, die Fassungen kamen auf Tom und Ramon zu, und sie arbeiteten alle wieder für die Sunray Company.

Und nach einer Weile wurde Tom so müde, daß man es schon nicht mehr Müdigkeit nennen konnte; er kam sich vor, als wäre er betrunken, als wäre er wahnsinnig, als wäre er beides zugleich.

Als er wieder ein Klebeband auf eine Fassung pappte, brüllte er plötzlich »SUNRAY!«

Vielleicht war es sein Ton oder das Timing, jedenfalls mußten alle lachen – die Mexikanerinnen, die Packer, die Mechaniker, selbst der alte Mann, der mit einer Ölkanne herumlief und die beweglichen Teile nachsah. Sie lachten alle, weil es so verrückt war.

Brock kam heraus.

»Was ist hier los?« wollte er wissen.

Er erntete nichts als Schweigen.

Die Fassungen kamen und gingen. Und die Arbeiter blieben.

Dann, irgendwie, war Feierabend. Es war wie das Erwachen aus einem Alptraum. Sie gingen zu den Kartenständern, zogen ihre Karten heraus, stellten sich an der Stechuhr an und stempelten aus.

Tom haute seine Karte rein, steckte sie zurück und ging hinaus zu seinem Wagen, der zum Glück ansprang, und als er auf die Straße fuhr, dachte er: Hoffentlich kommt mir niemand in die Quere. Ich glaube, ich bin zu schwach, um auf die Bremse zu treten.

Unterwegs sah er, daß die Benzinuhr auf Reserve schaltete. Er war zu müde, um an einer Tankstelle zu halten und Benzin zu zapfen.

Zuhause konnte er gerade noch den Wagen parken. Er ging zu seiner Haustür, schloß auf und ging rein. Das erste, was er sah, war Helena, seine Frau. Sie trug ein loses, angeschmuddeltes Hauskleid und lag auf der Couch, den Kopf auf einem Kissen, streckte alle viere von sich und schnarchte mit offenem Mund. Sie hatte einen ziemlich runden Mund, und das Schnarchen war eine Mischung aus Spucken und Schlucken, als könnte sie sich nicht entscheiden, ob sie ihr Leben ausspucken oder runterschlucken wollte.

Die Frau war unglücklich. Sie fand, daß sie ein unerfülltes Leben hatte.

Auf dem Couchtisch stand eine Halbliterflasche Gin. Sie war dreiviertel leer.

Toms Söhne, Rob und Bob, fünf und sieben Jahre alt, warfen einen Tennisball an die Wand. Es war die Wand nach Süden, an der keine Möbel standen. Die Wand war einmal weiß gewesen, doch jetzt war sie von den endlos aufprallenden Tennisbällen mit Schmutzflecken gesprenkelt.

Die Jungs nahmen von ihrem Vater keine Notiz. Sie hatten ihr Spiel unterbrochen und stritten sich jetzt.

»Das war ein Strike out!«

»Nein! Das ist Ball Four!«

»Strike Three!«

»Ball Four!«

»Hey, Moment«, sagte Tom. »Kann ich euch zwei mal was fragen?«

Sie drehten sich um und starrten ihn fast beleidigt an.

»Yeah«, sagte schließlich Bob, der Siebenjährige.

»Wie könnt ihr Baseball spielen mit einem Ball, den ihr an eine Wand schmeißt?«

Sie sahen ihn an. Dann drehten sie sich um und ignorierten ihn.

»Strike Three!«

»Ball Four!«

Tom ging in die Küche. Auf dem Herd stand ein weiß emaillierter Topf. Unter dem Deckel quoll dunkler Qualm heraus. Tom hob den Deckel. Auf dem Boden des Topfes sah er eine schwarze Masse von verkohlten Kartoffeln, Möhren und Gulasch. Er schob den Topf zur Seite und drehte die Gasflammen ab.

Er ging zum Kühlschrank. Eine Dose Bier stand darin. Er nahm sie, riß sie auf und trank einen Schluck.

Im Wohnzimmer flog wieder der Tennisball an die Wand.

Dann hörte er noch etwas anderes. Helena. Sie hatte etwas angerempelt. Dann war sie da und stand in der Küche. In der rechten Hand hielt sie die Ginflasche.

»Schätze, du bist sauer, hm?«

»Wenn du bloß die Jungs abfüttern würdest…«

»Du läßt mir jeden Tag nur 'n lausigen Zwanziger da. Was soll ich mit 'm lausigen Zwanziger schon machen?«

»Du könntest wenigstens Klopapier kaufen. Jedesmal, wenn ich mir den Arsch abwischen will und mich umsehe, hängt nur ne leere Papprolle da.«

»Hey, eine Frau hat *auch* Probleme! Was denkst du, was ich hier für ein Leben hab? Du kommst jeden Tag raus und kriegst was von der Welt zu sehen! Ich muß hier rumhokken! Du machst dir keine Vorstellung, wie das ist, Tag für Tag!«

»Yeah, naja, da ist was dran...«

Helena trank einen Schluck aus ihrer Ginflasche.

»Du weißt, ich hab dich gern, Tommy, und wenn du unglücklich bist, tut's mir weh. Es tut mir in der Seele weh. Wirklich wahr.«

»Schon gut, Helena. Komm, wir setzen uns hin und beruhigen uns wieder.«

Tom ging zur Frühstücksnische und setzte sich. Helena kam mit ihrer Halbliterflasche nach und setzte sich ihm gegenüber. Sie sah ihn an.

»Ach je, was ist denn mit deinen Händen?«

»Neuer Job. Ich muß mir für meine Hände was einfallen lassen... Kreppband... Gummihandschuhe... irgendwas...«

Seine Bierdose war leer. »Sag mal, hast du noch mehr Gin da?«

»Yeah, glaub schon...«

Er sah ihr nach, wie sie zum Hängeschrank ging, nach oben griff und eine Flasche herausnahm. Sie kam damit zurück und setzte sich wieder. Tom pellte das Zellophan von der Flasche.

»Wieviel hast du von denen?«

»Ein paar...«

»Gut. Wie trinkt man das? Pur?«

»Wenn du willst.«

Tom trank einen ordentlichen Schluck. Er betrachtete seine Hände, machte sie auf und zu und sah sich an, wie die roten Risse sich öffneten und schlossen. Es war faszinierend.

Er nahm die Flasche, schüttete sich ein wenig Gin auf die Handfläche und rieb die Hände zusammen.

»Aua! Das Scheißzeug brennt!«

Helena trank einen Schluck aus ihrer Flasche. »Tom, warum besorgst du dir nicht 'n andern Job?«

»Einen anderen Job? Wo denn? Auf *meinen* warten ja schon hundert Kerle...«

Rob und Bob rannten herein und kamen mit quietschenden Sohlen vor dem Tisch zum Stehen.

»Hey«, sagte Bob, »wann *essen* wir denn?«

Tom sah Helena an.

»Ich glaub, ich hab noch Wiener da«, sagte sie.

»Schon wieder Wiener?« fragte Rob. »*Wiener? Ich hasse Wiener!*«

Tom sah seinen Sohn an. »Hey, Freundchen, mal langsam...«

»Na«, sagte Bob, »wie wärs dann mit 'm verdammten Drink?«

»Du kleiner Drecksack!« schrie Helena.

Sie holte aus und drosch Bob die flache Hand aufs Ohr.

»Schlag nicht die Kinder, Helena«, sagte Tom. »Schläge hab ich als Kind mehr als genug gekriegt.«

»Sag du mir nicht, wie ich mit meinen Kindern umzugehen hab!«

»Es sind auch meine...«

Bob stand da. Sein Ohr war knallrot angelaufen.

»So, du willst also 'n verdammten Drink, hm?« fragte ihn Tom.

Bob gab keine Antwort.

»Komm her«, sagte Tom.

Bob stellte sich neben seinen Vater. Tom gab ihm die Flasche.

»Los, trink. Da hast du deinen verdammten Drink.«

»Tom, was *machst* du denn?« fragte Helena.

»Na los... trink schon«, sagte Tom.

Bob setzte die Flasche an und trank einen Schluck. Er gab die Flasche zurück und blieb stehen. Plötzlich wurde er blaß. Sogar das rote Ohr verlor Farbe. Er hustete. »Das Zeug ist ja *furchtbar!* Als ob man *Parfüm* trinkt! Warum trinkt ihr das?«

»Weil wir blöd sind. Du hast blöde Eltern. Jetzt geh ins Schlafzimmer und nimm deinen Bruder mit...«

»Dürfen wir da drin fernsehen?« fragte Rob.

»Meinetwegen. Aber geht jetzt...«

Sie gingen im Gänsemarsch raus.

»Mach du aus meinen Kindern bloß keine *Säufer!*«, sagte Helena.

»Ich hoffe nur, daß sie im Leben mehr Glück haben als wir.«

Helena trank den Rest aus ihrer Flasche.

Sie stand auf, nahm den angebrannten Topf vom Herd und knallte ihn ins Spülbecken.

»Verschon mich mit dem gottverdammten Krach!« sagte Tom.

Helena schien zu weinen. »Tom, was sollen wir nur *machen?*«

Sie ließ heißes Wasser in den Topf laufen.

»Machen?« fragte Tom. »Gegen was?«

»Gegen dieses Leben, das wir führen müssen.«

»Gibt nicht viel, was wir da machen können.«

Helena kratzte das verkohlte Essen heraus und quetschte etwas Spülmittel in den Topf. Dann griff sie in den Hängeschrank und holte eine weitere Flasche Gin heraus. Sie setzte sich wieder Tom gegenüber und pellte das Zellophan ab.

»Der Topf muß ne Weile einweichen... Ich stell dann die Wiener auf...«

Tom trank aus seiner Flasche und stellte sie wieder hin.

»Baby, du bist vielleicht ne Suse... ne alte Heulsuse...«

Die Tränen liefen ihr noch immer herunter. »Ach ja? Was glaubst du, wer mich dazu gemacht hat? Einmal darfst du raten!«

»Ganz einfach«, antwortete Tom. »Zwei Leute – du und ich.«

Helena trank den ersten Schluck aus der neuen Flasche. Prompt hörten die Tränen auf. »Hey«, sagte sie mit einem kleinen Lächeln, »ich hab ne Idee. Ich such mir einen Job

als Kellnerin oder so was... Dann kannst du ne Weile aus-
spannen, weißt du... Was meinst du?«

Tom griff über den Tisch und nahm ihre Hand.

»Bist ein gutes Mädchen, aber lassen wirs, wie es ist.«

Die Tränen kamen wieder. Flennen, das konnte sie,
seine Helena. Vor allem, wenn sie Gin trank. »Tommy,
liebst du mich noch?«

»Klar, Baby. Wenn du dich von der besten Seite zeigst,
bist du wunderbar.«

»Ich liebe dich auch, Tom, das weißt du...«

»Aber sicher, Baby. Trinken wir darauf!«

Tom hob seine Flasche. Helena hob ihre.

Sie stießen mit ihren Ginflaschen an, und jeder trank auf
das Wohl des anderen.

Im Schlafzimmer hatten Rob und Bob den Fernseher an –
laut. Die Sendung hatte eine Lachspur, und die Leute auf
der Lachspur lachten und lachten und lachten.

Harry erwachte in seinem Bett. Er war verkatert. Es war ein schlimmer Kater.

»Shit«, sagte er leise.

Das Zimmer hatte ein kleines Waschbecken. Er stand auf, pinkelte hinein und drehte den Wasserhahn auf, um es wegzuspülen. Er beugte sich hinunter, legte den Kopf schräg und trank ein wenig, dann plätscherte er sich Wasser ins Gesicht und nahm einen Zipfel des Unterhemds, das er anhatte, zum Abtrocknen. Man schrieb das Jahr 1943.

Harry hob seine Kleider vom Fußboden auf und zog sich langsam an. Die Rollos waren unten, aber es war nicht dunkel. Sie hatten Löcher und Risse, durch die das Licht drang. Es gab *zwei* Fenster. Eine Bude mit Klasse.

Er ging den Flur hinunter, schloß die Tür hinter sich ab und setzte sich aufs Klo. Es war erstaunlich, daß immer noch was kam. Wo er doch seit Tagen nichts mehr gegessen hatte.

Herrgott, dachte er, die Menschen haben Därme, Münder, Lungen, Ohren, Bauchnabel, Geschlechtsteile... Haare, Poren, Zungen, manchmal Zähne und was sonst noch – Fingernägel, Wimpern, Zehen, Knie, Mägen...

Es hatte so etwas Ermüdendes. Warum hörte man keinen klagen?

Harry wischte sich den Hintern mit dem groben Klopapier, das sie in all diesen Pensionen hatten. Jede Wette, daß die Wirtinnen was Besseres nahmen. All die frommen Wirtinnen, deren Männer schon lange unter der Erde waren.

Er zerrte die Hosen hoch, zog die Spülung und ging raus, die Treppe der Pension hinunter und auf die Straße.

Es war elf Uhr morgens. Er ging nach Süden. Sein Kater war brutal, aber er hielt sich nicht damit auf. Sein Zustand sagte ihm, daß er irgendwo gewesen war, wo es sich gut sein ließ. In seiner Hemdtasche fand er eine halbe Zigarette. Er blieb stehen, sah sich das ausgedrückte, verkohlte Ende an, fand ein Streichholz und versuchte es anzureißen. Es ging nicht. Er versuchte es weiter. Mit dem vierten Streichholz, das ihm die Finger versengte, gelang es ihm. Er machte einen Zug, würgte, hustete. Er spürte, wie sich sein Magen verkrampfte.

Ein Auto schnurrte vorbei. Vier junge Männer saßen darin.

»Hey, du alter Furz! Krepier!« schrie einer von ihnen zu Harry heraus. Die anderen lachten. Dann waren sie verschwunden.

Seine Zigarette gluste noch. Er machte wieder einen Zug. Blauer Rauch stieg in einer dünnen Fahne auf. Es gefiel ihm, wie der blaue Rauch sich kräuselte.

Er ging weiter bis zum Park gegenüber der Bibliothek. Er zog weiter an seiner Zigarette, spürte dann die Glut an den Fingern und warf die Kippe widerstrebend weg. Er ging in den Park und lief die Wege lang, bis er zwischen einer Statue und einem Gebüsch einen guten Platz fand. Es war eine Beethoven-Statue. Beethoven im Gehen, den Kopf gesenkt, die Hände auf dem Rücken, offensichtlich in Gedanken.

Harry legte sich ins Gras. Es war frisch gemäht, und die stacheligen Halme pieksten überall, aber es hatte einen guten, sauberen Geruch. Den Geruch von Frieden.

Winzige Insekten umschwirrten sein Gesicht in unregelmäßigen Kreisbahnen. Sie schnitten einander, aber ohne je zusammenzustoßen. Sie waren nichts als Pünktchen, aber selbst sie waren auf der Suche nach irgendwas.

Harry sah durch die schwirrenden Pünktchen zum Himmel hinauf. Der Himmel war blau und riesengroß. Harry starrte hinauf und versuchte etwas zu empfinden. Aber es kam nichts. Kein Gefühl von Ewigkeit. Oder

Gott. Oder Teufel. Nicht einmal das. Um den Teufel zu finden, mußte man zuerst Gott finden. So war es eingerichtet.

Harry mochte keine schweren Gedanken. Schwere Gedanken konnten zu schweren Fehlern führen.

Er dachte ein wenig an Selbstmord, aber nur so nebenbei. Wie die meisten überlegen, ob sie sich ein Paar Schuhe kaufen sollen. Selbstmord war vor allem deshalb ein Problem, weil es danach womöglich noch schlimmer kam. Was er wirklich brauchte, war eine eiskalte Flasche Bier, das Etikett grade richtig durchweicht, und das kalte Flaschenglas so schön perlig beschlagen...

Er döste ein... und wurde geweckt von Stimmen. Mädchenstimmen. Kleine Schulmädchen. Sie kicherten und lachten.

»Oooooh, schau mal!«

»Er schläft!«

»Sollen wir ihn wecken?«

Harry blinzelte in die Sonne, sah durch schmale Augenschlitze zu ihnen hoch. Er war nicht sicher, wie viele es waren, aber er sah ihre bunten Kleider – gelb und rot, blau und grün.

»Kuck mal, ist er nicht schön?«

Sie kicherten. Lachend liefen sie weg.

Harry machte die Augen wieder zu. Was hatte *das* zu bedeuten? Schön hatten sie ihn genannt. Wie gut das tat. So nett war noch nie jemand zu ihm gewesen. Doch sie waren fort und würden nicht wiederkommen.

Er stand auf und ging auf die andere Seite, wo der Park an der Avenue endete. Er fand eine freie Bank und setzte sich. Auf der nächsten Bank saß noch so einer wie er, nur daß er viel älter war. Der Penner hatte etwas Vierschrötiges und Grimmiges an sich, das Harry an seinen Vater erinnerte.

Nein, dachte er, damit tu ich dem Kollegen unrecht.

Der Penner schaute kurz zu Harry herüber. Der Penner hatte kleine stumpfe Augen.

Harry lächelte ihm flüchtig zu. Der Penner wandte sich ab.

Unten an der Avenue war jetzt Lärm zu hören. Motorenlärm. Es war ein Armee-Konvoi, eine lange Reihe von Lastwagen voll Soldaten. Die Soldaten waren in solcher Zahl zusammengepfercht, daß sie seitlich heraushingen. Der Weltkrieg.

Der Konvoi fuhr langsam. Die Soldaten sahen Harry auf seiner Parkbank. Und dann fing es an. Eine Mischung aus Pfiffen, Buhrufen und Flüchen. Sie schrien zu ihm herunter.

»He! Du Drecksack!«

»Drückeberger!«

Wenn eine Lastwagenladung vorbei war, machte die nächste weiter:

»Heb deinen Arsch von der Bank!«

»Feigling!«

»Elende Schwuchtel!«

»Angsthase!«

Es war ein sehr langer Konvoi. Und er fuhr sehr langsam.

»Komm und mach mit!«

»Wir zeigen dir, wie man kämpft, du Mißgeburt!«

Die Gesichter, weiß und braun und schwarz, blühten auf in ihrem Haß.

Da stand der alte Penner von seiner Bank auf und schrie zu ihnen hinauf: »Ich nehm ihn mir vor, Jungs! Ich hab im ersten Weltkrieg gekämpft!«

Die auf den Lastwagen lachten und fuchtelten mit den Armen:

»Ja, Pops! Greif ihn dir!«

»Setz ihm ein Licht auf!«

Dann war der Konvoi durch. Sie hatten ihn mit allerhand beworfen: Leere Bier- und Limonadendosen, Orangen, eine Banane. Harry stand auf, hob die Banane auf, setzte sich wieder, schälte sie, aß sie. Schmeckte wunderbar. Er hob eine Orange auf, schälte sie, kaute das Fruchtfleisch und schluckte den Saft. Er fand noch eine Orange und aß auch die. Dann entdeckte er ein Feuerzeug, das jemand weggeworfen oder verloren hatte. Er drehte das Rädchen. Es funktionierte.

Er ging zu dem Penner auf der anderen Bank und hielt die Hand mit dem Feuerzeug auf.

»He, Kumpel, hast du was zu rauchen?«

Der Penner starrte ihn mit seinen kleinen Augen an. Sie wirkten so flach, als hätten sie keine Iris mehr. Seine Unterlippe bebte.

»Du findest Hitler *gut*, wie?« sagte er leise und drohend.

»Paß auf«, sagte Harry, »wie wärs, wenn wir uns zusammentun. Vielleicht können wir 'n Drink ergattern.«

Der alte Penner verdrehte die Augen. Sie waren blutunterlaufen, und einen Augenblick lang sah Harry nur noch das Weiße. Dann drehten sie sich wieder in Ausgangsstellung, und der alte Penner sah Harry an:

»Nicht mit... *dir!*«

»Okay«, sagte Harry, »wir sehn uns noch...«

Der Alte verdrehte wieder die Augen und sagte es noch einmal, nur lauter:

»*Nicht mit... dir!*«

Harry verließ den Park und ging langsam die Straße hinauf zu seiner Stammkneipe. Die Kneipe war immer da. Sie war sein Ankerplatz, sein einziger Hafen. Sie verzieh nichts, aber sie war auch nicht ungerecht.

Unterwegs kam er an einem leeren Grundstück vorbei. Ein paar ältere Männer spielten Softball. Sie waren nicht mehr in Form. Die meisten hatten einen Bauch. Sie waren klein, hatten dicke Hintern, fast wie Frauen. Sie waren entweder untauglich oder zu alt für den Wehrdienst.

Harry blieb stehen und sah sich das Spiel an. Die Schläge mit dem Holz gingen oft daneben, die Würfe kamen weit oder trafen den Fänger, es gab reichlich Fehler und verschlagene Bälle, doch sie spielten weiter. Fast wie ein Ritual, eine Pflicht. Und sie waren zornig. Das war das einzige, worin sie gut waren – ihr Zorn. Dieser Zorn beherrschte alles mit seiner Energie.

Harry stand da und sah zu, doch das alles kam ihm sinnlos vor. Selbst der Softball, der nutzlos durch die Gegend flog, wirkte traurig.

»Tag, Harry. Wieso bist du nicht in der Kneipe?«

Es war der alte dürre McDuff mit seiner Pfeife. McDuff war etwa zweiundsechzig. Er schaute immer geradeaus, sah einen nie *an*, aber die Augen hinter der randlosen Brille sahen einen trotzdem. Er trug immer einen schwarzen Anzug mit blauer Krawatte. Jeden Tag um die Mittagszeit kam er in die Kneipe, trank zwei Bier und ging wieder. Man konnte ihn nicht hassen und nicht mögen. So wenig wie einen Kalender oder einen Kugelschreiberclip.

»Bin auf dem Weg dahin«, sagte Harry.

»Ich geh mit«, sagte McDuff.

Und so ging nun der alte dürre McDuff neben ihm her und paffte an seiner Pfeife. McDuff hatte seine Pfeife immer an. Sie war sein ein und alles. McDuff war eine wandelnde Pfeife. Warum auch nicht.

Sie gingen nebeneinander, aber sie unterhielten sich nicht. Es gab nichts zu sagen. Sie blieben vor roten Ampeln stehen. McDuff paffte an seiner Pfeife.

McDuff hatte sein Geld zusammengehalten. Er hatte nie geheiratet. Er hauste in einer Zwei-Zimmer-Wohnung und tat nicht viel. Nun ja, er las die Zeitung, aber ohne viel Interesse. Er ging nicht in die Kirche. Nicht, weil er nichts davon hielt, sondern weil er sich einfach nie die Mühe gemacht hatte, darüber nachzudenken. Wie einer, der kein Republikaner ist, weil er nicht weiß, was ein Republikaner ist. McDuff war nicht glücklich und nicht unglücklich. Gelegentlich wurde er ein bißchen unruhig; da schien ihm etwas unheimlich zu sein, und in seinen Augen flackerte für Sekunden die Angst. Aber das war so rasch vorbei wie eine Fliege, die sich kurz niederläßt und zu lohnenderen Jagdgründen weiterschwirrt.

Dann waren sie vor der Kneipe. Sie gingen rein.

Die gleichen Gesichter wie immer.

McDuff und Harry suchten sich zwei Barhocker.

»Zwei Bier«, intonierte der gute alte McDuff, als der Barkeeper kam.

»Wie läuft's, Harry?« fragte einer der Gäste.

»Geht so«, sagte Harry. »Mit Hängen und Würgen.«

McDuff tat ihm leid. Den hatte niemand begrüßt. McDuff war für sie nicht mehr als ein Löschblatt auf einem Schreibtisch. Auf Harry reagierten sie, weil er ein Penner war und ihnen ein Gefühl von Überlegenheit gab. Das brauchten sie. McDuff langweilte sie nur, und langweilig waren sie selber schon.

Es tat sich nicht viel. Jeder saß vor seinem Glas und ging sparsam damit um. Kaum einer hatte soviel Phantasie, um sich einfach sinnlos zu besaufen. Ein öder Samstagnachmittag.

McDuff orderte sein zweites Bier und war so nett, Harry auch noch eins zu spendieren. Seine Pfeife war nach sechs Stunden ununterbrochenen Paffens glühend heiß. Er trank sein zweites Bier und ging, und Harry war mit dem Rest der Mannschaft allein.

Der Samstag ließ sich äußerst zäh an, doch Harry wußte, daß er es schaffen konnte, wenn er lange genug dranblieb. Die beste Zeit, um Drinks zu schnorren, war der Samstagabend, aber bis dahin konnte er nirgends hin. Um die Wirtin der Pension mußte er einen Bogen machen. Seine Miete war wöchentlich fällig, und er war neun Tage im Rückstand.

Wenn der nächste Drink nicht in Sicht war, wurde es tödlich. Die anderen brauchten nur einen Platz zum Rumsitzen. Jeder fühlte sich einsam und hatte ein bißchen Angst, aber wenn sie zusammen sein und ein wenig quatschen konnten, wurde es ihnen leichter. Harry brauchte nur eins – etwas zu trinken. Egal, wieviel er trank, er brauchte immer noch mehr, und es gab nie genug, um seinen Durst zu stillen. Die anderen aber hockten nur da und redeten ab und zu belangloses Zeug.

Sein Bier wurde langsam schal. Trotzdem trank er es nicht aus, denn dann hätte er sich ein neues bestellen müssen, und dazu hatte er nicht das Geld. Er konnte nur abwarten und hoffen. Als Profi im Schnorren von Drinks kannte Harry die Spielregel Nr. 1: Nie darum bitten. Sein Durst amüsierte die anderen, und jede Bitte von ihm hätte ihnen ein bißchen von dem Spaß genommen, den sie beim Spendieren hatten.

Harry sah sich um. Vier oder fünf waren es heute. Nicht viel. Und nicht viel los mit ihnen. Einer davon war Monk Hamilton. Monks größter Anspruch auf Unsterblichkeit waren die sechs Eier, die er zum Frühstück aß. Jeden Tag. Er dachte, damit wäre er im Vorteil. Denken war nicht seine Stärke. Er war ein Schrank von einem Kerl, fast so breit wie hoch, mit einem Hals wie ein Eichenstamm und großen, klobigen, behaarten Händen. Der Blick seiner blassen Augen war stetig und wurde nie von Sorgen oder Zweifeln getrübt.

Monk unterhielt sich mit dem Barkeeper. Harry hatte einen vollen Aschenbecher vor sich, der naß von Bier war. Er beobachtete eine Fliege, die zwischen den Kippen herumsuchte. Sie stieß auf eine aufgeweichte Zigarette und flog mit einem zornigen Summen steil hoch. Einen Augenblick sah es aus, als würde sie mit Linksdrall rückwärts fliegen. Dann war sie verschwunden.

Monk arbeitete als Fensterputzer. Als der Blick seiner blassen Augen auf Harry fiel, verzog er die dicken Lippen zu einem überlegenen Lächeln. Er nahm seine Bierflasche, kam am Tresen entlang und setzte sich auf den Barhocker neben Harry.

»Was machst'n so, Harry?«

»Warten, daß es regnet.«

»Wie wärs mit'm Bier?«

»Daß es Bier regnet, genau. Danke, Monk.«

Monk bestellte zwei Flaschen. Sie kamen.

Harry zog es vor, gleich aus der Flasche zu trinken.

Monk nahm ein Glas und schüttete sich was rein.

»Brauchst'n Job, Harry?«

»Noch nicht dran gedacht.«

»Du mußt bloß die Leiter halten. Wir brauchen einen für die Leiter. Wird nicht so gut bezahlt wie obendrauf, aber du verdienst was. Was meinst du?«

Monk wollte ihn drankriegen. Er dachte, Harry sei zu sehr daneben, um es zu merken.

»Laß mir Zeit zum Überlegen, Monk.«

Monk drehte sich zu den anderen um, setzte wieder sein überlegenes Grinsen auf und zwinkerte ihnen zu. Dann redete er weiter auf Harry ein.

»Schau, du mußt bloß dafür sorgen, daß die Leiter nicht wackelt, während ich draufsteh und die Fenster putze. Einfach die Leiter festhalten. Das ist nicht zuviel Arbeit, oder?«

»Nicht soviel wie manches andere, Monk.«

»Dann machst du's also?«

»Nee, glaub nicht.«

»Komm schon! Warum willst du's nicht versuchen?«

»Ich brings nicht fertig, Monk.«

Das tat allen so richtig gut. Harry war ihr Boy. Der ideale Hofnarr.

Harry sah sich die vielen Flaschen hinter der Bar an. All die herrlichen Räusche, die da warteten, all das Lachen, der Wahnsinn... Scotch, Whisky, Wein, Gin, Wodka und was sonst noch. Und alles stand ungenutzt herum. Wie ein verheißungsvolles Leben, das nur auf einen wartete, und keiner wollte es.

»Paß auf«, sagte Monk, »ich laß mir jetzt die Haare schneiden.«

Harry spürte die dumpfe massige Gestalt neben sich. Irgendwann war Monk etwas in den Schoß gefallen. Er paßte dazu, wie der Schlüssel in das Schloß einer Tür, hinter der etwas ist.

»Wie wärs, wenn du mitgehst zum Friseur?«

Harry gab keine Antwort.

Monk beugte sich vor. »Wir kehren unterwegs auf ein Bier ein, und hinterher spendier ich dir noch mal eins.«

36

»Gehn wir…«

Harry trank sein Bier aus, ohne daß es an seinem Durst etwas änderte, und stellte die Flasche hin. Er folgte Monk nach draußen.

Sie gingen die Straße hinunter, und Harry kam sich vor wie ein Hund, der seinem Herrchen folgt. Und Monk war die Ruhe selbst, er funktionierte, alles paßte. Er hatte seinen freien Samstag und wollte sich jetzt die Haare schneiden lassen.

Sie fanden eine Kneipe und gingen rein. Sie war sauberer und sah besser aus als die, in der Harry sonst schnorrte. Monk bestellte das Bier.

Wie er da saß! Ein Bild von einem Mann. Und ganz mit sich im reinen. Er dachte nie an den Tod. Jedenfalls nicht an seinen eigenen.

Während sie nebeneinander dasaßen, wurde Harry klar, daß er einen Fehler gemacht hatte: Ein Acht-Stunden-Job wäre weniger schmerzhaft gewesen.

Monk hatte einen Leberfleck auf der rechten Backe. Der Leberfleck wirkte sehr entspannt und kein bißchen verlegen. Harry beobachtete ihn, wie er seine Flasche ansetzte und daran nuckelte. Es war einfach etwas, das Monk *tat* – als würde er sich an der Nase kratzen. Er gierte nicht nach einem Drink, er saß nur da mit seiner Flasche, die bereits bezahlt war. Und die Zeit schwamm vorbei wie ein Kotklumpen in einem Fluß.

Sie tranken aus, und Monk sagte etwas zu dem Barkeeper, und der Barkeeper antwortete irgendwas. Dann ging Harry hinter Monk aus der Tür, sie waren wieder zusammen, und Monk war unterwegs zum Friseur.

Sie erreichten das Friseurgeschäft und gingen rein. Keine Kunden da. Der Friseur kannte Monk. Als Monk auf den Stuhl kletterte, wechselten sie ein paar Worte. Der Friseur legte ihm das Tuch um, und Monks Kopf ragte oben raus, mit dem unerschütterlichen Leberfleck auf der rechten Backe, und er sagte: »An den Seiten kurz, und oben nicht so viel weg.«

Harry, vom Durst gepeinigt, nahm sich eine Illustrierte, blätterte einige Seiten um und heuchelte Interesse.

Dann hörte er, wie Monk zum Friseur sagte: »Übrigens, Paul, das ist Harry. Harry, das ist Paul.«

Paul und Harry und Monk.

Monk und Harry und Paul.

Harry, Monk, Paul.

»Weißt du, Monk«, sagte er, »vielleicht geh ich besser da runter und trink noch ein Bier, während du dir die Haare schneiden läßt...«

Monk fixierte Harry mit einem starren Blick. »Nein, das Bier trinken wir, wenn ich hier fertig bin.«

Dann fixierte er sein Spiegelbild. »Nicht *zu* kurz an den Seiten, Paul.«

Die Erde drehte sich weiter. Paul schnippelte.

»Einiges ins Bett gekriegt, Monk?«

»Kein bißchen was, Paul.«

»Das glaub ich nicht...«

»Ist aber so, Paul.«

»Nicht nach dem, was ich so höre.«

»Zum Beispiel?«

»Als Betsy Ross damals die Fahne genäht hat, da hätten um *deinen* Schwengel die dreizehn Sterne nicht gereicht.«

»Ah shit, Paul, du bist vielleicht ne Marke!«

Monk lachte. Es klang wie ein stumpfes Messer, das durch Linoleum schlitzt. Oder wie ein Todesschrei.

Das Lachen brach ab. »Oben nicht *zuviel* weg.«

Harry legte die Illustrierte weg und schaute auf den Boden. Das Linoleumlachen fand seine Ergänzung – ein Linoleumboden. Grün und blau, mit lila Rauten. Ein alter Boden, der sich da und dort aufrollte, so daß man die dunkelbraunen Dielen sah. Das Dunkelbraun war Harry lieber.

Er begann zu zählen: 3 Friseurstühle, 5 Stühle für wartende Kunden, 13 oder 14 Illustrierte. Ein Friseur. Ein Kunde. Ein... was?

Paul und Harry und Monk und das Dunkelbraun.

Draußen fuhren die Autos vorbei. Harry zählte mit und ließ es wieder sein. Mit dem Wahnsinn spielt man nicht. Der Wahnsinn spielt nicht mit.

Die greifbaren Drinks waren einfacher zu zählen: Null. Die Zeit dröhnte wie eine öde Glocke.

Harry war sich seiner Füße bewußt, seiner Füße in seinen Schuhen, seiner Zehen... an den Füßen... in den Schuhen...

Er bewegte die Zehen. Sein Leben, das ihn auszehrte, kroch vor sich hin wie eine Schnecke zu einem Feuer. Blätter wuchsen an Stengeln. Grasende Antilopen hoben den Kopf. Ein Metzger in Birmingham hob sein Hackbeil. Und Harry saß wartend in einem Friseurladen und hoffte auf ein Bier.

Er war ein Mann ohne Ehre. Er hatte kein Glück. Es ging seinen Gang, es ging weiter und weiter, und schließlich war es zu Ende – das Spielchen am Friseurstuhl. Paul drehte Monk herum, damit er sich in den Spiegeln betrachten konnte.

Harry haßte Friseurläden. Dieses abschließende Drehen des Stuhls, diese Spiegel – ein Augenblick, in dem er nichts als Entsetzen fühlte.

Monk machte es nichts aus. Er sah sich an, er musterte sein Spiegelbild. Gesicht, Haar und alles. Was er sah, schien ihm zu gefallen. »Sehr gut, Paul«, sagte er, »aber machst du links noch ein bißchen weg? Und siehst du das kleine Dingens, was da absteht? Das müßte noch weg.«

»Aber sicher, Monk... mach ich doch gleich...«

Der Friseur drehte Monk wieder zurück und nahm sich das Büschelchen vor, das abstand.

Harry beobachtete die Schere. Sie klickte oft, aber sie schnitt nicht viel.

Dann drehte Paul seinen Kunden wieder herum. Monk betrachtete sich im Spiegel. Ein leichtes Lächeln kräuselte den rechten Mundwinkel. Dann ein kleines Zucken auf der linken Seite. Eigenliebe mit höchstens einem Hauch von Zweifel.

»Gut so«, sagte er, »jetzt hast du's richtig.«

Paul wischte Monk mit dem kleinen Feger über die Schultern. Tote Haare drifteten in eine tote Welt.

Monk griff in die Hosentasche. Bezahlen plus Trinkgeld. Die Transaktion. Leises Klimpern von Münzen am toten Nachmittag.

Dann waren sie wieder auf der Straße und gingen zurück zur Kneipe.

»Gibt nichts besseres als 'n Haarschnitt«, sagte Monk. »Man fühlt sich wie ein neuer Mensch.«

Monk trug immer verwaschene hellblaue Arbeitshemden, die Ärmel hochgekrempelt, damit man seinen Bizeps sehen konnte. Allerhand, dieser Kerl. Jetzt fehlte ihm nur noch eine Frau, die seine Unterhosen und Unterhemden zusammenlegte, seine Socken paarweise ineinander stopfte und in der Kommode verstaute.

»Danke, daß du mitgegangen bist, Harry.«

»Schon gut, Monk…«

»Wenn ich das nächste Mal zum Friseur geh, hätt ich dich gern wieder dabei.«

»Vielleicht, Monk…«

Monk ging außen, am Bordstein lang. Es war wie ein Traum. Ein verschwommener Traum. Harry wußte nicht, woher der Drang kam, aber er gab ihm nach: Er gab vor zu stolpern und rempelte Monk von der Seite. Und Monk, wie ein kopflastiger Zirkus aus Fleisch, stürzte vor den Bus. Der Fahrer trat auf die Bremse, und im gleichen Augenblick gab es ein dumpfes Geräusch, nicht besonders laut, aber eindeutig. Und Monk saß im Rinnstein. Mit Haarschnitt, Leberfleck und allem. Harry sah zu ihm runter. Nicht zu fassen – da lag Monks Brieftasche im Rinnstein. Sie war ihm beim Zusammenprall aus der Gesäßtasche gefallen und im Rinnstein gelandet, nur daß sie nicht flach lag, sondern stand. Wie eine kleine Pyramide.

Harry bückte sich, hob sie auf und steckte sie in die Hemdtasche. Es war ein wärmendes Gefühl. Voll der Gnade. Gegrüßet seist du, Maria.

Harry beugte sich zu Monk hinunter. »Monk? Monk...
alles in Ordnung?«

Monk antwortete nicht. Aber Harry stellte fest, daß er
atmete und nirgends Blut zu sehen war. Und Monks
Gesicht wirkte mit einem Mal ganz attraktiv und ritter-
lich.

Er ist am Arsch, dachte Harry. Und ich bins auch. Wir
sind alle am Arsch, jeder auf seine Art. Es gibt keine Wahrheit, keine Realität, kein gar nichts.

Aber etwas war da. Eine Menschenmenge.

»Zurück!« sagte jemand. »Damit er aufstehn kann!«

Harry wich zurück, direkt in die Menge hinein. Niemand hielt ihn auf.

Er ging nach Süden. Er hörte die Sirene der Ambulanz.
Sie heulte ihm in sein schlechtes Gewissen.

Dann, mit einem Schlag, verflogen die Schuldgefühle.
Wie ein alter Krieg, der ausgestanden ist. Man mußte weitermachen. Alles machte weiter. Flöhe. Sirup auf Pfannku-
chen.

Harry verdrückte sich in eine Bar, die ihm vorher nie
aufgefallen war. Es gab einen Barkeeper. Es gab Flaschen.
Und kaum Beleuchtung. Er bestellte sich einen doppelten
Whisky und kippte ihn runter. Monks Brieftasche war ge-
polstert und gut beieinander. Freitag war wohl Zahltag gewesen. Harry zog einen Schein heraus und bestellte sich
noch einen doppelten Whisky. Er trank ihn zur Hälfte,
legte eine Gedenksekunde ein und kippte den Rest. Zum
erstenmal seit langem fühlte er sich richtig gut.

Am späten Nachmittag ging Harry ins Groton Steak
House und setzte sich an den Tresen. Hier war er noch nie
gewesen. Ein großer, hagerer, nichtssagender Mensch mit
einer Kochmütze und einem verdreckten Schurz kam her
und beugte sich über den Tresen. Er hatte eine Rasur nötig
und roch nach Wanzenspray. Er sah Harry an, als wollte er
ihm einen unsittlichen Antrag machen.

»Kommen Sie wegen dem *Job?*« fragte er.

Verdammt noch mal, dachte Harry, warum will mir jeder eine Arbeit aufdrängen?

»Nein«, sagte er.

»Wir haben eine Stelle als Tellerwäscher frei. Fünfzig Cents die Stunde. Und Sie können Rita ab und zu in den Arsch kneifen.«

Die Kellnerin kam vorbei. Harry sah sich ihren Arsch an.

»Nee, danke. Im Moment hätt ich gern ein Bier. Flaschenbier. Egal, welche Sorte.«

Der Koch beugte sich weiter vor. Aus der Nase wuchsen ihm lange Haare. Zum Fürchten. Wie ein jäher Alptraum.

»Sag mal, du Arsch, hast du überhaupt Geld?«

»Hab ich«, sagte Harry.

Der Koch zögerte eine Weile, dann drehte er sich um, ging an den Kühlschrank und zerrte eine Flasche heraus. Er machte mit einem Ruck den Kronenkorken ab, ging zu Harry zurück und knallte ihm die Flasche hin.

Harry machte einen langen Zug und stellte die Flasche behutsam hin.

Der Koch musterte ihn noch immer. Der Koch wurde nicht recht schlau aus ihm.

»Und jetzt«, sagte Harry, »hätt ich gern ein Porterhouse-Steak, halb durch, mit Fritten. Und nicht so fettig. Und bringen Sie mir gleich noch ein Bier.«

Der Koch ragte wie eine dräuende Wolke vor ihm auf. Schließlich machte er kehrt, ging zum Kühlschrank und wiederholte die Prozedur. Brachte die Flasche. Knallte sie hin. Dann ging er zum Grill und warf ein Steak darauf.

Eine herrlich duftende Wolke stieg auf. Der Koch starrte durch sie zu Harry herüber.

Keine Ahnung, warum er mich nicht leiden kann, dachte Harry. Na schön, ich brauch vielleicht 'n Haarschnitt (überall kurz, bitte) und ne Rasur, und mein Gesicht ist ein bißchen mitgenommen, aber meine Klamotten sind ziemlich sauber. Abgetragen, aber sauber. Ich bin wahrscheinlich sauberer als der Bürgermeister dieser verdammten Stadt.

Die Kellnerin kam auf ihn zu. Sah nicht schlecht aus. Nichts Besonderes, aber nicht schlecht. Sie hatte sich die Haare irgendwie verwegen hochgesteckt, und seitlich ringelten sich Locken. Nett.

Sie lehnte sich an den Tresen.

»Sie haben den Tellerwäscherjob nicht genommen?«

»Das Geld wär mir schon recht, aber die Arbeit liegt mir nicht.«

»Was machen Sie denn so?«

»Ich bin Architekt.«

»Ach, das ist doch Stuß«, sagte sie und ließ ihn stehen.

Harry wußte, daß ihm Konversation nicht besonders lag. Er machte immer wieder die Erfahrung, daß die anderen sich um so besser fühlten, je weniger er sagte.

Als er die beiden Flaschen geleert hatte, kamen Steak und Fritten. Der Koch knallte ihm den Teller auf den Tresen. Der Koch war ein großer Knaller.

Harry kam es wie ein Wunder vor. Er machte sich darüber her, säbelte und kaute. Er hatte seit Jahren kein Steak mehr gegessen und spürte jetzt, wie sein Körper neue Kraft bekam. Wenn man nicht oft zu essen hatte, war es ein richtiges Ereignis. Selbst sein Hirn lebte auf. Und sein Körper schien zu sagen: Danke, danke, danke.

Als er fertig war, starrte ihn der Koch noch immer an.

»Okay«, sagte Harry, »ich nehme dasselbe noch mal.«

»Sie wollen dasselbe *noch mal?*«

»Ja.«

Der starre Blick wurde finster. Der Koch machte kehrt und warf noch mal ein Steak auf den Grill.

»Und noch ein Bier, bitte. Gleich.«

»*Rita!*« brüllte der Koch. »*Bring ihm noch ein Bier!*«

Rita kam mit dem Bier.

»Für 'n Architekt«, sagte sie, »schlucken Sie aber ne Menge.«

»Ich hab vor, was hochzuziehen.«

»Ha! Als ob Sie noch was hochkriegen!«

Harry nahm sich die Flasche vor, ging pinkeln, kam wieder, trank den Rest.

Der Koch brachte den Teller mit Steak und Fritten und knallte ihn vor Harry hin.

»Der Job ist noch zu haben, wenn Sie ihn wollen.«

Harry gab keine Antwort. Er machte sich über den Teller her. Der Koch ging zurück zu seinem Grill und starrte finster zu Harry herüber.

»Sie kriegen *zwei* Mahlzeiten«, sagte er. »Und das Fummeln als Dreingabe.«

Harry war zu sehr mit Steak und Fritten beschäftigt, um antworten zu können. Er hatte immer noch Hunger. Wenn man am Abschnappen war, aber erfolgreich Drinks schnorrte, konnte man tagelang ohne Essen auskommen. Oft war einem nicht einmal nach essen. Aber dann überkam einen plötzlich ein unerträglicher Hunger. Es kam soweit, daß man alles Erreichbare in sich reinstopfen wollte: Mäuse, Schmetterlinge, Blätter, Pfandscheine, Zeitungspapier, Korken oder sonstwas.

Jetzt, während er sein zweites Steak aß, war der Hunger noch immer da. Die Fritten waren wunderbar fettig und gelb und heiß, wie Sonnenstrahlen, herrlich nahrhafte Sonnenstrahlen, in die man reinbeißen konnte. Und das Steak war nicht bloß ein Stück von einem armen abgeschlachteten Tier, es war etwas Dramatisches, das Körper, Geist und Seele nährte, die Augen strahlen ließ und die Welt ein wenig erträglicher machte. In so einem Augenblick war einem selbst der Tod egal.

Harry hatte den Teller leergegessen. Übrig war nur noch der Knochen des Steaks, und der war sauber abgenagt. Der Koch starrte ihn immer noch an.

»Ich nehm das noch mal«, sagte Harry. »Noch mal ein Steak mit Fritten. Und noch ein Bier, bitte.«

»*Von wegen!*« schrie der Koch. »*Sie zahlen jetzt, und dann verschwinden Sie hier!*«

Er kam vom Grill herüber und pflanzte sich vor Harry

auf. Er hatte einen Block, auf den er wütend etwas kritzelte. Dann warf er die Rechnung auf den schmutzigen Teller. Harry nahm sie herunter.

Außer ihm war noch ein Gast im Lokal, ein korpulenter Mann mit rosiger Haut und einem großen Schädel mit wirren Haaren, die aussahen, als hätte er sie braun tönen wollen und entmutigt aufgegeben. Der Mann las die Abendzeitung und hatte sich außer etlichen Tassen Kaffee nichts weiter bestellt.

Harry stand auf, fischte ein Bündel Scheine aus der Hosentasche, pellte zwei ab, legte sie neben den Teller. Und ging.

Der Feierabendverkehr hatte eingesetzt, und auf der Avenue stauten sich die Autos. Hinter ihm senkte sich die Sonne. Er sah sich die Autofahrer an. Sie schienen sehr unzufrieden zu sein. Die ganze Welt war unzufrieden. Die Menschen tappten im dunkeln. Sie waren verängstigt und enttäuscht. Sie steckten in der Klemme. Sie waren abweisend und verzweifelt. Sie hatten das Gefühl, daß ihnen ihr Leben verhunzt wurde. Und sie hatten recht.

Harry ging vor sich hin. An einer Ampel blieb er stehen. Und in diesem Augenblick hatte er ein ganz merkwürdiges Gefühl – als sei er allein auf der Welt. Der letzte Überlebende.

Als es grün wurde, dachte er nicht mehr daran. Er überquerte die Straße und ging weiter.

Das Geschnarche im Obdachlosenasyl war wie immer sehr laut, und Tom fand keinen Schlaf. Es mußten gut sechzig Betten sein, die in dem Saal standen, und jedes war belegt. Die Betrunkenen schnarchten am lautesten, und die meisten, die hier übernachteten, *waren* betrunken. Tom setzte sich auf und betrachtete im Mondschein, der durch die Fenster drang, die schlafenden Gestalten. Er drehte sich eine Zigarette, zündete sie an und besah sich wieder die Männer. Was für häßliche, nutzlose Ficker. Ficker? Sie bekamen nichts zu ficken. Die Frauen wollten sie nicht. Niemand wollte sie. Keinen Fick wert. Ha, ha. Und er war einer von ihnen. Er zog die Flasche unterm Kopfkissen hervor und trank den letzten Rest. Dieser letzte Schluck war immer so traurig. Er ließ die leere Flasche unters Bett rollen und musterte noch einmal die schnarchenden Männer. Sie waren nicht einmal einen Atomblitz wert.

Tom schaute hinüber zu seinem Freund Max im nächsten Bett. Max lag ausgestreckt da und hatte die Augen offen. War er etwa tot?

»He, Max!«

»Hnnn?«

»Du schläfst nicht.«

»Kann nicht. Ist dir schon aufgefallen, daß viele von den Kerlen im gleichen Rhythmus schnarchen? Woher kommt das?«

»Ich weiß nicht, Max. Gibt allerhand, was ich nicht weiß.«

»Geht mir auch so, Tom. Wahrscheinlich bin ich blöd.«

»Da mußt du raten? Wenn du wüßtest, daß du blöd bist, wärst du's nicht.«

Max setzte sich auf und schwang die Beine über die Bettkante.

»Tom – meinst du, wir kommen aus diesem Elend je wieder raus?«

»Nur auf eine Art...«

»Ja?«

»Ja... mit Leichenstarre.«

Max drehte sich eine Zigarette und zündete sie an.

Max fühlte sich schlecht. Er fühlte sich immer schlecht, wenn er über etwas nachdachte. Am besten, man stellte es ab und dachte an gar nichts.

»Hör mal, Max«, hörte er Tom sagen.

»Ja?«

»Ich denk da an etwas...«

»Denken ist nicht gut.«

»Aber es geht mir dauernd durch den Kopf...«

»Hast du noch was zu trinken?«

»Nee, tut mir leid. Aber hör zu...«

»Quatsch, ich will mir nichts anhören!«

Max legte sich wieder lang. Reden half nichts. Es war Zeitverschwendung.

»Ich sags dir trotzdem, Max.«

»Okay, verdammt, dann sags halt...«

»Schau dir die Kerle da an. Ist ne ganze Menge, nicht? Penner, wo man hinschaut.«

»Yeah. Mir tun schon die Augen weh...«

»Na, und ich überleg mir dauernd, wie wir dieses Potential einsetzen können. Es wird überhaupt nicht genutzt.«

»Niemand will diese Penner. Was kannst *du* mit ihnen anfangen?«

Tom geriet ein bißchen in Erregung.

»Ist doch grade gut für uns, daß sie niemand will.«

»Ach ja?«

»Ja. Schau mal, in den Gefängnissen will man sie nicht, weil man sie unterbringen und verköstigen muß. Die Penner können nirgends hin und haben nichts zu verlieren.«

»Und?«

»Ich mach mir nachts so allerhand Gedanken. Wenn wir sie zum Beispiel wie ne Rinderherde zusammenkriegen, können wir ne Stampede veranstalten. Bestimmte Situationen für ne Weile kontrollieren...«

»Du spinnst«, sagte Max. Aber er setzte sich auf und sagte: »Erzähl weiter...«

Tom lachte. »Tja, vielleicht spinne ich, aber ich muß dauernd an dieses ungenutzte Potential denken. Ich hab schon ganze Nächte wachgelegen und mir Sachen ausgedacht, die man damit machen könnte...«

Jetzt lachte Max. »Ja was denn, um himmelswillen?«

Niemand fühlte sich von der Unterhaltung gestört. Das Schnarchen ringsum ging weiter.

»Na ja, ich hab mir da was zurechtgelegt. Hm, vielleicht *ist* es verrückt. Jedenfalls...«

»Yeah?« sagte Max.

»Lach jetzt nicht. Vielleicht hat mir der Wein das Hirn ruiniert.«

»Ich werd mir Mühe geben.«

Tom machte einen Zug an seiner Zigarette und blies eine Rauchwolke. »Na ja, weißt du, ich hab da so ein Bild vor mir: Sämtliche Penner, die wir auftreiben können, auf dem Broadway, hier in L. A. – die marschieren da lang, die ganze Bagage...

»Aha. Und...?«

»Na, das ist ein großes Aufgebot. So was wie die Rache der Verdammten. Eine Parade der Ausgestoßenen. Fast so was wie ein Film. Ich seh die Kameras, die Scheinwerfer, den Regisseur. Der Marsch der Besiegten. Die Auferstehung der Toten, Menschenskind!«

»Ich finde«, sagte Max, »du solltest von Portwein wieder zu Muskateller übergehen.«

»Meinst du?«

»Ja. Okay, wir haben also diese Penner, die den Broadway runtermarschieren. Sagen wir, um zwölf Uhr mittags. Was dann?«

»Na, wir führen sie ins größte und teuerste Kaufhaus der Stadt...«

»Du meinst *Bowarms?*«

»Ja, Max. Bowarms hat alles vorrätig – die besten Weine, die teuersten Klamotten, Uhren, Radios, Fernseher. Was du willst – die haben es.«

Ein paar Betten weiter fuhr ein alter Knabe hoch, riß die Augen auf und schrie: »*Gott ist ein vierhundert Pfund schwerer lesbischer Nigger!*« Und sank wieder zurück.

»Nehmen wir den auch?« fragte Max.

»Klar. Das ist einer der besten. Welcher Knast würde den wollen?«

»Also gut, wir marschieren bei Bowarms rein. Was dann?«

»Stell dirs vor. Glatt rein und raus. Für denen ihre Sicherheitskräfte sind wir viel zu viele. Mal dirs aus – wir nehmen uns alles. Alles, was das Herz begehrt. Vielleicht langen wir zwischendurch sogar einer Verkäuferin an den Arsch. Alles, was für uns nur noch ein Traum ist, den wir nicht mehr haben. Wir nehmen es uns. Irgendwas. Egal was. Und verschwinden damit.«

»Tom, da kanns aber ne Menge verbeulte Köpfe geben. Das wird kein Picknick im Wunderland…«

»Nee, aber das Leben, das wir haben, ist auch keins! Daß wir uns lebendig begraben lassen, ohne einen Mucks…«

»Ist 'n Argument, Kumpel. Und wie leiern wir jetzt die Sache an?«

»Also, erst mal bestimmen wir einen Tag und die Uhrzeit. Kennst du ein Dutzend Kerle, die du zusammenkriegen kannst?«

»Glaub schon.«

»Ich kenn auch ungefähr ein Dutzend.«

»Was ist, wenn jemand den Bullen einen Tip gibt?«

»Nicht sehr wahrscheinlich. Außerdem, was haben wir zu verlieren?«

»Eben.«

Es war zwölf Uhr mittags. Tom und Max gingen vor der Bande her, den Broadway in Los Angeles runter. Mehr als fünfzig Stadtstreicher folgten ihnen. Fünfzig oder mehr, torkelnde und blinzelnde Gestalten, die nicht recht wußten, was sie hier sollten. Die Bürger auf der Straße waren verblüfft, blieben stehen, gingen zur Seite, sahen es sich an. Manche bekamen es mit der Angst, manche lachten, andere hielten es für einen Scherz oder dachten, es handle sich um Dreharbeiten zu einem Film. Kostümierung und Schminke waren perfekt – die Statisten sahen wie Stadtstreicher aus. Aber wo waren die Kameras?

Tom und Max führten die Marschkolonne an.

»Hör mal, Max, ich hab es nur acht Leuten gesagt. Wie viele waren es bei dir?«

»Vielleicht neun.«

»Was zum Kuckuck ist da passiert?«

»Sie müssen es weitergesagt haben...«

Die Kolonne bewegte sich voran. Es war wie ein verrückter Traum, der sich nicht abstellen ließ. An der Ecke der 7. Straße sprang die Ampel auf Rot. Tom und Max blieben stehen, und die Stadtstreicher stauten sich hinter ihnen. Ein Gestank von ungewaschenen Socken und Unterwäsche, Fusel und üblem Mundgeruch waberte durch die Luft. Der Goodyear-Zeppelin kreiste ziellos über ihren Köpfen. Der Smog senkte sich blaugrau auf die Straße.

Die Ampel sprang auf Grün. Tom und Max setzten sich in Bewegung. Die Stadtstreicher folgten.

»Ich hab mirs zwar ausgemalt«, sagte Tom, »aber jetzt kann ich nicht glauben, daß es tatsächlich passiert.«

»Es passiert«, sagte Max.

Hinter ihnen kamen so viele, daß manche noch die Kreuzung überquerten, als die Ampel schon wieder auf Rot ging. Sie drängten nach und hielten den Verkehr auf. Manche drückten Weinflaschen an sich oder tranken daraus. Sie marschierten die Straße lang, aber sie sangen kein Marschlied. Alles war still bis auf das schlurfende Geräusch von abgelatschten Schuhen auf dem Straßenpflaster. Nur vereinzelt hörte man einen etwas sagen.

»Hey, verdammt, wo gehn wir eigentlich hin?«

»Gib mir 'n Schluck von dem Zeug!«

»Leck mich am Arsch!«

Die Sonne strahlte warm herunter.

»Sollen wir es wirklich machen?« fragte Max.

»Wenn wir jetzt umkehren, würde ich mich richtig elend fühlen«, sagte Tom.

Dann standen sie vor dem Kaufhaus Bowarms. Sie zögerten einen Augenblick und drückten dann gemeinsam die imposanten Glastüren nach innen auf.

Die Meute der Stadtstreicher folgte ihnen in einer lang auseinandergezogenen Reihe. Sie latschten zwischen den teuren Waren hindurch. Die Angestellten starrten sie an und wußten nicht recht, wie ihnen geschah.

Im Erdgeschoß war die Herrenabteilung.

»So«, sagte Tom, »jetzt müssen wir mit gutem Beispiel vorangehen.«

»Yeah«, kam es unsicher von Max.

»Also los, Max!«

»Mhm...«

Die Stadtstreicher waren abwartend stehengeblieben und sahen alle her. Nach kurzem Zögern ging Tom zu einem Ständer mit Mänteln und griff sich den erstbesten, einen Ledermantel mit Pelzkragen. Er ließ seinen alten Mantel zu Boden gleiten und zog den neuen an. Ein Verkäufer kam her, ein drahtiger kleiner Bursche mit einem sauber gestutzten Schnurrbart.

»Kann ich Ihnen helfen, Sir?«

»Ja, ich möchte den da, und ich nehme ihn. Setz ihn auf meine Rechnung.«

»American Express, Sir?«

»Nee, Chinese Express.«

»Und ich nehm den da«, sagte Max und schlüpfte in ein Modell mit Seitentaschen. Es sah nach Krokodilleder aus und hatte eine pelzgefütterte Kapuze für kaltes Wetter.

Tom nahm eine Mütze von einem Regal, eine ziemlich lächerliche, aber recht charmant wirkende Kosaken-Pelzmütze.

»Die nehm ich auch noch. Paßt gut zu meinem Teint.«

Jetzt gab es für die Stadtstreicher kein Halten mehr. Sie schwärmten aus, zogen Mäntel an, setzten sich Hüte auf, griffen sich Schals, Regenmäntel, Stiefel, Pullover, Handschuhe und sonstigen Kleinkram.

»Haben Sie ein Kundenkonto, oder geht das auf Kreditkarte, Sir?« fragte eine verängstigte Stimme.

»Schreibs meinem Arsch an, du Wichser.«

Oder, aus einer anderen Ecke:

»Das scheint Ihnen zu passen, Sir.«

»Kann ichs innerhalb von vierzehn Tagen umtauschen?«

»Selbstverständlich, Sir.«

»Aber in vierzehn Tagen lebst du vielleicht nicht mehr.«

Plötzlich schrillte eine Alarmglocke. Jemand hatte gemerkt, daß der Laden ausgeraubt wurde. Die Kunden, die ungläubig zugesehen hatten, ergriffen die Flucht.

Drei Männer in schlechtsitzenden grauen Anzügen kamen angerannt. Sie waren massiv gebaut, aber es war mehr Fett als Muskeln. Sie stürzten sich auf die Penner, als wollten sie sie rauswerfen. Aber es waren einfach zu viele Penner, und die drei landeten im Nu auf dem Boden. Während sie um sich schlugen, fluchten und Drohungen ausstießen, zog einer von ihnen seinen Revolver. Ein Schuß ging los, doch es war eine dumme und nutzlose Geste, und der Mann wurde rasch entwaffnet.

Dann erschien auf einmal ein Penner oben an der Rolltreppe und hatte die Waffe in der Hand. Er war betrunken. Er hatte noch nie eine Waffe in der Hand gehalten, doch der Revolver gefiel ihm. Er zielte und drückte ab. Die Kugel durchschlug den Hals einer Schaufensterpuppe, und der Kopf fiel zu Boden: Tod eines Aspen-Skiläufers.

Der Tod der Puppe schien die Stadtstreicher anzuheizen. Sie brachen in lauten Jubel aus. Sie stürmten die Rolltreppen, breiteten sich im ganzen Kaufhaus aus und schrien wild durcheinander. Für einen Augenblick war aller Frust und alles Pech wie weggewischt. Ihre Augen glänzten, und sie bewegten sich rasch und zielstrebig. Es war eine merkwürdig gespenstische, häßliche Szene.

Rasch ging es von Etage zu Etage, und sie stürmten eine Abteilung nach der anderen. Tom und Max hatten längst nicht mehr die Führung. Sie wurden einfach mitgeschwemmt.

Ladentische wurden umgestürzt. Glas ging zu Bruch. Am Kosmetik-Stand warf eine junge Blondine die Arme hoch und schrie. Einer der jüngeren Penner wurde auf sie aufmerksam. Er hob ihr den Rock hoch und brüllte »WOW!«

Ein anderer lief hin und packte das Mädchen. Noch einer kam dazu. Bald war sie von mehreren umringt, die an ihren Kleidern zerrten. Es war ein häßlicher Anblick, doch es brachte weitere auf die Idee, und sie begannen die Verkäuferinnen zu jagen.

»Heiliger Strohsack!« sagte Tom.

Er stieg auf einen der unbeschädigten Ladentische und brüllte:

»Nein! Nicht so! Hört auf! So war es nicht gemeint!«

Max stand in seiner Nähe.

»Ach Scheiße«, sagte er leise.

Die Stadtstreicher ließen nicht locker. Vorhänge wurden abgerissen, Tische umgestürzt, Glasscheiben barsten, und es gab lautes Geschrei.

Etwas ging mit großem Getöse zu Bruch. Dann schlugen Flammen hoch. Doch die Männer plünderten weiter.

Tom sprang von dem Tisch herunter. Das Ganze hatte noch keine fünf Minuten gedauert. Er sah Max an.

»Verdammt, nichts wie weg hier!«

Wieder ein Traum am Boden zerstört. Wieder ein toter Hund auf der Straße. Noch mehr Alpträume von Müll.

Tom lief los, und Max rannte ihm nach. Sie nahmen die Rolltreppe nach unten. Während sie abwärts glitten, rannten Polizisten auf der anderen Rolltreppe nach oben. Tom und Max hatten noch immer ihre neuen Mäntel an, und bis auf die roten unrasierten Gesichter wirkten sie fast wie ordentliche Bürger. Im Erdgeschoß mischten sie sich unter die Menge. Polizisten bewachten die Ausgänge. Sie ließen Leute hinaus, aber keinen herein.

Tom hatte eine Handvoll Zigaretten gestohlen. Eine davon gab er jetzt Max.

»Da, steck sie dir an. Versuch 'n respektablen Eindruck zu machen.«

Er zündete sich selbst eine an und sagte: »So, jetzt mal sehn, ob wir hier rauskommen.«

»Meinst du, wir können sie reinlegen, Tom?«

»Weiß nicht. Versuch wie ein Börsenmakler oder Arzt auszusehen...«

»Wie sehn die aus?«

»Zufrieden und stupid.«

Sie gingen zum Ausgang. Es gab keine Probleme. Man ließ sie mit einigen anderen hinaus. Von drinnen hörten sie Schüsse. Sie sahen am Gebäude hoch. Aus einem der oberen Fenster schlugen Flammen. Schon war das näherkommende Sirenengeheul der Feuerwehr zu hören.

Sie wandten sich nach Süden und gingen zurück zum Pennerviertel.

An diesem Abend waren sie die beiden bestgekleideten Stadtstreicher im Asyl. Max hatte sogar eine Uhr gestohlen. Ihre Zeiger leuchteten im Dunkeln – es war gerade Nacht geworden. Sie streckten sich auf ihren Betten aus. Ringsum begann das Schnarchen.

Trotz der Massenverhaftungen vom Nachmittag war wieder volles Haus. Für freie Schlafplätze gab es immer genug Penner, die nachrückten.

Tom nahm zwei Zigarren aus der Hemdtasche, gab Max eine, und sie zündeten sie an. Eine Weile rauchten sie schweigend. Dann sagte Tom: »Du, Max...«

»Ja?«

»Das war nicht so gedacht.«

»Ich weiß. Macht doch nichts.«

Das Geschnarche wurde allmählich lauter. Tom zog

eine Halbliterflasche Wein unter seinem Kopfkissen hervor. Er schraubte den Verschluß ab und trank einen
Schluck.

»Max?«

»Ja?«

»Auch 'n Schluck?«

»Klar.«

Er reichte ihm die Flasche. Max trank einen Schluck und
gab sie zurück.

»Danke.«

Tom verstaute die Flasche unterm Kissen.

Es war Muskateller.

Der Jockey

Larry Petersons letztes Pferd an diesem Renntag war Blue Mongoose. Beim Warmreiten auf der Gegengeraden zeigte sich, daß das Pferd sehr fahrig und fast verschreckt reagierte. Larry ritt seit fünfzehn Jahren und kannte sich mit Pferden aus. Das hier hatte wirklich eine Wespe im Hintern.

Er versuchte das Tier zu beruhigen, doch als das Rennen aufgerufen wurde, hatte sich noch nichts gebessert. Er ritt vor den anderen zur Startmaschine, und als er McKelvey sah, sagte er: »Das verdammte Vieh ist in einer unmöglichen Verfassung. Laß es streichen.«

»Sieht mir aber ganz okay aus«, gab McKelvey zurück. Larry wußte, warum. McKelvey war der typische Offizielle, der sich um das Geld sorgte, das die Rennbahn einbüßte, wenn ein Pferd gestrichen wurde. Dabei verloren sie so gut wie gar nichts, denn sobald die blöden Spieler ihren Einsatz zurückbekamen, verwetteten sie ihn auf ein anderes Pferd.

Larry stieg ab und drückte McKelvey die Zügel in die Hand. »Mach dir selber ein Bild von dem Motherfucker. Schau mal, ob *du* ihn ruhighalten kannst!«

McKelvey war ein korpulenter Mensch. Er packte die Zügel. Blue Mongoose bockte und warf den Kopf. Das Pferd war naßgeschwitzt.

»Ruhig, du Hundsknochen!« schrie McKelvey das Pferd an. Er zerrte an den Zügeln und rannte mit dem Pferd im Kreis. Einmal, zweimal und noch einmal.

»McKelvey, du machst ihn nur noch schlimmer!«

McKelvey brachte das Pferd zum Stehen und funkelte Peterson an. »Dem fehlt überhaupt nichts, Larry! Entweder du steigst auf, oder ich laß dich die nächsten fünf Renntage wegen Verweigerung sperren!«

»Du nimmst mir das Essen aus dem Mund, McKelvey.«

»Reite oder verhungere, Boy.«

»*Scheiße!*«

Larry stieg auf. Das Publikum, das von nichts wußte, klatschte Beifall. Blue Mongoose war die Nummer acht. Die ersten sieben hatten sie bereits in der Startmaschine. Blue Mongoose wollte nicht rein. Mehrere Männer vom Starter-Team schoben und drückten von hinten, bis sie ihn drin hatten.

Das Tier zitterte und schnaubte. Als sie nebenan die Nummer neun in die Box stellten, passierte es. Mongoose scheute. Er stieg vorne hoch und warf Larry aus dem Sattel, so daß er hart auf dem Boden landete. Es war ein böser Sturz, doch Larry war noch bei Bewußtsein. Er wälzte sich langsam herum und stand auf. Er ging humpelnd auf und ab. Das rechte Bein schmerzte. Er war benommen und hatte sich auf die Zunge gebissen.

Larry spuckte einen Mundvoll Blut aus. Der Dicke stand da und sah ihn an, und Larry sagte: »McKelvey, du Aas, ich hasse jede Faser von dir!«

McKelvey gab die Anweisung, und dann kam es über die Platzlautsprecher: »Ladies und Gentlemen, auf Anordnung der Rennleitung wird Blue Mongoose gestrichen. Ihre Einsätze werden zurückerstattet.«

Larry ging von der Bahn und verschwand in der unterirdischen Passage. Es war ein schlechter Tag gewesen. Ein dritter Platz im Finish und viermal unter »ferner liefen«, davon einmal auf einem 6-5 gewetteten Pferd. Larry machte gern die Pace oder wollte zumindest vom Start weg vorne dabeisein. Doch wie es schien, konnte ihm sein Agent keine antrittschnellen Pferde mehr besorgen.

Im Umkleideraum zog er seine Klamotten aus. Der Stallbursche war bereits weg. Hatte ein heißes Rendezvous mit einer Kleinen aus dem McDonald's.

Die Dusche tat gut. Zwei Kabinen weiter duschte

Lance Griffith. Er war im Feature-Rennen auf einem Außenseiter als Zweiter durchs Ziel geritten und fühlte sich ziemlich gut.

»Hey, Larry!«

»Yeah?«

»Heute abend sollten wir uns 'n anständigen Fick genehmigen!«

»Ich bin verheiratet, Lance.«

»Was hat denn das damit zu tun? Bin ich doch auch!«

»Ich zieh diese Masche nicht ab.«

»Sei nicht blöd, Larry. Während wir unsere Gäule reiten, reiten unsere Frauen was anderes.«

»Seh ich nicht so.«

»Meinst du, sie gehn mit uns ins Bett, weil wir zweiundfünfzig Kilo auf die Waage bringen und einsfünfzig groß sind? Da hast du noch allerhand zu lernen, Mann.«

»Hör zu, ich bin grade abgeworfen worden. Mir tut alles weh. Ich will mir nicht 'n Haufen Scheiß anhören.«

»Okay, Larry, schon gut...«

Das rechte Bein wurde allmählich steif, und die Fahrt nach Hause machte ihm Beschwerden.

Dieser verdammte McKelvey und seine Sorgen um die Einnahmen der Bahn. Die Bahn würde noch da sein, wenn sie alle längst unter der Erde waren.

Sein schönes Haus kam in Sicht. Es hatte 300000 Dollar gekostet, und die Hypothek war fast abgetragen. Er bog in die Einfahrt, fuhr den Wagen in die Garage, ging die Stufen zur Haustür hoch und schloß auf. Karina, reizend anzuschauen und einsachtzig groß, telefonierte gerade. Larry war wie die meisten Jockeys. Er mochte große Frauen. Mit langen Haaren. College-Bildung. Klasse.

»Reena, Baby«, sagte er.

Sie warf ihm einen Blick zu und machte eine abweisende Armbewegung. Sie mußte sich auf ihr Gespräch konzentrieren.

»Ja, Mom, also paß auf«, sagte sie, »du solltest besser auf

dich achten. Du brauchst mehr *Freunde*... Ach, ich merk doch, daß du deprimiert bist... Ich *kenne* diese Stimme. Sag, wann kommst du uns besuchen? Alles ist so wunderschön hier... die Bäume hängen voll von Mandarinen, Orangen, Zitronen... Wir *freuen* uns, wenn du kommst! Was? Ach, tu dir doch nichts *einreden!* Ich mein es ehrlich! Schau, da ist Larry!...«

Sie sah Larry streng an und sagte leise: »Sag Mama guten Tag.«

Larry nahm den Hörer. »Hallo, Stella, wie gehts?... Gut... Oh, ich bin grade nach Haus gekommen... Was? Oh, ich hatte ein paar Rennen... Nein, keine ersten Plätze heute... vielleicht morgen... Ja, oh sicher, hier ist ganz warmes Wetter... Tja, also, dann paß gut auf dich auf... Hier ist wieder Karina...«

Er gab den Hörer seiner Frau, ging durchs Zimmer und die Treppe hinauf. Oben ging er ins Bad und ließ heißes Wasser ein. Das Bein wurde immer steifer.

Er ging ins Schlafzimmer, zog Schuhe und Socken aus. Dann, auf dem Bett sitzend, versuchte er aus der Hose zu kommen, aber es wollte nicht gehen. Das Bein war völlig steif und tat höllisch weh. Er mühte sich mit der Hose ab und mußte lachen, weil es so absurd war. Dann endlich war es geschafft.

Mit Unterhemd und Unterhose ging es leichter. Er stemmte sich hoch und machte ein paar Schritte. Das Bein hielt durch. Er hinkte ins Bad, beugte sich über die Wanne, drehte kurz den Kaltwasserhahn auf und rührte das Wasser in der Wanne mit der Hand durch. Während er sich noch vornüber beugte, kam Karina herein.

»Ich finde, du warst ein bißchen unhöflich zu Mom.«

»Reena, das war keine Absicht. Mir fiel nur nichts ein, was ich noch sagen konnte.«

»So? Na, du könntest dich ja ein bißchen anstrengen. Mutter hat genauso Gefühle wie jeder andere! Die Frau hat eine Menge durchgemacht. Sie ist eine tapfere und wunderbare Person.«

Larry richtete sich auf und starrte die Badezimmerwand an.

»Kid, das ist sie ganz bestimmt.«

»Das meinst du nicht ehrlich, du sagst es nur so.«

»Herrgott, ich kenn deine Mutter kaum.«

Er stieg mit einiger Mühe in die Wanne. Das Wasser war gerade richtig. Langsam ließ er sich hineingleiten. Das warme Wasser tat dem Bein gut.

»Du solltest dir Mühe geben und mehr auf sie eingehen...«

Da stand sie, in voller Größe, und starrte auf ihn herunter. Dieser Körper. Die schlanken Beine. Wie ein Fohlen. Und sie verstand sich anzuziehen. Stil. Klasse. Gepflegte Erscheinung. Diese langen Haare. Goldblond mit einem rötlichen Hauch. Und alles Natur. Die tiefen grünen Augen. Augen, die lachen konnten. Und die makellosen Zähne. Nette Nase, hübsches Kinn. Hals ein bißchen lang. Aber ein guter Verstand. Und sie wußte sich anzuziehen. Sie hatte sein Lieblingskleid an. Das dunkelblaue, das ihr so gut stand.

»Ich sagte, *du solltest dir Mühe geben und mehr auf sie eingehen.*«

»Reena, ich bin wirklich geschlaucht...«

»Du denkst nur an *dich*, immer nur an *dich*, du gottverdammter Egoist!«

»Gottverdammter *Egoist?*«

»Denkst du, außer dir ist hier niemand? Nur du? Der große Jockey? Und in letzter Zeit der nicht mehr so große Jockey!«

»Reena, kriegst du etwa deine Tage?«

»Nee, du vielleicht? Kriegst *du* deine Tage?« Sie stützte die Hände auf den Wannenrand und beugte sich über ihn. Die langen rotblonden Haare baumelten. Der Blick ihrer Augen war hart.

»Hör zu, Baby, es tut mir leid, wenn...«

»Komm mir nicht mit *Baby!*«

Larry beschloß, es sein zu lassen. Es gab nichts mehr zu

sagen. Jedes weitere Wort würde alles nur noch schlimmer machen.

Aus den Augenwinkeln sah er, daß sie lächelte. Ah, dachte er, es gibt sich wieder. Sie hat nur so getan.

Aber es war nicht die Art von Lächeln.

Und dann war es verschwunden, und er hörte sie wieder: »Jetzt kapselst du dich ab! Du willst nicht darüber reden!«

Larry plätscherte sich ein wenig Wasser unters Kinn und kam sich dabei blöde vor.

»Schau, Reena, laß uns die Sache vergessen und nochmal frisch anfangen. Was trinken. Uns abregen. Ist doch alles halb so wild.«

Karina beugte sich tiefer herunter. »Was trinken? Trinken, trinken, trinken, trinken... Ein kleiner *Drink. Das* bereinigt alles, wie?«

»Es hilft...«

»Kannst du nicht auch *ohne* einen Drink mit etwas fertig werden?«

Er wußte, was sie hören wollte, also sagte er es:
»Nein.«

Wütend klatschte sie ihm eine Handvoll Wasser ins Gesicht. »Du Arschloch! Du blödes Arschloch!«

Tränen quollen ihr aus den Augen. Larry spürte, wie sich alles in ihm verkrampfte. Er wollte sonstwo sein, nur nicht hier. Im Gefängnis, in der Gosse, verschollen in der Wüste, verschluckt von Treibsand.

»Laß mich doch bloß allein«, sagte er.

Karina beugte sich noch weiter herunter. Sie kam ihm jetzt nicht mehr so schön vor. »Dich alleinlassen? *Allein?* Wozu? Damit du dich fummeln kannst? Damit du an dir *rumspielen* kannst?«

»Ja, *das*«, sagte Larry. »Laß mir wenigstens das.«

»Oh, oh... mein *Gott*, daß ich an so was wie *dich* geraten mußte!«

Larry sah ihr ins Gesicht. »Ich bitte dich, ja? Geh raus und laß mich allein!«

»Warum mußte ich nur so ein *Männchen* heiraten«, fing sie wieder an. »Ich hätte...« Da durchzuckte es ihn und brodelte vor seinen Augen, und er packte sie an den Haaren und am Hals und zerrte sie mit aller Gewalt zu sich in die Wanne.

Es platschte und machte einige Male *bong*, als Knie und Ellenbogen an die Wanne stießen, und dann war sie drin. Mit ihr wurde er fertig, dazu war er groß genug, und während sie trat und um sich schlug, wälzte er sich herum, bis er auf ihr lag.

Schließlich war er es gewohnt, siebenhundert Kilo schwere, widerborstige Pferde zu bändigen. Er spürte, wie seine Finger sich in ihren Mund und ihre Nasenlöcher gruben, dann seine Hand auf ihrer Stirn und wie er drückte, heftig, ruckartig, und dann war ihr Kopf unter Wasser, und er hielt ihn so, hielt ihn da unten und dachte: So, jetzt ist sie *still*. Aber er brachte es nicht fertig, ließ schließlich los, und sie kam keuchend und nach Luft schnappend wieder hoch. Er stieg aus der Wanne und schämte sich, nahm ein Badetuch und wickelte es sich um die Hüfte, und Karina, die Hände vor dem Gesicht, blieb in ihrem dunkelblauen Kleid in der Wanne sitzen, saß regungslos da, einfach so.

Larry fühlte sich gräßlich. Er kam sich vor wie ein Wahnwitziger, schlimmer als alles Böse auf der Welt.

Er ging ins Schlafzimmer, zog einen Morgenmantel über, setzte sich auf einen Stuhl am Fenster. Es war Nacht geworden. Unten, nach Osten hin, konnte er die Lichter der Stadt sehen. Sie wirkten sehr friedlich.

Er hörte ein plätscherndes Geräusch. Karina stieg aus der Wanne. Sie hustete.

Er hörte ihre Schritte. Hörte, wie das Wasser von ihr auf den Fußboden tropfte. Spürte, wie sie sich von hinten näherte. Er wartete und sah hinaus auf die Lichter der Stadt.

Henry Baroyan stieß in die Lücke zwischen dem Caddy und dem Porsche, erhöhte auf lockere 130, sog den Rauch seiner Zigarre in die Lunge und dachte: Vielleicht habe ich heute ein bißchen Glück, ich hätte es wahrhaftig nötig. Der BMW war fünf Jahre alt, aber er lief immer noch rund. Er hatte 88 Dollar für seine neue Vignette bezahlt, und dann hatte er sie verloren. Er verlor ständig seine Vignetten. Er verlor überhaupt alles. Selbst den Pulitzer-Preis. Vor zehn Jahren, auf der Höhe seines Erfolgs, hatte er ihn abgelehnt und erklärt, ein Schriftsteller brauche nur eine Auszeichnung, und die gehöre ihm bereits.

Er hatte zweimal dieselbe Frau geheiratet. 350000 Dollar auf der Rennbahn verspielt. Konnte seine Steuern nicht bezahlen. Sie nahmen ihm das Haus weg. Sie nahmen ihm alles bis auf das Auto, die Schreibmaschine und die Frau. Steuerschuld: $ 440000. Wie war es dazu gekommen? Auf seine Steuerschulden hatte er einmal sechs Prozent Verzugszinsen gezahlt, jetzt waren es sechzehn. Es gab Stories von ihm, in denen er schilderte, wie er in einem kleinen Zimmer gehungert und geschrieben hatte. Wie gut war er doch damals dran gewesen. Jetzt schuldete er mehr Geld, als er je verdienen konnte. Er war pleite, der Staat war pleite, die Welt war pleite. Wer hatte eigentlich das verdammte Geld?

»Gehst du wieder auf die verfluchte Rennbahn?« hatte Traci gefragt. Traci war seine Frau.

»Ich muß, Baby. Sonst läuft es nicht auf der Schreibmaschine. Ich brauche die Action.«

»Du kannst auch ohne Pferdewetten schreiben. Sei kein Idiot. Verschulde dich nicht noch mehr.«

»Was für einen Unterschied macht es, ob ich 440000 oder 940000 Dollar schulde?«

»Es macht einen Unterschied von 500000.«

»Kluges Mädchen. Ich fahr jetzt los.«

»Du bist ein komplettes Arschloch!«

Und das Schlimmste war, daß er nichts mehr schreiben konnte. Larry Simpson schrieb jetzt sein Zeug. Nicht annähernd so gut wie das, was *er* einmal geschrieben hatte. Larry war ein Schnellschreiber. Aber der Name Baroyan ließ sich noch immer verkaufen. Larry war sein Neger. Und bekam vierzig Prozent.

Vielleicht kommt es eines Tages wieder, dachte Henry. Ein richtig guter Tag auf der Rennbahn bringt es mir vielleicht zurück.

Da war sie auch schon, die Rennbahn. Er hielt an der Einfahrt zum Parkplatz. Die Jungs dort kannten ihn alle. Dienst hatte heute der Dicke mit dem Transistorradio. Er hörte sich was von Madonna an. Vielleicht würde es eines Tages auch Madonna an den Arsch gehen. Der Dicke riß ein Ticket für den Parkservice ab, und Henry gab ihm sechs Dollar.

»Räumen Sie ordentlich ab, Champ?« fragte der Dicke.

»Es geht«, sagte Henry. Er machte den ersten Gang rein und folgte der blauen Linie zu den reservierten Parkplätzen.

Dort stieg er aus, ohne das Ticket mitzunehmen. Sie kannten das Auto. Nur einer fuhr hier einen schwarzen 79er BMW mit abgerissenen Nebelscheinwerfern.

Sie parkten seinen Wagen immer in der Nähe ihrer Bude, und wenn sie ihn kurz vor dem letzten Rennen herauskommen sahen (er verschwand gern, ehe die Massen abrückten), holte einer das Auto, so daß es mit laufendem Motor auf ihn wartete. Sie wußten nicht, daß er völlig auf dem Hund war. Wenn er verloren hatte, gab er ihnen fünf Dollar Trinkgeld; wenn er gewonnen hatte, war es mehr. An den meisten Tagen bekamen sie fünf.

Bob, einer der Jungs vom Parkservice, sah ihn. Bob war ein bißchen aufgeweckter als die anderen.

»He, Hank«, sagte er, »wenns heute nicht mein Tag ist, dann hoffentlich deiner.«

»Danke, Bob. Vielleicht schaffen wir beide was an.«

»Sicher«, meinte Bob, »vielleicht gehn Karnickel demnächst schnorcheln.«

Am Klubhaus zeigte Henry seinen Ausweis und ging rein. Er besorgte sich ein Rennprogramm und die Turfzeitung, ging quer durchs Klubhaus und hinaus in den Bereich der Haupttribüne. Sein Platz war bei den Armen. Er war ärmer als alle.

In der Bar, die er bevorzugte, stand Rusty hinterm Tresen. Rusty war ebenfalls passionierter Spieler.

»Wodka-Seven, Rusty.«

»Okay... Scheint heute ein tolles Programm zu sein, Hank.«

»Hab es mir noch nicht angesehn.«

»Du, ich hab einen guten Tip für dich.«

»Ich will ihn nicht hören.«

»Drittes Rennen. Ein *maiden race**. Du weißt, was da alles getürkt wird. Da geht der Erste mit zehn Längen durchs Ziel.«

»Komm mir nicht mit einem mysteriösen Gaul vom Morgentraining. Mit so was bricht man nur ein.«

»Hey, den haben sie laufen lassen, als es noch dunkel war. Noch eh die Zeitnehmer von der Bahn angerückt sind. Der zahlt mindestens fünfzehn für eins. Keiner weiß davon.«

Henry leerte sein Glas Wodka-Seven-Up.

»Woher weißt du es dann?«

»Jemand schuldet mir einen Gefallen.«

»Ach Gott, dir auch?«

Rusty beugte sich vor und sagte leise: »Red Window im Dritten.«

Henry legte ihm das Geld für den Drink hin. Und ein Trinkgeld.

»Blödsinn.«

»Nein, diesmal nicht«, sagte Rusty. »Und hier ist einer auf mich.«

---

* Pferde, die noch ohne Sieg sind. (Anm. d. Übers.)

Er machte Henry das Glas wieder voll.

»Danke, Rusty.«

»Wie gehts mit der Schreiberei?«

»Könnte besser sein«, sagte Henry und trank das Glas aus.

Er drehte sich um und ging zur Rolltreppe, die zur oberen Etage führte. Auf einem sonnigen Fleck am Fuß der Rolltreppe stand ein alter Schwarzer mit großen Kulleraugen.

»Hey, Mann«, sagte er, »kenn ich Sie nicht?«

»Nein. Es sei denn, Sie sind vom Finanzamt.«

»Doch, ich kenn Ihr Gesicht vom Fernsehen. Oder vielleicht vom Film.«

»Ich hab mal in einem Porno mitgemacht, aber das ist lange her.«

»Nein, Mann, ich kenn Ihr Gesicht.«

»Sie verwechseln mich mit jemand.«

Henry ging an ihm vorbei und stellte sich auf die Rolltreppe.

»Nein, Mann, Sie können mir nichts vormachen!« rief ihm der Alte nach. »Ich glaub, ich hab Sie in einer Fernsehserie gesehn!«

Henry schaute zurück. »Das war ich nicht, Bruder…«

Oben ging er an einen Erfrischungsstand und ließ sich ein großes Bier geben. Er suchte sich einen Platz auf der Tribüne, trank einen Schluck und mußte würgen. Das Zeug war grün. Es brauchte eine Weile an der Luft. Er schlug die Turfzeitung auf und sah sich das erste Rennen an. Heute wollte er keinen Reinfall mit Pferden erleben, die von hinten kamen oder unterbewertet waren. Er brauchte eins, das Pep hatte und sofort aufs Ganze ging. Wenn schon verlieren, dann wenigstens schnell.

Undeutlich nahm er einen Burschen wahr, der sich von der Seite näherte. Dann sah er zwei Beine, die vor ihm stehenblieben. Er schaute nicht hoch. Dann hörte er eine Stimme. Eine jugendliche Stimme.

»Entschuldigen Sie, ich möchte nicht stören, aber sind Sie nicht Henry Baroyan? Der Schriftsteller?«

»Nein. Ich bin sein Vetter André.«

»Ach kommen Sie! Ich kenne Sie doch! Wir nehmen Sie grade in unserem Literaturkurs durch, an der Uni in Long Beach.«

»Ich wette nur auf Pferde.«

»Sie sind einer meiner Lieblingsautoren, Mann.«

»So? Wer sind denn die anderen?«

»Burroughs, Ginsberg, Genet, Bowles...«

»Verschwinde.«

»Hören Sie, Mr. Baroyan, tun Sie mir einen Gefallen und signieren mir ein Programm?«

»Na schön. Wo?«

»Hier... vorne drauf... Und machen Sie mir ne Zeichnung dazu. Eine von Ihren kleinen Zeichnungen – Sie wissen schon.«

Er gab Henry sein Programm. Der Junge war weiß und verweichlicht, hatte sich vor der Wirklichkeit in den Traum geflüchtet. Der nette Junge, wie er im Buch steht.

»Wette nie auf ein Pferd, das scheißt, bevor es in die Startmaschine geht«, schrieb Henry. Er zeichnete ein verkniffenes Weib, das den Mülleimer auskippt, signierte am Rand mit seinem Namen und gab das Programm zurück.

»Ehrlich, vielen Dank«, sagte der Bursche und verschwand.

Vielleicht kann ich eine Story über die Rennbahn schreiben, dachte Henry. Dieser verdammte Larry Simpson. Schrieb immer nur über den Mardi Gras oder Klapperschlangen-Rennen oder Schiffbruch vor der Küste Argentiniens. Oder Politiker, die in irische Terrier vernarrt waren. Und Softeis-Träume von rosigen Zuständen in einer freien Welt.

Mit einem Mal war es soweit – das erste Rennen wurde aufgerufen. Henry ging nach drinnen, wo sie an den Wettschaltern Schlange standen: Die Einsamen und Verblödeten, die rettungslos Häßlichen mit ihren schiefgelatschten

Absätzen. Diese Gesichter, die längst alles verloren hatten bis auf den sturen Willen zum Weitermachen, sang- und klanglos, ohne Hoffnung oder auch nur die geringste Aussicht auf Erfolg.

Wenn der Tod uns holt, dachte er, wird er uns ausspukken wie Knochen, an denen nichts mehr dran ist; längst abgenagt, ausgetrocknet und hart und... was? Und gar nichts.

Und dann, während er noch anstand, kam Marsden gelaufen. Marsden hatte einmal als Angestellter an einer der Wettmaschinen gearbeitet, aber irgendwas Illegales gedreht und seine Stellung verloren. Hausverbot hatte er allerdings nicht bekommen. Er hatte Henry so manche Gefälligkeit erwiesen, vor allem bei den Trabrennen, wo das heiße gute Geld oft so spät und so schnell gesetzt wird, daß es fast unmöglich ist, sich noch dranzuhängen. Marsden druckte in solchen Fällen ein 50-Dollar-Siegticket aus, schaute an der Warteschlange nach hinten zu Henry und signalisierte ihm die Nummer des Pferds. Henry hatte Marsden und den Trabrennen einiges zu verdanken.

Marsden trug Maßanzüge, lachte oft und schien ein rundum glücklicher Mensch zu sein... ein charmanter Schwerenöter, der allerhand Probleme mit Frauen hatte. Sogar noch mehr als Henry.

Da stand er nun in seinen feinen Klamotten.

»Hey, Baby!«

Er hatte jemanden dabei. Ebenfalls in teures Tuch gekleidet.

»Das ist mein Anwalt.«

Die Welt war gut. Sie schüttelten sich die Hand. Die Welt war gut und ein Witz. Der Anwalt setzte sich an die Bar ab.

»Hör zu, Baby«, sagte Marsden, »ich weiß, du bist ein Spieler. Also weißt du auch, wer die besten Chancen hat. Verrat es mir.«

»Hier laufen keine Traber, Mars...«

»Scheiß drauf. Rück schon raus damit.«

»Ich setze auf die Neun.«

»Genau! Das ist es! Das hab ich auch gehört! Todsicherer Tip, hat man mir gesagt! Paß auf, leih mir fünfzig Dollar, ich hab zu wenig eingesteckt, als ich hier rauskam, und dann hab ich das mit der Neun gehört. Leih mir 'n Fünfziger, ja? Bitte!«

»Ich bin klamm, Mars. Mehr als zwanzig sind nicht drin.«

»Na gut...«

Henry gab ihm die zwanzig, und Marsden verschwand damit.

Drei Leute hatte er in der Schlange noch vor sich, da kam eine Lautsprecherdurchsage: »Happy Hour wurde auf Anordnung der Rennleitung gestrichen.«

Happy Hour war die Neun.

Verflucht, dachte Henry. Dann stand er am Wettschalter.

»Zwanzig Sieg auf die Fünf«, sagte er.

Er ging raus auf die Tribüne, um sich das Rennen anzusehen. Erst sah er es, dann hörte er es: »Hot Watch hat verweigert.«

Hot Watch war die Fünf.

Während das Rennen seinen Lauf nahm, suchte er die Tribüne ab. Vielleicht konnte er Marsden finden. Vielleicht würde ihm Marsden die zwanzig Dollar zurückgeben. Es war eine Frage des Prinzips. Und die zwanzig konnten seine Rettung sein. Na ja, vielleicht nicht die Rettung, aber ein bißchen Hilfe in einem unmöglichen Kampf.

Doch er konnte Marsden nicht finden. Er konnte keinen finden, der auch nur annähernd wie Marsden aussah. Sie sahen nicht einmal wie sie selber aus. Alle sahen aus wie geplättete Tiere, die eine Dampfwalze überrollt hat. Selbst die Frauen. Besonders die Frauen.

Er arbeitete sich weiter durch die Menge. Alle standen und verfolgten gebannt das Rennen.

Die Frauen der Armen. Gott, wie unfair, so von ihnen

zu denken. Viele hatten wahrscheinlich kleine Geranien, die ihnen ans Herz gewachsen waren. Und bekiffte Sprößlinge, die beim Dealen geschnappt worden waren und jetzt in entlegenen Gegenden der Welt, wo die Ratten nie lächelten, in Gefängniszellen vermoderten.

Na, zum Teufel, der Tag war noch nicht vorbei. Ein Tag ist erst vorbei, wenn er gelaufen ist. Hoffnung sprießt unentwegt. Wie der Fliegenpilz.

Aber das Rennen war gelaufen. Gesiegt hatte ein mit 26-1 gewetteter Außenseiter, ein Sprinter aus Caliente. Die meisten im Rund wirkten nicht besonders froh. Viele Mexikaner und Schwarze waren darunter, die hofften, einen Treffer zu landen und ihre Ketten zu sprengen. Es würde ihnen nie gelingen. Sie machten ihre Ketten nur länger. Die Weißen, wabbelig und mit einer tödlichen Wut in den Augen, wirkten am erbärmlichsten. Die meisten waren Männer. Immerhin, für einen Schriftsteller waren sie wunderbares Material. Über weiße Amerikaner konnte man schreiben, was man wollte, und nie gab es Protest. Nicht einmal von den Betroffenen. Doch wenn man etwas Unangenehmes über das andere Geschlecht oder eine andere Rasse oder Klasse schrieb, gerieten Kritiker und Leser in Wut, und die Haßbriefe stapelten sich – wenn auch der Absatz der Bücher nicht darunter zu leiden schien. Um einen hassen zu können, mußten sie einen erst einmal lesen. Gierig warteten sie darauf, was man als nächstes über ihre Welt schreiben würde. Den weißen Amerikanern dagegen war es egal, was man über sie schrieb, denn sie regierten die Welt – jedenfalls vorläufig noch.

Ein massiger Weißer kam mit einem erwartungsvollen Lächeln auf Henry zu. Henry wandte sich zum Gehen.

»Hey!« sagte der Mann.

Henry drehte sich um und wartete ab.

Der massige Mensch baute sich vor ihm auf. Er stand ein bißchen zu nah. Henry machte einen Schritt zurück.

»Ich bin Monty Edwards«, sagte der Mann. »Ich bin Jockey-Agent.«

»Wie schön«, sagte Henry. »Aber ich kann nicht für Sie reiten, ich wiege hundertzwei Kilo.«

»Sind Sie nicht der Schriftsteller Henry Baroyan?«

»Doch, ja.«

»Der Trainer Bernard Loft liest Ihre Sachen und findet sie gut. Er würde Sie gern kennenlernen.«

»Bestellen Sie ihm einen Gruß von mir.«

»Ach, kommen Sie, seien Sie nicht so. Er will Sie kennenlernen.«

»Na schön, wo ist er?«

»Kommen Sie mit.«

Henry folgte Edwards zum Ostteil der Tribüne. Dort kam man, an einem Livrierten vorbei, zu den Logen. Die Logen waren eine andere Welt, voll besetzt mit Eignern, Trainern, Jockey-Agenten, ehemaligen Jockeys und sonstigem Strandgut des Rennbetriebs. Die Leute waren etwas gelassener als die auf der Tribüne, sie waren besser angezogen, und statt herumzulaufen, standen sie in kleinen Gruppen beisammen und unterhielten sich gemütlich.

Edwards ging voran in eine der Logen. Ein Mann stand auf. Feinstes Tuch am Leib. Blitzblanke Schuhe. Silbrig glänzender blauer Schlips.

»Baroyan«, sagte er, »ich bin Bernhard Loft. Ihre Bücher haben mir schon viel Freude gemacht.«

»Danke.«

Sie gaben sich die Hand.

»Ich würde mich gern ein bißchen revanchieren für die gute Lektüre, die ich Ihnen verdanke«, sagte Loft.

»Bitte keine heißen Tips.«

»Nein, nein. Im nächsten Rennen läuft ein Pferd von mir. Ich rechne mit einem Sieg und hätte gern, daß Sie anschließend zur Siegerehrung kommen und sich mit uns fotografieren lassen.«

»Wie heißt denn Ihr Pferd?«

»Highwater.«

»Der kommt immer von hinten. Wie wollen Sie gegen Wormwood gewinnen?«

»Wir werden ihm zusetzen. Und ihn rechtzeitig abfangen.«

»Kann ich mir nicht vorstellen. Aber ich wünsch Ihnen natürlich viel Glück.«

»Sie müssen mich jetzt entschuldigen«, sagte Loft, »ich muß runter zum Führring.«

»Klar.«

Henry und Edwards setzten sich.

Edwards erkannte eine Frau und lächelte ihr zu. Sie trug einen großen weißen Hut und ein weißes Designerkleid mit rotem Halstuch. Sie hatte ein Taubengesicht mit den Augen einer Riesenmaus.

»Hallo, Mrs. Carrington. Wie läuft es so?«

»Gut, Monty. Nur haben wir gestern unsere junge Stute verloren.«

»Oh?«

»Ja, im Verkaufsrennen. Im Fünften.«

»Oh, das tut mir leid. Vielleicht können Sie sie zurückkaufen.«

»Ja, das werden wir bei der nächsten Gelegenheit auch tun.«

Diese verdammten Reichen, dachte Henry. Kriegen 40000 Dollar für ein Pferd, und es macht sie traurig.

Er wandte sich an Edwards. »Also, ich vertrete mir noch ein bißchen die Beine, und dann geh ich wetten.«

»Auf wen?«

»Wormwood.«

»Sie setzen nicht auf Bernards Pferd?«

»Nein. Das muß von zu weit hinten kommen.«

»Bernard sagt, Highwater wird das Rennen machen.«

»Abwarten.«

»Kommen Sie dann wieder zurück und sehn sich das Rennen von hier aus an?«

»Okay.«

Henry ging hinauf zur Passage, die in die Halle mit den Wettschaltern führte. Vor den Schaltern hatten sich noch keine Schlangen gebildet. Er setzte vierzig Dollar auf den

Sieg von Wormwood. Wormwood stand bei 7-2 und würde vermutlich mit einem Kurs dieser Art ins Rennen gehen.

Ich sollte zu Hause sein und schreiben, dachte er. Diese Schreibhemmung kann nicht ewig dauern.

Er ging zurück, bestellte sich an der Bar einen Wodka-Seven und schaute sich um. Die Frauen in den reservierten Logen wirkten jünger, waren schlank und bester Laune. Selbst die älteren Frauen sahen ziemlich gut aus. Es stimmte ihn traurig, daß die Frauen der Armen so schlecht aussahen. Warum mußte das sein? Es war nicht fair. Doch was war schon fair? Hatte es für den kleinen Mann je eine Zeit gegeben, in der es fair zuging? Der ganze Quatsch, mit dem man sie fütterte, von wegen Demokratie und Aufstiegschancen, das sollte sie doch nur davon abhalten, den Palast niederzubrennen. Sicher, ab und zu kam einer aus dem Schlamassel hoch und schaffte es. Aber für jeden von denen gab es Hunderttausende, die auf der Straße lagen, im Gefängnis oder Irrenhaus steckten, sich das Leben nahmen, auf Alkohol oder Drogen waren. Und noch mehr, die elende Jobs hatten und ihre Jahre für einen Hungerlohn opferten. Die Sklaverei war nicht abgeschafft, sie hatte neun Zehntel der Bevölkerung erfaßt. Überall. Heiliger Strohsack.

Er trank sein Glas aus und ging nach vorn zur Loge. Edwards war weggegangen, so daß er sie für sich allein hatte. So müßte es sein, dachte er. Platz. Ruhe. Weit weg von den entnervenden Massen. Tja.

Als er sich im Programm das dritte Rennen ansah, fiel ihm der Tip von Rusty wieder ein. Red Window. Er hatte noch nie erlebt, daß aus einem Tip etwas wurde. Das Problem war nur, wenn so ein Pferd siegte, und man hatte nicht darauf gesetzt, mußte man sich in den Arsch treten. Die einzig *kluge* Entscheidung war, nicht auf Red Window zu setzen. Aber war er dazu klug genug?

Die Pferde des zweiten Rennens gingen an den Start. Wormwood war auf 3-1 gefallen. Der Kurs von Highwater war 2. Edwards kam zurück und setzte sich zu Henry.

»Wann erscheint Ihr nächstes Buch?« fragte er.

»Demnächst.«

Dann die Startglocke, und das Feld preschte los. Das Rennen ging über 1200 Meter. Wormwood übernahm mit Leichtigkeit die Führung, hatte anderthalb Längen und eine erste Zwischenzeit von 24. Nicht schlecht. Auf der Gegengeraden lief das Pferd immer noch locker und vergrößerte seinen Vorsprung auf zwei Längen. Es segelte um die Kurve und legte auf der Zielgeraden zu, hatte jetzt dreieinhalb Längen und galoppierte mit steil aufgerichteten Ohren. Sein Fell war seidig und zeigte keinen Tropfen Schweiß.

Da setzte Highwater zum Endspurt an und schob sich näher und näher. Wormwood hatte noch zwei Längen, dann anderthalb, dann eine, dann eine halbe, und das Ziel kam rasend schnell näher. Pincay peitschte Highwater wie ein Besessener. Im Ziel sah es aus wie ein Pferd mit acht Beinen. Jeder der beiden konnte die Nase vorn haben.

Die Anzeige leuchtete auf. Zielfoto.

»Sah nach Kopf-an-Kopf aus«, sagte Edwards.

»Ich glaube, Wormwood war vorn«, sagte Henry. »Bei so knappen Entscheidungen hat das innen laufende Pferd meistens den Vorteil.«

»Die Sache ist nur«, sagte Edwards, »daß Pincay beim Zieleinlauf ein wahrer Teufel ist.«

Gebt mir nur diesen einen Sieg, flehte Henry die Götter an. Nur diesen einen, und alles andere renkt sich von selbst ein. Ich verlange nicht zuviel. Nur eine Nasenlänge. Ein Mensch kann müde werden, wißt ihr. Ein Mensch kann sehr, sehr müde werden. Nur eine Nasenlänge. Einmal. Dieses eine Mal. Jetzt.

Die Anzeige leuchtete auf.

Highwater.

Ich muß an die Schreibmaschine, dachte Henry. Da

kann ich alles so ausgehen lassen, wie ich es will. So, und was mach ich jetzt mit Red Window?

Dann war Bernard Loft wieder da.

»Baroyan, kommen Sie bitte mit?«

»Gutes Rennen. Gratuliere. Ich hätte nicht gedacht, daß Sie meinen noch einholen...«

»Eigentlich mag ich den Gaul gar nicht, aber ich hab ein passendes Rennen für ihn gefunden.«

Henry folgte Loft eine Treppe hinunter, dann durch das Gatter in den Ring, wo die Siegerehrungen stattfanden. Highwater kam gerade herein. Pincay stieg ab.

»Guter Ritt. Danke, Laffit«, sagte Loft.

»Ich habe Ihnen zu danken«, gab Pincay zurück. »Sie hatten ihn wirklich topfit.«

Laffit Pincay schien ein richtiger Gentleman zu sein. Kein bißchen Angabe. Ein Klassemann.

Die Eigner und ihre Freunde – zehn oder elf Leute, mit Pincay in der Mitte – stellten sich rechts vom Pferd nebeneinander. Auf der anderen Seite stand der Betreuer des Pferds mit Loft und Henry.

»Schauen Sie in die Kamera«, sagte Loft.

Ein Blitzlicht zuckte, und alle gingen wieder auseinander. »Ich sehe mich morgen nach Ihnen um und gebe Ihnen einen Abzug«, sagte Loft.

»Vielen Dank, Loft. War mir eine große Freude. So etwas erlebe ich nicht allzuoft.«

»Sie sind ein prima Schriftsteller«, sagte Loft.

Henry zündete sich eine Zigarette an, verließ den Ring und stieg wieder die Treppe hinauf. Wenn Loft wüßte, daß er erledigt war. *Fini.* Er ließ die Logen rechts liegen und setzte sich auf der Tribüne zu den Armen.

Manche von den Tölpeln tranken lauwarmes Dosenbier, das sie mitgebracht hatten. Die sengende Sonne und das sengende Gefühl des Verlierens konnten alles schal werden lassen. Schon nach zwei Rennen waren ihre Gesichter schweißnaß und vom Scheitern gezeichnet. Sie warteten auf das Unmögliche, und das Unmögliche traf selten ein. Nur im Kino, Baby, nur im Fernsehen. Das gab manchen den winzigen Schub, der sie weitermachen ließ.

Man sollte den Scheißladen dichtmachen, dachte Henry. Aber das werden sie nie tun. Der Staat kassiert mit und wird reich.

Henry sah sich die Notierung von Red Window an. Morning Line 15, vorgewettet mit 18. Nicht übel. Vielleicht hatte man ausnahmsweise mal dichtgehalten. Das Pferd war auf dieser Bahn noch nicht gelaufen, und seine Trainingszeiten waren mittelmäßig. Und der Jockey hatte noch nicht viel gewonnen. Keiner der Tipgeber empfahl das Pferd. Anscheinend war nichts durchgesickert. Also?

Henry saß da und wartete ab. Die Notierung fiel auf 15, auf 14 und stieg wieder auf 17.

Sechs oder sieben Reihen unter ihm saß eine dicke Mexikanerin und versuchte, ein schreiendes Baby zu beruhigen. Ihr Mann hatte bereits einen Bierrausch. Er schaute nicht einmal ins Programm. Saß nur da und nuckelte an einer Bierdose, während das Baby zeterte. Der Frau schien es peinlich zu sein, und sie litt Qualen, während sie sich mit dem Baby abmühte. Für einen Werktag auf der Rennbahn war sie recht gut angezogen. Im Haar hatte sie eine blaue Schleife. Der Mann trug eine Baseballmütze von den L. A. Dodgers. Verkehrt herum. Das Baby zeterte weiter. Der Mann trank seine Bierdose aus, warf sie weg und knackte die nächste.

Wenn ich je in die Hölle komme, dachte Henry, wird es so sein wie hier. Oder vielleicht bin ich schon tot, und das hier *ist* die Hölle.

Über ihm, in der letzten Reihe, saßen einige junge Burschen. Sie hatten ihre Hemden ausgezogen und waren betrunkener als die meisten anderen. Sie hatten ein Transistorradio dabei, aus dem sehr laute Rockmusik dröhnte, während sie fluchend ihre Wetten austüftelten und sich stritten. Wie es schien, hatten sie eine Vorliebe für Ausdrücke wie »shit« und »fuck« und »cocksucker«, doch ihre

Stimmen waren noch unreif, kippten manchmal über und klangen fast mädchenhaft. Die Kraftausdrücke hatten etwas Angeberisches und Gekünsteltes.

Als die Pferde zur Parade herauskamen, stand die Notierung von Red Window auf 12. Sieben Minuten vor dem Start ging sie auf 14.

Henry ging hinunter zu den Wettschaltern. Die Schlangen davor waren noch ziemlich lang.

Vier Minuten vor dem Start brachte er seine Wette unter. Fünfzig auf Sieg.

Das Pferd notierte mit 11.

Er ging wieder hinauf, und als er seinen Platz erreichte, stand die Notierung bei 8.

Bei jedem Aufleuchten der Anzeigetafel fiel der Kurs weiter. 7 ... 6 ... 5 ...

Die Pferde näherten sich der Startmaschine. Leute verließen die Tribüne, rannten zu den Wettschaltern und schrien »Red Window!«

Ich sollte den gottverdammten Wettschein streichen lassen, dachte Henry. Ich habe noch nie erlebt, daß einer siegt, der in letzter Minute so hoch favorisiert wird. Aber vielleicht passiert es ausgerechnet heute? Vielleicht ist das Pferd einsame Spitze? Lassen wirs lieber drauf ankommen.

9-2 ...

4 ...

7-2 ...

Sie waren in der Startmaschine. Gott sei Dank.

Dann brach ein Pferd aus. Ein Außenseiter namens Dog Day. Sie mußten den Start wiederholen. Die Männer vom Starter-Team rannten los, nahmen das Pferd am Zügel und führten es außen herum wieder hinter die Startmaschine.

Die hemdlosen jungen Burschen mit den Mädchenstimmen rannten die Stufen herunter.

»Shit! Das reicht uns noch für ne Wette!«

Gelenkig waren sie ja. Sie nahmen zwei oder drei Stufen auf einmal. Der letzte stolperte, schlug hin und kugelte die Treppe herunter.

»Scheiße!«

Fast wäre er mit dem Kopf an eine Sitzverankerung geknallt. Er sprang auf und lief den anderen nach.

»Red Window!«

Und der wollte nicht in die Startmaschine.

3...

5–2...

Sie mußten das Pferd mit Drücken und Schieben hineinbugsieren.

Beim Start notierte Red Window mit 9–5.

Das Rennen ging über eine Meile und eine Sechzehntel.

Red Window kam aus seiner achten Startposition langsam weg, und der Jockey nahm ihn ganz nach innen, um Boden gutzumachen. In der ersten Kehre zog sich das Feld auseinander.

In den letzten Minuten und Sekunden waren noch Tausende und Abertausende von Dollars auf Red Window gesetzt worden. Der Tip mußte gut sein, oder die Welt war verrückt. Eigenheime standen auf dem Spiel. Leben standen auf dem Spiel. Alles hing von dieser einen Wette ab. Wenn es je einen Geheimtip gab – *das mußte er sein.*

Auf der Gegengeraden ergab sich für Red Window eine Lücke an der Innenseite. Der Reiter ließ ihn etwas zulegen und setzte sich an die fünfte Position. Bis zur Spitze waren es nur noch vier Längen, und vor sich hatte er ein paar typische Sprinter, die sich gegenseitig das Leben schwer machten. Red Window verbesserte sich nicht, fiel aber auch nicht zurück. Er hielt seine Position. Nicht gut, aber auch nicht schlecht. Wenn das Pferd ein Kraftpaket war, hielten sie es wohl bis zum Endspurt zurück.

In der letzten Kehre fiel Red Window langsam zurück.

Hey!

Er lag sechs Längen zurück, kam aus dem Tritt, und vor ihm war eine Wand von Pferden, die sich schon zu sehr verausgabt hatten. Die Sonne kämpfte sich durch den Smog, die Berge waren blaßlila, und Red Window schien an der Innenseite eingeklemmt zu sein.

Da ging der Jockey aufs Ganze. Er nahm Red Window nach außen, um vier müde gewordene Pferdeleiber herum, und zog ab. Mit Karacho.

Red Window sah gut aus.

Verdammt, dachte Henry, das haut hin!

Red Window kam weit außen in die Zielgerade. Er hatte freie Bahn. Er war eine gottverdammte Lokomotive. Seine Hufe hämmerten und trommelten. Er wirkte doppelt so groß wie alle anderen. Er sah prachtvoll aus. Herrlich.

Das Wunder geschah.

Die Zuschauer, völlig aus dem Häuschen, schrien wie ein Mann. Das Leben war endlich wieder gut zu ihnen.

Plötzlich galoppierte das Pferd nicht mehr. Es stieg vorne hoch und schüttelte wild den Kopf.

Der Jockey drehte durch. Man hatte ihm gesagt, er reite einem sicheren Sieg entgegen. Er peitschte auf das Pferd ein, so daß es ihn fast aus der Hocke riß.

Red Window bockte und verlangsamte. Dann machte er die Vorderläufe steif und blieb stehen. Wollte nicht ins Ziel.

Der Favorit von der Morning Line ging mit 7-2 durchs Ziel. Zweiter wurde einer, den sie in der Morning Line mit 8-5 bewertet hatten.

Von den Tribünen kam ein Chor von Buhrufen und unflätigen Ausdrücken.

Das Pferd stand siebzig Meter vor dem Ziel und wollte nicht weiter. Die Zuschauer waren außer sich, und unten am Geländer bombardierten sie das Pferd mit Bierdosen, Rennprogrammen, Hotdogs, Dreckklumpen oder was sie sonst finden konnten. Ein Betrunkener zog seine Schuhe aus und schleuderte sie auf die Bahn. Radau und Gebrüll der qualvoll Enttäuschten drangen aus allen Ecken; die Wolken schlingerten, und die Berge verwaberten.

Red Window stand da und ließ seine Bollen fallen. Er schiß auf das Publikum.

Dann, erleichtert, preschte er los. Der Jockey, einen

Fuß aus dem Steigbügel, hing auf ihm, und Red Window zog ab.

Er galoppierte wie der Teufel. Er war voller Energie. Er sah fabelhaft aus. Der Jockey zerrte an den Zügeln, aber er konnte ihn nicht halten. Das Pferd war so stark wie zehntausend Pferde. Es konnte durch eine Betonmauer laufen.

Red Window schoß durchs Ziel. Und auf die Pferde zu, die ihn geschlagen hatten und nun in leichtem Trab aus der Gegenrichtung zurückkamen.

Die Outrider setzten Red Window nach.

»Achtung!« rief der Ansager. *»Durchgegangenes Pferd auf der Bahn!«*

Die Jockeys machten eine Gasse frei, und Red Window donnerte durch.

Die Outrider fingen ihn schließlich auf der Gegengeraden ab.

Und wieder wollte er nicht mehr vom Fleck. Sie zerrten an den Zügeln, sie peitschten auf ihn ein, sie versuchten es mit Drohungen und gutem Zureden. Red Window stand wie angewurzelt da.

Sie mußten den Pferdetransporter kommen lassen. Der brauchte gut vier Minuten. Red Window bekam eine Freifahrt zurück in den Stall.

Dann leuchteten die Quoten auf. Der Favorit von der Morning Line zahlte neun Dollar achtzig.

Henry zerriß seinen Wettschein. Die Fetzen segelten zu den anderen Nieten auf den Boden.

Na schön. Wenn man die zwanzig für Marsden nicht mitrechnete, hatte er erst hundertzehn Dollar Verlust. Es war immer noch Zeit, um wieder hochzukommen. Man brauchte nur ein oder zwei Treffer, um sich zu sanieren.

»Herrgott«, schrie einer der jungen Burschen in der letzten Reihe, *»dieser Scheißladen ist doch zum Kotzen!«*

Henry schlug die Turfzeitung auf. Viertes Rennen. Eine Meile und eine Sechzehntel, dotiert mit 35 000 Dol-

lar, gewidmet der Belegschaft von Shamrock Meats. Vier-
jährige und älter, die in zwei Rennen – außer Maiden-,
Starter- und Verkaufsrennen – noch keine dreitausend
Dollar erlaufen hatten. 54,5 Kilo...

Vielleicht, dachte Henry, sollte ich es an der Börse versuchen.

Er nahm sein Programm und die Turfzeitung und ging
runter in die nächste Bar. Sie war überfüllt wie noch nie.
Der Weg zur Hölle bot reichlich Gesellschaft, war aber
nach wie vor sehr einsam.

Mit den Ellbogen arbeitete er sich zu seinem Wodka-
Seven durch.

Larry Jansen wachte auf und strampelte das verhedderte Laken weg. Er ging zum Fenster an der Ostseite und schaute hinaus auf die Garagendächer der Nachbarschaft und die Bäume mit ihren kahlen Ästen. Er war verkatert, aber nicht mehr als üblich. Er ging ins Badezimmer, pinkelte, drehte sich zum Waschbecken um, wusch sich die Hände und machte sich das Gesicht naß. Dann tat er es – er betrachtete sein Gesicht im Spiegel und fand es alles andere als bezaubernd. Während er sich ein Bad einließ, dachte er: Das Problem mit der Geschichte der Menschheit ist, daß sie zu nichts führt als zum sicheren Tod des Individuums, und das ist eine öde, häßliche Angelegenheit. Abfallbeseitigung.

Hog, sein Kater, kam rein, starrte zu ihm hoch und wollte sein Fressen. Nichts als ein wandelnder Bauch, dieses Tier, dachte Larry. Wenn ich ein paar Wochen an die Ostküste fliegen will, muß ich das Mistvieh entweder in Pflege geben oder erschießen. Hm. Wenn ich auf die Idee komme, an die Ostküste fliegen zu wollen, sollte ich mich vielleicht selber erschießen. Aber das will ich auch nicht. Die Kugel haben schon zu viele bekommen. Ich will was Individuelles. Tabletten vielleicht? Nein. Tabletten sind *blasé*. Selbst wenn sie zum Tod führen.

Er schaute noch einmal in den Spiegel.

Rasieren?

Nein.

Der Kurs, den er zu unterrichten hatte, begann um elf. Er schaffte es.

Da saßen sie nun vor ihm. Die jungen Damen, die Verheißung, die nie lange hielt; diese jungen Dinger, so frisch und aufgeweckt und für eine Weile so sagenhaft dekorativ. Er mochte sie. Die Jungs waren fast genauso gut. Im Laufe der Jahrzehnte waren sich Jungs und Mädchen immer ähnlicher geworden. Die Boys hatten einen Charme, der den Jungs seiner Generation gefehlt hatte. Sie schienen auch umgänglicher zu sein. Etwas allerdings vermißte er an ihnen. Courage. Aber vielleicht hatten sie die sublimiert und zeigten sie nicht offen. Die erste Generation des Atomzeitalters hatte eine seltsame Brut gezeugt, und Larry hatte sich längst abgewöhnt, über sie zu urteilen. Jede Kritik an ihnen wäre nur ein Versuch gewesen, seine eigenen Unzulänglichkeiten zu kaschieren.

Also saß er jetzt hinter seinem Pult, diesem Symbol der Macht, und sah sie an.

»Na, scheiß drauf«, sagte er.

Einige lachten.

»Geschissen hab ich schon«, sagte irgendein aufgeweckter Bursche.

»Auch den Hintern abgewischt?« erkundigte sich Larry.

»Wahrscheinlich nicht genug«, erwiderte der aufgeweckte Bursche.

»Das erklärt so gut wie alles«, gab ihm Larry zu bedenken.

»Hey, was soll das ganze Gerede von Scheiße?« fragte ein Dicker aus der letzten Reihe. Er trug einen gelben Trainingsanzug. »Ich dachte, das ist ein Kurs in moderner Literatur. Zahlt man Ihnen das ganze Geld für so was?«

»Die meisten sind in ihrem Beruf fürchterlich inkompetent. Vielleicht gehöre ich dazu. Ich bin mir nicht sicher. Aber ich *bin* mir sicher, daß ich dich fertigmachen kann. Das ist zwar nicht so wichtig, aber ich finde es irgendwie beruhigend…«

Der Dicke im gelben Trainingsanzug sprang auf. »Das wollen wir erst mal sehn!«

»Okay«, sagte Larry, »auf gehts…«

Die Studenten verließen nacheinander den Raum. Unter der Eiche neben der Bibliothek bildeten sie einen Kreis und warteten auf Larry und den Dicken. Die beiden Kontrahenten kamen. Larry zog seine Jacke aus und warf sie auf die Erde. Der Dicke im Trainingsanzug holte tief Luft und pumpte sich auf. Er sah aus wie mehrere tausend Frösche. Dann griff er an.

Larry stoppte ihn mit einem Jab und wuchtete ihm die Rechte in die Magengrube. Der Dicke machte ein furzendes Geräusch und ging auf Distanz.

Der Dicke fing an, Larry zu umkreisen. Larry drehte sich mit.

Sie drehten und drehten sich im Kreis.

»Na los!« schrie jemand. »Macht schon!«

»Los, komm!« forderte Larry den Dicken mit einer Handbewegung auf. »Ich mach Hackfleisch aus dir!«

»Du alter Knacker«, sagte der Dicke. »Dir ramponier ich deinen toten Arsch!«

Sie drehten sich weiter. Manche Studenten gingen zurück zum Unterrichtsraum, um ihre Sachen zu holen. Andere verschwanden sonstwohin.

Dann waren Larry und der Bursche allein und drehten ihre Kreise.

»Ich bring meinen Dad dazu, daß er dich feuern läßt!« sagte der Dicke.

»Wir machen nicht Ernst«, sagte Larry, »weil sich keiner von uns traut.«

Er drehte sich um und ging zurück zum Unterrichtsraum. Als er reinkam, war nur noch die halbe Klasse da.

Der Dicke kam herein und setzte sich auf seinen Platz in der letzten Reihe. Larry schaute zu ihm nach hinten. »Wenn du von mir ne Eins willst, wirst du noch schwer zu tun haben.«

»Ich weiß«, sagte der Dicke. »Dafür wird ne enge junge Muschi verlangt.«

»Und mehr als einmal«, ergänzte Larry.

Er musterte den Rest der Klasse.

»So. Wer sonst noch ne Abreibung will, soll bitte aufstehn.«

Einer der Jungs stand auf. Dann noch einer. Bald standen sie alle. Ein Mädchen schloß sich an. Und noch eins... Am Ende standen alle.

»Schon gut«, sagte Larry. »Setzt euch, oder ich laß euch alle durchfallen.«

Sie setzten sich.

»Macht zerstört«, dozierte Larry. »Und wo sie fehlt, tanzen die Mäuse auf dem Tisch. Aber ich geb euch noch eine Chance. Ich lasse euch nicht durchfallen, wenn mir einer von euch einen halbwegs guten Autor nennen kann. Rückwärts buchstabiert er sich s-u-m-m-a-c.«

»Smack«, sagte irgendein Klugscheißer.

»Nein, das ist Kcams, der große ungarische Dichter und Pferdedieb des neunzehnten Jahrhunderts. Damit seid ihr durchgefallen. Wie findet ihr das?«

»Wie denken Sie über Capote?« fragte jemand.

»Überhaupt nicht.«

»Mailer?«

»Nur seine Frauen.«

»Gott?«

»An Gott denk ich schon gar nicht.«

»Wenn Sie sagen ›schon gar nicht‹«, sagte jemand, »heißt das, Sie tun es ganz besonders?«

»Du meinst, wenn ich nicht ficke, heißt das, ich tu es?« erkundigte sich Larry.

Dann schrillte die Pausenklingel. Wie ein Totenglöckchen.

Das kam mir eher wie zwanzig Minuten vor, dachte Larry. Es geht doch nichts über ein bißchen körperliche Betätigung, da vergeht die Zeit viel schneller.

»Wenn und falls ich euch nächsten Mittwoch sehe«, gab Larry den abrückenden Studenten mit auf den Weg, »dann will ich von jedem ein Essay zum Thema ›Wer dichtete unsere Nationalhymne und warum‹.«

Maulend und fluchend verließen sie den Raum, und der allgemeine Tenor war: Was hat das mit moderner Literatur zu tun?

Eine Studentin blieb zurück und steuerte Larrys Pult an. In ihrem knappen, dünnen Kleid, das in der Mittagssonne halb durchsichtig wurde, sah sie recht gut aus. Er saß da und spürte ihre Hüfte, die sich an seiner linken Schulter rieb.

»Ich mag Sie, Jansen«, sagte sie. »Ich weiß nicht, wie ich es sagen soll, es klingt vielleicht unbeholfen…«

»Klemm einfach die Schenkel zusammen, und versuch es.«

»Na ja, ich verstehe jetzt, warum Ihr Kurs der beliebteste an der ganzen Uni ist. Er ist anschaulich und unterhaltsam, er hat Energie, er hat *Soul*…«

»Soul, ja. Das ist es, was wir brauchen. Danke, äh –«

»Denise.«

»Danke, Denise.«

Sie drückte ihren Schenkel an ihn. »Das fällt mir jetzt ein bißchen leichter – wenn Sie Lust haben auf so eine enge junge Muschi, von der Sie immer reden…«

Er sah zu ihr hoch. »Das ist doch nicht dein Ernst, oder?«

»Doch. Für eine Eins jederzeit.«

Larry starrte sie an. »Menschenskind, denkst du vielleicht, ich laß mich so leicht bestechen?«

Sie lächelte. »Ja. Sie schreiben einfach Ihre Telefonnummer auf diesen Notizblock da, reißen das Blatt ab und geben es mir. Alles andere mach ich dann schon…«

Er nahm seinen Füllhalter, schrieb die Nummer auf und schob ihr den Zettel hin. Er sah ihre Hand, die den Zettel nahm und zusammenfaltete. Dann war sie verschwunden.

Larry stand auf und zog seine Jacke an. Er hatte um 14 Uhr noch einen Kurs, dann war der Tag vorüber.

Eins wußte er mit Sicherheit – den dicken Dreckskerl im gelben Trainingsanzug würde er durchfallen lassen. Und was sagte man zu dem Doppelselbstmord von Arthur Koestler und seiner Frau? War das nicht allerhand?

Er verließ den Raum und ging draußen über den Rasen des Campus. Zeit für einen gemütlichen Lunch und ein paar Drinks im Blue Moon. Das lag zwar gut eine Meile von der Universität entfernt, aber es lohnte die Fahrt. Ein verdammt gutes Lokal, um sich zu entspannen.

Ich saß auf einem Barhocker im *8-Count* und machte mir keine großen Gedanken. Zum Beispiel, wie ich dazu kam, hier bei Scotch mit Soda zu sitzen. Vielleicht lag es daran, daß Marie so herumnörgelte, weil ich Flugstunden nehmen wollte. Aber sie hatte ja dauernd was zu nörgeln. Verstehen Sie mich nicht falsch, sie war eine halbwegs gute Seele, aber die Welt ist voll von halbwegs guten Seelen, und was hat es uns geholfen? Wir sitzen auf den letzten fünf Minuten vor Mitternacht. Aber das wissen Sie ja selber. Jedenfalls war es spät am Abend, und neben mir saß ein alter Kerl in orangefarbenem Rollkragenpullover und kurzen Wanderhosen. Ab und zu warf er mir einen Blick zu und lächelte, aber ich ignorierte es. Ich wollte mich auf kein Kneipengespräch einlassen. Wenn es fünf vor zwölf ist, geht man dem Gequatsche besser aus dem Weg. Zeit ist kostbar, nicht? Aber der Alte hielt es nicht länger aus. Er mußte etwas sagen, und er sagte es zu mir.

»Sie sehen aus, als ob Sie Kummer haben«, sagte er.

»Da haben Sie recht«, antwortete ich.

»Was ist es?«

Ich sah ihn an. Er war einer von den Leuten, deren Augen so eng beisammenstehen, daß man unwillkürlich die Hand ausstrecken und sie weiter auseinanderschieben möchte.

»Ich will fliegen und kann nicht«, sagte ich.

»Warum nicht?«

»*Warum* nicht? Weil ich erst Flugstunden nehmen muß!«

»Ich kann fliegen«, sagte der alte Bursche, »und hatte noch nie eine Flugstunde.«

Ich winkte den Barkeeper heran und bestellte einen weiteren Scotch mit Soda für mich und ein Bier für den

Alten. Er trank Bier vom Faß. Vielleicht hatte das seinen Augenabstand so eng werden lassen – grünes Billigbier.

»Schwer zu glauben, daß Sie fliegen können und nie eine Flugstunde hatten«, sagte ich.

»Ich kann Ihnen davon erzählen, wenn Sie's hören wollen«, schlug er vor.

»Ich nehme an, es muß wohl sein, hm?« fragte ich.

Er lächelte.

»Na ja«, sagte ich zögernd. »Lassen Sie hören.«

Es war ohnehin keine Frau in der Bar, und im Fernsehen gab es nichts als den neuen Präsidenten, der ein bißchen bescheuert mit dem Kopf zuckte und sich mit einem leichten Schmunzeln so kumpelhaft wie sein Vorgänger zu geben versuchte. Er redete davon, daß irgendwas schiefgelaufen war. Aber jetzt, sagte er, sei es wieder in Ordnung.

»Es fing an«, legte der Alte los, »als ich etwa fünf Jahre alt war. An einem Samstagnachmittag saß ich in meinem Kinderzimmer, die anderen Kinder waren irgendwo draußen und spielten, und meine Eltern waren weg...«

»Und da ham Sie Ihren Pimmel endeckt.«

»O nein, das kam viel später. Bitte unterbrechen Sie mich nicht...«

»Schon gut.«

»Ich saß einfach auf meinem Bett und schaute durchs Fenster auf den Hof. Meine Gedanken waren unzusammenhängend, noch kaum geformt...«

»Sie haben früh angefangen.«

»Ja, das versuche ich Ihnen grade zu sagen. Und während ich da auf dem Bett saß, setzte sich eine Fliege auf meine Hand. Meine rechte Hand...«

»So?«

»Ja. Es war eine besonders widerwärtige Fliege. Fett, ignorant, feindselig. Ich wedelte mit der Hand und verscheuchte sie. Sie flog ein paar Zentimeter hoch, surrte herum, landete mit einem wahrhaft widerlichen Summen wieder auf meiner Hand und biß mich...«

»Donnerwetter, ist ja allerhand.«

»Ja... ich scheuchte sie wieder weg, und sie kurvte durchs Zimmer und machte ein zorniges und tyrannisches Geräusch. Meine Hand tat sehr weh. Ich hatte keine Ahnung, daß ein Fliegenbiß so schmerzhaft sein kann.«

»Hören Sie«, sagte ich zu dem alten Burschen, »ich muß nach Hause. Ich habe eine Frau, die sich aufpumpt wie ein Frosch und kein gutes Haar an mir läßt.«

Der Alte redete weiter, als hätte er nichts gehört.

»Also jedenfalls haßte ich diese Fliege, ihre erstaunliche Furchtlosigkeit, ihre insektenhafte Arroganz, ihre summende Ignoranz...«

»Sie hätten eine Fliegenklatsche gebraucht.«

»...oder sonstwas, um sie zu beseitigen. Wie ich diese Fliege haßte! Ich fand, daß sie kein Recht hatte, sich so aufzuführen. Ich wollte sie umbringen, weil ich spürte, daß sie im Grunde *mich* umbringen wollte.«

»Verliebten und Fliegen ist alles erlaubt.«

»Ich beobachtete sie. Ich sah, wie sie sich an die Decke setzte und daran entlanglief. Verkehrt herum. Sie fühlte sich so sicher, so überlegen. Ich sah mir an, wie sie da herumlief, und mein Zorn wurde immer größer. Ich *mußte* dieses Ding töten. Ich spürte im tiefsten Innern meiner Seele einen fürchterlichen *Drang*, diese Fliege zu vernichten. Mein ganzer Körper zitterte und vibrierte, dann zuckte es wie ein Stromstoß durch mich hindurch, und dann gab es einen grellen Blitz!«

»Diese Fliege hat Ihnen wirklich zugesetzt.«

»...und dann spürte ich, wie ich *abhob!* Ich schwebte an die Decke, meine Hand zuckte heraus, und ich zermalmte die Fliege mit der Handfläche. Es ging so schnell, daß ich ganz verdutzt war. Und dann spürte ich, wie ich langsam wieder zu Boden schwebte.«

»Und dann, Sportsfreund?«

»Ich ging ins Badezimmer und wusch mir die Hände. Dann setzte ich mich wieder aufs Bett.«

»Ich vermute, danach hat sich keine Fliege mehr mit Ihnen angelegt.«

»Nein, das nicht. Aber wie ich auf dem Bett saß, versuchte ich wieder zu fliegen, und es ging nicht. Ich versuchte es immer wieder, aber es ging nicht.«

»Vielleicht brauchten Sie einen Fliegenbiß, der Ihre Rakete zündet.«

»Ich versuchte es ein ums andere Mal, aber so sehr ich mich auch anstrengte, es ging nicht. Ich hatte das Gefühl, daß es wirklich passiert war, aber nach einer Weile bekam ich das Gefühl, daß ich mir alles vielleicht nur eingebildet hatte oder vorübergehend den Verstand verloren hatte.«

»Und was haben Sie jetzt für ein Gefühl?«

»Oh, ich fühle mich ausgezeichnet, und ich bestehe darauf, Ihnen noch einen Drink zu spendieren.«

Ich überlegte. Noch einen Drink? Er hatte mir noch gar keinen spendiert. Aber vielleicht war es nur eine semantische Ungenauigkeit.

»Na gut«, sagte ich.

Die Drinks kamen, und wir saßen da und schwiegen. In einer Bar hatte ich mal einen kennengelernt, der behauptete, sein eigenes Fleisch zu essen. Ich fand mich mit solchem Geschwätz ab und gab nichts weiter darauf.

Dann fing der Alte wieder an.

»Na ja, nach einer Weile vergaß ich die Geschichte, aber eines Tages passierte es wieder.«

»Noch mal ein Fliegenbiß?«

»Nein. Es war in Ohio, in meinem letzten Jahr an der Highschool. Ich war Ersatzmann für die Linksaußenposition, es war das letzte Spiel der Saison, und ich stand auf dem Platz, weil der reguläre Spieler verletzt war. Jetzt passen Sie auf – wir spielten gegen unsere verhaßten Rivalen, reiche Angeber aus dem besseren Teil der Stadt. Ich meine, sie waren richtige Sexprotze. Wirklich. Sie zu schlagen bedeutete uns mehr, als eine Nummer zu schieben – und dazu kamen wir selten oder nie, denn die reichen Typen vernaschten dauernd unsere Mädchen. Sie auf dem Platz zu schlagen war die einzige Chance, uns zu revanchieren. Wir träumten Tag und Nacht davon. Es bedeutete uns alles.«

Aha, dachte ich, vom Haß auf Fliegen sind wir jetzt zum Haß auf Menschen gediehen. Sind ja auch beide schwer zu nehmen.

»Das Spiel war fast verloren«, fuhr der Alte fort. »Wir lagen 16:21 hinten, es waren nur noch dreißig Sekunden zu spielen, und sie waren an unserer Zwölf-Yard-Linie. Sie hätten auf Nummer Sicher gehen und auf Zeit spielen können, aber sie wollten es uns richtig hinreiben. Nicht genug damit, daß sie unsere Frauen bumsten, sie wollten *noch einmal* gegen uns punkten.«

»Nicht zu fassen.«

»Ja. Also, ihr Spielmacher läuft rückwärts, um einen Paß zu werfen – er ist ein richtiges Stück Scheiße, fährt einen gelben Cadillac – er läßt das Leder durch die Luft eiern, ein Verteidiger von uns kriegt an der Torlinie noch die Fingerspitzen dran, das Leder fliegt hoch, und da kommt das Signal. Ich bin in der Endzone, platt auf dem Hintern, weil man mich umgerannt hat, und wie ich aufstehe, sehe ich den Ball runterkommen. Ich fange ihn und renne los. Ich bin eingekesselt von den reichen Typen. Sie kommen näher. Ich kann nichts machen. Sie gehen auf mich los. All die Kerle, die ihre Schwänze in unsere Mädchen gesteckt haben. Ich bin außer mir vor Wut. Sie hechten nach mir und wollen mich unter sich begraben – *da merke ich auf einmal, daß ich abhebe!* Ich bin in der Luft! Ich habe den Football und fliege damit auf ihre Torlinie zu. Ich lande in ihrer Endzone, und wir haben das Spiel gewonnen!«

»Eins muß ich Ihnen lassen«, sagte ich zu dem alten Burschen. »Sie erzählen den besten Schmäh, den ich je gehört hab.«

»Es ist kein Schmäh.«

»Kommen Sie«, sagte ich. »Ich hab nie was von der Geschichte gehört. Kein Mensch hat davon gehört. Das hätte doch in allen Zeitungen gestanden. Die ganze Welt hätte davon erfahren!«

»Es passierte in einer Kleinstadt. Man hat alles vertuscht. Es wurde verschwiegen und begraben. Man hat allen ein Schweigegeld gezahlt.«

»Niemand könnte so etwas vertuschen.«

Der Alte nickte in Richtung auf eine Nische. Wir gingen rüber und setzten uns. Jetzt war ich mit dem Spendieren an der Reihe. Ich gab dem Barkeeper ein Zeichen.

»Noch mal zwei«, sagte ich, als er herkam. »Für jeden von uns.«

Der Alte schwieg, bis alle vier Drinks serviert waren und der Barkeeper wieder auf seinen Planken stand.

»Die Regierung«, sagte er. Er hob eines der beiden Gläser mit dem grausigen grünen Bier und trank es fast aus. »Es war die Regierung.«

»Ja?«

»Sie wollten das Geheimnis von mir wissen, aber ich hatte es nicht. Wir hätten damit die mächtigste Armee aller Zeiten gehabt. So gut wie unbesiegbar. Sie haben mich endlose Stunden verhört, aber ich wußte doch nichts. Mittlerweile wurden alle dazu verpflichtet, über das Footballspiel zu schweigen. Ich weiß nicht, wie es sich auf die drei- oder vierhundert Leute ausgewirkt hat, die es gesehen haben, aber ich schätze, es wird sie ihr Leben lang beschäftigen.«

Ich trank mein erstes Glas aus.

»Wissen Sie, alter Freund, Sie erzählten das sehr überzeugend. Ich glaube es Ihnen beinahe.«

»Sie müssen es nicht glauben«, erwiderte er. »Es ist nur so – Sie haben davon gesprochen, daß Sie fliegen möchten, und ich hatte schon einiges getrunken, und da kamen die Erinnerungen wieder hoch.«

»Schon gut«, sagte ich. »Aber fliegen will ich immer noch.«

»Ich kann es Ihnen beibringen«, sagte der Alte und beugte sich vor. »Ich bin irgendwann dahintergekommen.«

»Wissen Sie«, sagte ich, »das werde ich Ihnen nicht abkaufen.«

»Es kostet Sie nichts.«

»Okay«, sagte ich, »dann mal los.«

Er sah mich an. Mit diesen Augen. Über sein grünes Gebräu hinweg.

»Zunächst mal müssen Sie daran *glauben*.«

»Das ist schwer.«

»Manchmal, ja. Als nächstes, wenn Sie soweit sind, tun Sie folgendes. Schauen Sie auf meine Hände. Machen Sie so.«

»*So?*«

»Ja. Jetzt holen Sie Luft, verdrehen Sie die Augen und denken Sie an das Schlimmste, was Ihnen je passiert ist.«

»Da gibts so viel.«

»Ich weiß. Nehmen Sie das Schlimmste.«

»Gut. Ich habs.«

»Jetzt sagen Sie SOLZIMER. Und Sie werden fliegen!«

»SOLZIMER«, sagte ich.

Ich saß noch.

»Hey, Alter, es tut sich aber nichts.«

»Wird schon. Braucht nur ein bißchen Zeit und Übung.«

»Sagen Sie mal, wie heißen Sie?«

»Benny.«

»Also, Benny, ich bin Hank. Und ich muß sagen, du erzählst den besten Schmäh, den ich seit langem gehört hab. Entweder du bist komplett verrückt, oder du bist der größte Witzbold aller Zeiten.«

»Freut mich, dich kennenzulernen, Hank. Aber ich muß jetzt gehn. Ich bin Busfahrer, es ist mein letztes Jahr, und ich fange morgens um halb sieben an. Es ist also schon spät für mich.«

»Ich bin arbeitslos, Benny. Aber ich begleite dich ein Stück und trink dann zu Hause weiter.«

Die Nacht war ganz passabel. Vollmond. Nebelschwaden. In den Gassen und in geparkten Autos lutschten die Nutten ihre Freier ab. Mein Zimmer war gleich um die Ecke. Keine Ahnung, wo Benny wohnte, aber als wir uns der Ecke näherten, tauchte aus dem Nebel ein großer Polizist vor uns auf. Das fehlte uns grade noch. Und es sah ganz so aus, als hätten *wir* ihm grade noch gefehlt.

»Ihr zwei seht ein bißchen torkelig aus«, sagte er. »Ich glaube, es ist am besten, ihr kommt mit und laßt euch von mir in die Ausnüchterungszelle stecken. Was meint ihr?«

»SOLZIMER«, sagte Benny, und im nächsten Augenblick hob er ab. Er schwebte direkt vor dem Bullen hoch, stieg höher, segelte über das Gebäude der Bank of America. Und zack, weg war er.

»Heiliger Strohsack«, sagte der Bulle. »Haben Sie das gesehen?«

»SOLZIMER«, sagte ich.

Nichts geschah.

»Sagen Sie«, fragte mich der große Bulle, »da war doch eben einer bei Ihnen, nicht?«

»SOLZIMER«, sagte ich.

»Aha«, sagte er, »und diesen Solzimer habe ich grade abschwirren sehen. Sie auch?«

»Ich hab nichts gesehn«, sagte ich.

»Na schön«, sagte er, »wie heißen Sie?«

»SOLZIMER«, sagte ich.

Und da passierte es. Ich spürte, wie ich *abhob*.

»Hey! Kommen Sie runter!« schrie der Bulle.

Ich stieg höher. Es war großartig. Auch ich segelte über die Bank of America. Der Alte hatte also nicht gelogen. Obwohl seine Augen so eng beisammenstanden. Es war ein bißchen kühl da oben, aber ich segelte flott dahin. Wenn ich den Jungs erzählte, was mir in dieser Nacht im Suff passiert war, würden sie es nicht glauben. Tja, schade drum. Ich kippte nach links ab und kurvte über den Harbor Freeway, um zu sehen, wie es da unten voranging. Es sah zäh aus. Trotzdem war ich mit dem Leben im großen und ganzen recht zufrieden.

John Marlowe und sein Agent David Hudson hatten sich am Lenkrad abgewechselt. John fuhr, als sie aus den Hügeln herauskamen und vor sich die lange, flache, endlos scheinende Straße sahen.

Dave zündete sich eine Zigarette an. »Verdammt, wenn wir geflogen wären, lägen wir jetzt in New York auf der faulen Haut und würden uns beim Zimmerkellner Drinks bestellen...«

»Tut mir leid, Dave, aber einen Flug wie den letzten kann ich mir einfach nicht mehr zumuten.«

»Was war denn?«

»Na ja, am Flughafen hatte ich keine Probleme, und ich dachte schon, alles wäre bestens, und es würde ein guter Trip werden. Bis wir in der Luft waren und die Stewardeß kam, um die Bestellungen für die Drinks zu notieren.«

»Ja?«

»Ja. Ich bestellte was, und sie blinzelte irgendwie ungläubig und schwankte ein bißchen. Dann wurde sie völlig unprofessionell und fragte sehr laut: ›Sie sind *John Marlowe*, nicht?‹«

»Und dann?«

»Und dann? Der Trip war ruiniert! Leute kamen mit Autogrammwünschen. Sie drehten sich in ihren Sitzen um und starrten mich an.«

»Ist das so schlimm, John? Ich hätte nichts dagegen.«

»Hör zu, Dave, nach einer Weile *hättest* du was dagegen. Du kannst nicht du selbst sein, du kannst dich nie mehr gemütlich entspannen.«

»Du wolltest Schauspieler werden. Noch vor fünf Jahren hat niemand gewußt, wer du bist.«

»Ich bin gern Schauspieler. Es ist das einzige, was ich kann. Aber es geht nichts über eine Privatsphäre. Das merkt man bald. Erst wenn man keine mehr hat, wird einem klar, was man daran hatte.«

»Scheiße. Mann, sieh dir das *Geld* an, das du verdienst! Da kannst du auch ein bißchen leiden!«

John Marlowe lachte. »Sicher, du hast recht. Aber Herrgott noch mal…«

Eine Weile fuhren sie schweigend dahin. Wenigstens ist hier draußen kein Mensch, dachte John. Nur Kaninchen, Schlangen und Sträucher.

»Das Schlimmste auf diesem Flug war, daß sie einen meiner Filme zeigten«, sagte er. »Überleg mal, wie minimal die Chance dazu war! Da sitz ich im Flugzeug, und sie haben mich auf Tape. Meinen schlechtesten Film, ›The Hit Man‹, mußte ich mir mit ihnen ansehen. Als er zu Ende war, haben alle geklatscht.«

Der Agent drückte seine Zigarette im Aschenbecher aus. »Du bist berühmt, John. Du bist erfolgreich. Du kennst ja den Spruch: ›Das gehört zum Geschäft‹.«

»Yeah. Trotzdem ist es ein gutes Gefühl, hier langzufahren, und weit und breit ist keiner.«

»Hey, John, *ich* bin da!«

»So hab ich es nicht gemeint. Du bist an mich gewöhnt. Bei dir kann ich mich geben, wie ich bin. Scheiße, Mann, du stellst dir nicht vor, was das für ein Gefühl ist – du kannst in keinen Supermarkt oder deinen Führerschein erneuern lassen oder was essen gehn, ohne erkannt zu werden. All die üblichen kleinen Dinge, die der Normalmensch tut, mußt du dir verkneifen. Es ist die Hölle.«

Der Schauspieler fuhr an den Straßenrand und kickte die Tür auf. »Fahr du ′ne Weile, Dave.«

Dave rutschte herüber auf den Fahrersitz, und der Schauspieler stieg auf der anderen Seite ein. Sie fuhren weiter.

»Man kann nicht mal eine richtige Freundin haben, Dave. Du stellst dir vor, sie ist nur bei dir, weil du berühmt bist.«

»Ich würde sie alle ficken, John.«

»Das nutzt sich verdammt schnell ab. Man möchte was Richtiges haben.«

»Das möchten wir alle, aber die wenigsten kriegen es.«

»Ja, du hast recht. Und ich beklage mich zuviel. Ich weiß. Aber wenn man berühmt ist – das Seltsame daran ist, daß man sich gar nicht so fühlt. Man fühlt sich nicht anders als vorher. Eine Berühmtheit ist man nur für das Publikum. Das Ganze ist wie ein Traum. Wenn du weißt, was ich meine…«

»Verdammt noch mal, ich tausche jederzeit mit dir!«

»Dave, ich hätte nichts dagegen. Überhaupt nichts. Nur bist du der bessere Agent und ich der bessere Schauspieler von uns beiden, und damit sitzen wir fest.«

»Hey, schau«, sagte Dave, »da vorne ist eine Raststätte. Laß uns mal halten. Ich kann ein Bier und einen Burger gebrauchen.«

»Okay«, sagte John.

Sie fuhren auf den Parkplatz, stiegen aus und gingen rein. *Louie's Haven.* Es war etwa zwei Uhr nachmittags. Das Lokal war schmuddelig und leer. Nur die Kellnerin und der Schnellkoch waren da. Sie setzten sich in die einzige Nische und warteten. Die Kellnerin schaute kurz zu ihnen herüber und unterhielt sich weiter mit dem Koch. Sie wußte, daß es die nächsten zwanzig Meilen keine weitere Raststätte gab.

»Nett hier«, sagte der Schauspieler. »So ruhig.«

»Yeah, aber ich lechze nach einem Bier.«

»Sag mal, Dave, warum müssen wir diesen beschissenen Trip eigentlich machen?«

»Es steht im Vertrag. Du hast ihn unterschrieben. Persönliche Anwesenheit. New York City. Sie werden dich in ›Good Morning, New York‹ über deinen Film interviewen. Hervorragende Publicity.«

»Scheiße.«

»Na ja, du hast den Vertrag unterschrieben. Hey, da kommt sie!«

Die Kellnerin war ein dickes Mädchen in einem rosa

Kleid, etwa zweiundzwanzig, ein Kaugummi im Mund und weiße Tennisschuhe an den Füßen. Quer über ihre Schürze stand der Spruch: ICH SERVIERE ES HEISS UND DURCH! Sie blieb am Tisch stehen und schaute aus dem Fenster, als gäbe es da draußen was zu sehen.

»Ich bin Eva«, sagte sie. »Eine Speisekarte haben wir nicht. Es steht auf der Tafel.«

An der Wand hing eine Tafel:

CHICKEN SOUP
CHILI
PIE
SANDWICHES
TAMALES
BEER

»Bringen Sie mir einen Burger mit Zwiebeln und ein Bier«, sagte der Agent. »Das Bier bitte gleich.«

Das dicke Mädchen sah ungerührt aus dem Fenster.

»Ich nehme Roastbeef-Sandwich und Kaffee«, sagte der Schauspieler.

Die Kellnerin blieb stehen und starrte noch eine Weile aus dem Fenster, dann machte sie brüsk kehrt, als hätte man sie beleidigt. Sie sahen, wie sich ihre gepolsterten Hüften unter dem rosa Kleid auf und ab bewegten. Sie sagte etwas zu dem Schnellkoch, und nach einer Pause, die unnötig lang wirkte, kam sie zurück und brachte eine Flasche Bier mit darübergestülptem Glas und eine Tasse Kaffee auf einem Unterteller. Sie knallte das Bier vor Dave auf den Tisch. Dann sah sie John Marlowe zum erstenmal an.

Sie blinzelte ein paarmal und stellte das Kaugummikauen ein. Starr stand sie da, in der Hand den Unterteller mit der Tasse. Die Hand begann zu zittern. Die Tasse klapperte und wackelte auf dem Unterteller. Schwarzer Kaffee schwappte aus der Tasse.

»Ooooh… ooooh, Sie sind *John Marlowe*, nicht?«

»Ja, das bin ich wohl. Und das ist mein Freund Dave Hudson.«

»Ist mir ein Vergnügen, Ma'am«, sagte Dave.

»JOHN MARLOWE!«

Es gelang ihr, den Kaffee abzustellen. Ihr Mund wurde zu einem kleinen runden Loch. Ihre Augen waren kleine runde Löcher. Sie atmete schwer.

»O mein Gott!« sagte sie schließlich. »Fast hätt ich mich vollgemacht.«

»Beruhigen Sie sich«, sagte der Schauspieler. »Und bringen Sie mir bitte auch ein Bier.«

Die Kellnerin rannte los. Im Nu war sie wieder da – mit dem Bier und einem Kugelschreiber. Sie stellte das Bier auf den Tisch und zerrte eine Papierserviette aus dem Dispenser.

»Würden Sie mir ein Autogramm geben, Mr. Marlowe? Schreiben Sie ›für Eva‹. Eva Evans.«

Dann saßen sie wieder da und warteten auf ihr Essen. Die Kellnerin stand neben dem Schnellkoch. Der Koch starrte zum Tisch herüber. Eine Qualmwolke stieg auf. Er hatte den Burger anbrennen lassen. Er warf einen anderen auf die Platte. Die Kellnerin kam hinter dem Tresen hervor und ging mit raschen Schritten zum Wandtelefon. Sie rief mehrere Nummern an und flüsterte jedesmal erregt in die Sprechmuschel.

»So fängt es immer an«, sagte John Marlowe zu seinem Agenten. »Das habe ich vorhin gemeint.«

Er nahm sein Bier und trank es halb aus.

»Mir knurrt der Magen«, sagte der Agent. »Ich muß diesen Burger haben. Wir können ja das Zeug einfach nehmen und abhauen.«

»Wenigstens kann es in dieser Gegend nicht allzuviel verdammtes Volk geben«, meinte der Schauspieler. »Ich hab meilenweit kein Haus und keine Farm gesehen – du?«

»Nein.«

Die Kellnerin beendete ihren letzten Anruf, kam an den Tisch und blieb dicht vor ihnen stehen.

»Die Sandwiches sind dann gleich soweit!«

»Machen Sie nur möglichst schnell, bitte«, sagte John Marlowe.

»Ja, Sir! Und Louie hat gesagt, das geht auf Kosten des Hauses. Es ist uns ne Ehre! Ach herrje, ich mach mich vielleicht doch noch voll!«

»Tun Sie's bitte nicht«, sagte John Marlowe.

»Ich hab Ihren letzten Film gesehen, wo Sie alles aufgeben, damit Sie mit dem Indianermädchen im Reservat leben können!« sagte die Kellnerin.

»Ist das nicht ein alter John Wayne?«

»Nein, Mr. Marlowe, das waren *Sie!*«

Nach einer Weile, die sich in die Länge zu ziehen schien, hörten sie es: Motorengeräusch. Dann sahen sie einen Motorradfahrer, einen Lieferwagen und ein paar verbeulte Kombis – lauter Fords und Chevies, kein einziges ausländisches Fabrikat. Braves Landvolk. Auf dem Parkplatz wirbelte der Staub auf, dann wurde die Fliegentür am Eingang aufgestoßen, und bald waren alle Barhocker am Tresen besetzt, meistens von Männern, aber es waren auch zwei oder drei Frauen dabei. Alle saßen da und schauten vor sich hin, und manchmal drehten sie sich auf ihren Hockern lässig herum und starrten herüber.

Wahrscheinlich sind sie auf ihre Art ganz nett, dachte John Marlowe, aber mich machen sie nervös.

Immer mehr drehten sich auf ihren Hockern herum und starrten.

»Heiliger Bimbam«, sagte der Agent, »ich glaube, ich fang an zu begreifen, was du vorhin gemeint hast.«

»Stell dir vor, du beißt in ein Sandwich, und all diese Augenpaare sehn dir dabei zu.«

»Ich hab keinen Hunger mehr. Laß uns verschwinden.«

»Ich bin ganz dafür, Dave.«

Marlowe legte einen Zwanziger auf den Tisch, und sie standen auf.

»Hey, warten Sie! Ihre Sandwiches sind fast fertig!« rief die Kellnerin.

Sie gingen rasch hinaus zum Wagen und stiegen ein.

Marlowe setzte sich ans Steuer. Er fuhr mit schleuderndem Heck vom Parkplatz, doch ehe er auf der Straße Gas gab, sah er im Rückspiegel die Leute, die hastig das Lokal verließen und zu ihren Fahrzeugen rannten.

»Sie kommen uns nach!« schrie John.

»Verdammt! Wozu das denn?« fragte Dave.

»Was weiß ich!«

»Scheiß drauf. Das ist ein neuer Mercedes. Laß mal sehn, was er hergibt.«

»Mit Vergnügen.«

Der Schauspieler trat das Gaspedal durch. Der Wagen reagierte recht erfreulich. Hinter ihnen brauste in einer Staub- und Abgaswolke der Konvoi. Rasch setzten sie sich von den Verfolgern ab. Bis auf einen. Den Motorradfahrer. Der blieb eisern dran.

»Was will denn der Hundsknochen?« fragte Dave.

»Keine Ahnung. Aber es sieht aus, als ob es ihm ernst ist.«

»Ein Irrer.«

»Ja.«

Der Rocker folgte ihnen gut zehn Meilen. Sie konnten ihm nicht das Nachsehen geben, und er konnte nicht weiter zu ihnen aufschließen. Es war irritierend.

»Das Arschloch hat zu viele Filme gesehen«, sagte John Marlowe. »Es hat ihm das Gehirn zerfressen.«

»Yeah«, sagte Dave Hudson.

Sie kamen in eine Kurve, in der die Straße mit Sand und Rollsplit bedeckt war. Der Wagen schleuderte, aber das Motorrad kippte um und flog hoch, so daß der Fahrer abgeworfen wurde. Es hatte etwas Endgültiges.

»Der ist erledigt«, sagte der Schauspieler. »Der Dreckskerl ist hin.«

»Genau«, sagte der Agent. »Auf nach New York!«

»Nach New York!« sagte John Marlowe.

»Gar nicht gewußt, daß du so gut fährst«, sagte Dave. »Du hast die Karre wirklich im Griff.«

»Danke.«

»Hey, zum Kuckuck, wo willst du hin?«

John Marlowe hatte abgebremst, wendete jetzt und fuhr auf der Straße zurück.

»Wir können ihn nicht so liegen lassen. Vielleicht ist er schwer verletzt.«

»John, das ist doch nur ein bescheuerter Fan.«

»Auch ein bescheuerter Fan verdient Mitleid.«

Sie fuhren zurück. Dann sahen sie das Motorrad und hielten.

»Da drüben ist er«, sagte Dave. Sie stiegen aus und gingen hin.

Der Rocker hing auf der anderen Straßenseite in einem Gestrüpp. Der linke Arm war seltsam abgewinkelt. Gebrochen. Ein Stück gesplitterter Knochen, mit einem hauchdünnen Blutfilm darauf, ragte heraus. Der Mann war bei Bewußtsein. Seine Augen waren offen.

»Sind Sie okay?« fragte ihn Dave.

»Nee, bin ich nicht, du Arsch«, sagte er.

John ging zum Wagen, machte den Kofferraum auf und nahm eine Decke heraus.

Sie hoben den fluchenden Rocker vorsichtig aus dem Gestrüpp, legten ihn auf die Erde und breiteten die Decke über ihn. Er schien sich nicht bewegen zu können.

»Das wird schon wieder«, sagte der Schauspieler. »Dave, fahr zurück zur Raststätte und ruf einen Krankenwagen.«

»John Marlowe«, sagte der Rocker unter der Decke, »du bist gar nicht so 'n großer Mann!«

»Hör mal, John, holen wir doch einfach Hilfe und lassen den Dreckskerl da. Ist doch nur ein gebrochener Arm.«

»Woher weißt du das? Vielleicht hat er innere Verletzungen.«

»John Marlowe«, sagte der Rocker, »du bist nicht so 'n großer Mann.«

Seine rechte Hand kam unter der Decke hervor und hielt eine Pistole, die er auf John Marlowe richtete. Einen Augenblick regte keiner einen Muskel. Dann drückte der

Rocker ab. Die Kugel traf den Schauspieler mitten ins Gesicht, dicht über der Nase. John Marlowe fiel quer über den Rocker.

Dave gelang es irgendwie, dem Rocker die Waffe zu entreißen. Er warf sie, soweit er konnte, in ein Feld auf der anderen Straßenseite. Er zog Marlowe von dem Rocker herunter und fand den Anblick des Toten sehr unangenehm. Er drehte sich um, machte ein paar Schritte und übergab sich. Es war alles so schnell gegangen. Es konnte nicht sein.

Er ging zurück zu dem Rocker, der ruhig unter seiner Decke lag und ihn beobachtete. John Marlowe lag neben ihm. Aus irgendeinem Grund verspürte Dave keine Angst. Am liebsten hätte er den Rocker umgebracht. Alles schien so unwirklich und verschwommen.

Schließlich fragte er mit zitternder Stimme: »Warum haben Sie das getan?«

»Ich weiß nicht. Ich schätze, er war doch 'n großer Mann. Ich hab ihn verehrt.«

»War ja eine tolle Art, es ihm zu zeigen.«

»Na ja, so sind wir jetzt unzertrennlich, er und ich.«

»Sie sind doch total wahnsinnig!«

Dave drehte sich um und ging zum Wagen.

»Hey, Mann, nimm mich mit! Ich brauch einen Arzt! Ich kann mich nicht bewegen! Mein Arm tut elend weh!«

Dave blieb stehen und warf dem Mann einen Blick zu.

Dann stieg er ein. Der Schlüssel steckte. Er startete den Wagen und fuhr zurück zu *Louie's Haven*.

Dave hatte sich schon immer einen neuen Mercedes gewünscht. Jetzt hatte er einen. Wenigstens für eine Weile.

Monty war deprimiert. Nun ja, nicht deprimiert, nur enttäuscht von dem ganzen Arrangement, dem ganzen Spiel, dem ganzen Leben. Es war Freitagabend neun Uhr, er hatte seine fünf Wochentage als Vorarbeiter in einer Lampenfabrik hinter sich und war allein in seiner Wohnung. Manchmal mußte er auch samstags arbeiten, aber diesmal hatten sie Gott sei Dank den Rückstand aufgeholt. Er haßte seinen Job. Als einfacher Arbeiter war er zufriedener gewesen. Jetzt mußte er Vorgesetzter sein und sich jedesmal für seine Aufgabe stählen. Er hatte sich befördern lassen, weil es mehr Geld bedeutete, aber inzwischen bereute er es. Doch er war siebenundvierzig und hatte sich sein ganzes Leben treiben lassen, von einem öden Job zum nächsten. Er hatte nie einen anständigen Beruf gehabt und immer nur mit den Händen gearbeitet.

Im Fernsehen kam nichts. Monty goß sich einen Scotch ein. Er war zweimal verheiratet gewesen, und jedesmal hatte es vielversprechend angefangen. Man hatte gelacht, man hatte sich verstanden, und auch der Sex war nicht schlecht gewesen. Doch allmählich wurde die Ehe zu einem Job. Es fehlte an Abwechslung, und das Eheleben wurde zu einer Zerreißprobe: Jeder wollte den anderen niederkämpfen. Es wurde zu einem gehässigen Spiel, aus dem Monty zweimal aussteigen mußte. Mit Freundinnen war es auch nicht viel anders gelaufen. Wie viele mochte es geben, die so ein Leben hatten und einfach sinnlos weitermachten?

Es war Baseball-Saison, doch er kümmerte sich nicht mehr darum, wer Meister wurde. Der Präsident war gerade auf dem Rückflug von China; es hieß, man habe mit den Chinesen irgendeinen Vertrag geschlossen. Monty war es gleichgültig. Das war doch auch nur Quatsch. Es bedeutete nichts. Wenn die Bombe fiel, würden auch die

Verträge verpuffen. Zusammen mit Monty, dem alten Junggesellen.

Er blätterte das Pornoheft durch, das er sich unterwegs aus einer Laune heraus gekauft hatte. Die Nacktfotos langweilten ihn. War es das, was Männer wollten? Was für eine verdammte Farce. Als würde man einen Besenstiel in einen Saugnapf drehen. Immer dasselbe, seit Jahrhunderten schon. Ermüdend.

Er blätterte nach hinten zu den Anzeigen. Dort gab es Fotos von Mädchen, die einen aufforderten, sie anzurufen. Manche boten herbe Bestrafungen an. Monty lächelte. Davon hatte er schon genug bekommen. Dann fiel ihm Donnas Anzeige auf. Donna sah ganz gut aus. Und sie behauptete, sie könne ihn am Telefon dazu bringen, daß es ihm kam. »Wenn es dir nicht kommt und mir auch nicht, wäre es das erste Mal«, versprach die Anzeige.

Monty trank seinen Scotch aus und goß sich noch einen ein. Die Kneipe hatte er über. Zehn oder fünfzehn Kerle, die sich jeden Abend um dieselben zwei oder drei Nutten bemühten. Er zog das Telefon zu sich her und wählte die Nummer. Am anderen Ende läutete es dreimal, dann wurde abgenommen.

»Hier ist Donna, und ich bin bereit, und ich weiß, du bist es auch!«

»Hallo, Donna.«

»Hallo, sexy Typ! Wie heißt du?«

»Monty.«

»Oooh, *Monty . . . .* Wenn einer Monty heißt, ist er gut behangen, das weiß ich!«

»Na, so durchschnittlich, Donna.«

»Süßer, du gibst dich ja nur bescheiden.«

»Nein, nein, gar nicht . . .«

»Darling, eh wir weiter reden, muß ich die Nummer deiner Kreditkarte haben, deinen Namen und das Datum, an dem die Karte ungültig wird. Ich nehme American Express, Master oder Visa. Fünfundzwanzig Dollar für zehn Minuten.«

»Augenblick, ich hole meine Karte.«

»Gut. Und der Zähler fängt erst an zu ticken, wenn wir mit unserer Unterhaltung anfangen.«

»Ja, ist in Ordnung.«

Monty fand seine Visa-Karte und gab die Informationen durch.

»Gut. Jetzt bleib bitte dran. Ich muß mir die Angaben bestätigen lassen.«

Monty holte sich ein Bier. Eine Erfahrung dieser Art verlangte nach Scotch und Bier. Als er den Hörer wieder ans Ohr hielt, war Donna noch damit beschäftigt, seine Angaben zu checken. Dann meldete sie sich wieder.

»Also, Monty-Schatz, jetzt können wir anfangen. Bist du bereit?«

»Ich weiß nicht. Sag mal, Donna, machst du das die ganze Nacht?«

»Ob ich *was* die ganze Nacht mache, Süßer.«

»Anrufe beantworten. Mit Kerlen reden.«

»Ach Gott, bist du *so* einer?«

»Was denn für einer?«

»Einer von den Kerlen, die nur quasseln wollen! Ich will nicht *quasseln*, ich will *zur Sache* kommen!«

»Entschuldige, Donna.«

»Schon gut. Jetzt tu, was ich dir sage! Hol ihn raus – ich will ihn *sehen!*«

»Donna, am Telefon kannst du ihn doch nicht sehen.«

»Glaub mir, ich *kann* ihn sehen! Also, hol ihn raus!«

Monty holte ihn nicht raus. Er leerte sein Glas Scotch.

»Hast du ihn raus, Süßer?«

»Ja.«

»Oh *ja*, ich seh ihn! Er wird größer! Ooooh, was für ein herrliches, pulsierendes Ding!«

»Danke, Donna.«

Monty fand, daß es nicht ehrlich war, wenn er seinen Schwanz in der Hose ließ. Er zog den Reißverschluß auf, doch alles, was er sehen konnte, war seine Unterhose. Er kam sich dumm vor und zog den Reißverschluß wieder hoch.

»So! Jetzt geht mein Kopf runter, meine Zunge ist draußen, sie ist ganz nah an deiner Eichel, aber sie berührt sie nicht. Siehst du meine Zunge, Monty?«

»Ja, Donna.«

»Du hältst es nicht mehr aus, Darling! Jetzt berührt meine Zunge deine Eichel, aber nur ganz oben und ganz leicht! Spürst du es?«

»Ja, Donna.«

»Jetzt leckt sie über deine Eichel, hin und her! Oh, Monty!«

»Donna.«

»Jetzt hab ich deine Eichel im Mund! Ich greif mir unters Kleid! Ich hab keinen Slip an! Ich bin schon ganz naß! Ich fingere meinen Kitzler, mein Kopf geht noch tiefer runter, und ich hab deinen ganzen Schwanz im Mund!«

»Aber du *redest* doch mit mir, Donna...«

Monty zog den Reißverschluß wieder auf, aber er sah auch jetzt nur ein Stück von seiner Unterhose. Er trank einen Schluck Bier.

»Mein Kopf geht rauf und runter! Dein Schwanz macht mich wahnsinnig! Ich werd ihn lutschen, bis kein Tropfen mehr in dir ist! O mein Gott, ich glaub, es kommt mir! Kommts dir auch gleich, Monty?«

»Ja, Donna.«

Monty zog den Reißverschluß wieder hoch.

»Oooh, Ooooooh, OOOOOOH, es kommt mir, Monty! Komm mit mir, Monty! Ooooh, mir kommts, mir kommts, Oooooh, Oooooh, mir kommts, O mein Gott, mir kommts! OOOH, OOOOOH, OOOOOH, OOOOOOOH, OOOOOOOH, OOOOOOOH, oo-ooo... ooo... ooo... o...«

Schweigen.

Dann sagte Donna: »So ist es mir noch *nie* gekommen! Ist es dir auch gut gekommen, Monty-Schatz?«

Monty legte auf. Er goß sich noch einen Scotch ein und überlegte, ob er seine alte Freundin Darlene anrufen sollte. Aber das endete immer schlecht. Statt dessen rief er noch mal Donna an.

»Hier ist Donna, und ich bin bereit, und ich weiß, du bist es auch!«

»Hallo, Donna, hier ist Monty.«

»Monty? Sag mal, hast du nicht grade angerufen?«

»Ja, aber ich will noch mal. Ist es dir wirklich gekommen?«

»Na, und ob. Du willst noch mal? Gott, du mußt ja *scharf* sein! Ich rechne das dann mit deinem ersten Anruf zusammen ab. Fünfundzwanzig Dollar für zehn Minuten.« Donna zögerte. »Als extreme Domina nehme ich fünfunddreißig für zehn Minuten...«

»Nein, nur das Normale, Donna.«

»Na schön, Monty-Schatz, bist du bereit?«

»Ja, Donna...«

»Also, dann hol ihn raus! Ich will ihn *sehen!*«

Monty trank einen Schluck Bier.

»Hast du ihn raus, Süßer?«

»Ja, Donna.«

»Oh *ja*, ich seh ihn! Er wird größer! Ooooh, was für ein —«

Monty legte auf. Er nahm das Pornoheft in die Hand und entdeckte eine andere Anzeige. »Schöne Mädchen Ihrer Wahl«, hieß es da, »kommen zu Ihnen ins Haus und erfreuen Sie mit allem, was Sie sich wünschen.« Er wählte die Nummer. Am anderen Ende läutete es einmal, dann meldete sich ein Mann.

»Yeah?« fragte er barsch.

»Ist das der Dream Girl Delivery Service?«

»Yeah. Was woll'n Sie?«

»Ein Mädchen.«

»Aha. Also, damit Sie's gleich wissen – wir machen hier keine Prostitution.«

»Wollen Sie die Daten von meiner Kreditkarte?«

»Wir arbeiten nur gegen bar. Fünfzig Dollar für einen Hausbesuch plus fünfzig Dollar für dreißig Minuten oder weniger.«

»Ist gut.«

»Haben Sie soviel Cash da?«

»Ja.«

»Was für ne Sorte Mädchen wollen Sie?«

»Wie meinen Sie das?«

»Ich meine, wir haben Dicke, Dünne, Reife, Junge, Normale, Verrückte, Asiatinnen, Schwarze, Weiße, Rote, Gelbe, was Sie wollen. Wir haben auch ne Einbeinige, falls Ihnen danach ist. Also, was wollen Sie?«

»Schicken Sie mir einfach die schönste.«

»So? Na, das ist einfach. Das wäre Carmen.«

»Na gut. Schicken Sie Carmen.«

Der Mann notierte sich Montys Adresse.

»Okay«, sagte er. »Carmen ist unterwegs...«

Die Situation machte Monty irgendwie nervös. Wäre er doch lieber zum Baseballspiel gegangen. Oder vielleicht lief irgendwo ein Woody-Allen-Film. Woody hatte immer Probleme mit seinen Frauen. Aber seine Frauen waren alle schön und intelligent, und sie hatten immer Zeit für lange Spaziergänge im Park und so Sachen. Und Woody hatte immer einen gutbezahlten Job, und wenn es mit einer schönen, intelligenten Frau Probleme gab, griff er einfach zum Telefon und rief eine andere schöne, intelligente Frau an. Millionen von Männern wünschten sich, sie hätten Woodys Probleme mit Frauen.

Es schien kaum Zeit vergangen zu sein, als an Montys Tür geklopft wurde. Er machte auf, und eine kleine, unter-setzte Frau stand da. Sie war ganz in Schwarz und trug Schuhe mit flachen Absätzen. Ihr Haar war kurz geschnit-ten, und sie trug kein Make-up. Sie sah aus wie eine Aufse-herin in einem Frauengefängnis. Ein brutaler Ausdruck, der wie selbstverständlich wirkte, lag wie eine zweite Haut auf ihrem Gesicht.

»Hi! Ich bin Carmen! Dream Girl Delivery Service.«

Sie ging an ihm vorbei und setzte sich in einen Sessel. Monty schloß die Tür und setzte sich auf die Couch. Er griff nach seinem Scotch.

»Lust auf einen Drink, Carmen?«

»Ich trinke nicht während der Arbeit.«

»Ach, nimm doch einen. Zum Lockerwerden, verstehst du.«

»Ich bin schon locker. Ich bin bereit zu allem, was verlangt wird. Hat dir Tony die Preise gesagt?«

»Ja. Fünfzig Dollar für den Hausbesuch und fünfzig für dreißig Minuten.«

»Die ganze Nacht kostet zweihundertfünfzehn.«

»Nein, ich glaub nicht, daß ich die ganze Nacht will.«

»Soll mir recht sein.«

Sie saßen einfach so da.

»Ich war zweimal verheiratet«, sagte Monty. »Jetzt tu ich sozusagen experimentieren.«

»Willst'n Blowjob?«

»Na ja, nicht gleich.«

»Okay.«

»Wie gesagt, das ist neu für mich.«

»Hast du einen Fetisch? Ich kann dir alles machen.«

»Nein, so was nicht.«

»Du bist straight?«

»Ja.«

»Wieso machst du dann nicht deinen Move?«

»›Move?‹«

»Ich meine, warum sagst du nicht, was du willst?«

»Ich will mich nur entspannen. Was trinken. Willst du nicht doch einen Drink?«

»Nein.«

»Carmen, bist du schon lange in der Stadt?«

»Ich brauch hier keinen Stuß zu reden.«

Monty trank sein Glas aus und goß sich nach.

»Du bist doch nicht schwul, oder?« fragte Carmen.

»Nein. Nein, glaub ich nicht.«

»Weißt du's denn nicht?«

»Na ja, ich mag Frauen.«

Wieder schwiegen sie. Monty wünschte sich, sie wäre nicht da. Aber er wollte sie nicht kränken.

Dann hörte er ein Geräusch. Carmen hatte ihre Handtasche aufgemacht. Sie nahm ein kleines Sprechfunkgerät heraus und zog seitlich die kleine Antenne hoch.

»Alles in Ordnung, Carmen?« Es war eine Männerstimme.

»Möglicher Psycho«, sagte sie. »Aber unter Kontrolle. Bleib auf Empfang. Out.« Sie schob die Antenne zusammen und verstaute das Gerät wieder in ihrer Handtasche.

»Hör mal«, sagte Monty, »ich bin ganz in Ordnung, ich hab keine Macken.«

»Keiner denkt, daß was nicht mit ihm stimmt. Aber ich merke so was. Ich hab jede Nacht mit komischen Typen zu tun. Du bist abartig, das kann ich riechen. Ich merke es an der Art, wie du dich benimmst.«

»Verdammt, das ist einfach nicht wahr«, sagte Monty und goß sich wieder einen Scotch ein.

»Quatsch. Wahrscheinlich willst du Mädchen aufschlitzen. Neulich abends ist eine von uns aufgeschlitzt worden. Die wird nicht mehr. Sie kann nicht mehr für uns arbeiten. Sie ist erledigt.«

»Ich hab eine Frau noch nicht mal geschlagen!«

»Du bist abartig, das merk ich.«

»Nein, das ist es überhaupt nicht…«

»Was denn dann?«

»Ich sag es nur ungern, aber… du bist einfach nicht attraktiv. Ich hab keine Lust auf dich.«

»Nichts als Quatsch. Ich fertige jeden Monat hundertfünfzig Männer ab, und ich hab noch keinen erlebt, der es nicht so oder so mit mir treiben wollte.«

»Tut mir leid, daß ich der erste bin. Ich wollte nicht sagen, daß du unattraktiv bist. Es ist nur…«

»Okay«, sagte Carmen, »das wären fünfzig Lappen für den Hausbesuch und nochmal fünfzig für die halbe Stunde. Du schuldest mir einen Hunderter.«

Monty trank seinen Scotch aus.

»Ich geb dir fünfzig, damit hat sichs.«

»Verdammt, was soll das heißen?«

»Ich finde es nur fair. Du hast den Hausbesuch gemacht, aber es hat sich nichts getan. Das ist leichtverdientes Geld. Also hier, bitte...«

Monty nahm einen Fünfziger aus seiner Brieftasche, ging zu Carmen hin und ließ ihn in ihren Schoß fallen. Sie schnappte sich das Geld und steckte es in ihre Handtasche. Dann sah sie zu Monty hoch:

»Du lausiger Schwanzlutscher...«

Sieh mal an, wer hier wen einen Schwanzlutscher nennt, dachte Monty, während er zur Couch zurückging und sich wieder einen Scotch eingoß.

Carmen hatte ihr Funkgerät draußen. Sie zog die Antenne aus.

»Tony?« sagte sie. »Tony, hörst du?«

»Yeah, Baby. Wie läufts?«

»Wir ham 'n Toten hier, Tony. Er hat nur die Hälfte ausgespuckt.«

»Doch nicht ein Holy Mary, oder?«

»Nein, Tony, nur ein Toter.«

»Okay. Halt die Stellung.«

Carmen steckte das Gerät in die Handtasche zurück.

»Was ist ein Holy Mary?« fragte Monty.

»Bulle«, sagte Carmen.

Sie saßen da und sahen einander an. Monty goß sich noch einen Drink ein. Zwanzig Minuten vergingen, dann klopfte es an die Tür. Carmen sprang auf und öffnete. Es war Tony. Er war etwa dreißig und trug eine Lederjacke, die aussah, als würde er darin schlafen. Er war ein kleiner, dicklicher Mensch mit einem großen runden Schädel, winzigen Knopfaugen und einem kleinen Mund.

Tony kam ins Zimmer, beugte sich über den Couchtisch und sagte zu Monty: »Okay, wir kassieren jetzt noch einen Fünfziger, und dann gehn wir. Andernfalls gibts hier ein paar Beulen, und zwar an *dir*.«

Monty trat ihm den Couchtisch ans Schienbein, griff nach der leeren Flasche Scotch und schlug sie ihm an die Schläfe. Die Flasche zerbrach, und Tony sagte »Scheiße!«, ging zu Boden, stand wieder auf und schüttelte die Glasscherben ab. Im nächsten Augenblick hatte er Monty an den Haaren gepackt und hielt ihm die Klinge eines Schnappmessers an die Kehle.

»So«, sagte er, »jetzt nehmen wir uns die Fünfzig.«

Carmen zog Monty die Brieftasche heraus und nahm sich einen Fünfziger. Die übrigen Scheine – zwei Zwanziger, einen Fünfer und zwei Einzelne – ließ sie auf den Boden fallen. Tony ließ Monty los. Er drückte auf den Knopf, und die Klinge verschwand im Griff des Schnappmessers.

»Also, du siehst«, sagte Tony, »wir haben uns nur genommen, was uns zusteht. Wir führen ein sauberes Unternehmen.«

»Scheiße, und ob«, sagte Carmen.

Damit machten die beiden kehrt, gingen zur Tür, machten sie auf und hinter sich zu und waren verschwunden.

Monty ließ das Geld auf dem Boden liegen. Er ging ins Schlafzimmer, setzte sich auf die Bettkante, zog die Schuhe aus und legte sich lang. Im Mondschein, der durch die Vorhänge drang, machte er sich eine Weile Gedanken über das, was vorgefallen war, aber es ergab nicht viel Sinn. Im Grunde war alles wie sonst auch, und er hatte einfach das Gefühl, daß ihm etwas fehlte. Nach zehn Minuten schlief er ein, und von draußen hörte man nur das Zirpen von Grillen und das Lallen von Betrunkenen, die versuchten, nach Hause zu finden.

Harry ging die Stufen hinunter in den Garten, wo sich ein großer Teil der Patienten aufhielt. Man hatte ihm gesagt, er werde seine Frau dort finden. Er sah Gloria allein an einem Tisch sitzen. Er näherte sich ihr schräg von hinten, ging halb um den Tisch herum und setzte sich ihr gegenüber. Gloria war sehr blaß und saß stocksteif da. Sie schaute ihn an, ohne ihn zu sehen. Schließlich nahm sie ihn wahr.

»Sind Sie der Kondukteur?« fragte sie.

»Der Kondukteur von was?«

»Der Kondukteur der Wahrscheinlichkeit.«

»Nein, der bin ich nicht.«

Sie war bleich. Ihre Augen waren blaß. Blaßblau.

»Wie fühlst du dich, Gloria?«

Der gußeiserne Tisch war weiß gestrichen. Ein Tisch, der Jahrhunderte halten würde. In der Mitte stand eine kleine Vase mit Blumen. Verwelkte, tote Blumen an traurigen, schlaffen Stengeln.

»Du bist ein Nuttenficker, Harry. Du fickst Nutten.«

»Das ist nicht wahr, Gloria.«

»Lutschen sie dich auch? Lutschen sie dir den Schwanz?«

»Gloria, ich wollte deine Mutter mitbringen, aber sie hat eine Grippe.«

»Die alte Schachtel hat dauernd was... Sind Sie der Kondukteur?«

Die anderen Patienten saßen an Tischen, lehnten an Bäumen oder lagen im Gras. Alle waren regungslos und stumm.

»Wie ist das Essen hier, Gloria? Hast du schon Freunde?«

»Grauenhaft. Nein. Nuttenficker.«

»Möchtest du was zum Lesen? Was kann ich dir zu lesen bringen?«

Gloria gab keine Antwort. Dann hob sie die rechte Hand, sah sie an, ballte sie zur Faust und schlug sich damit hart auf die Nase. Harry griff über den Tisch und hielt ihre Hände fest. »Gloria, *bitte!*«

Sie begann zu weinen. »Warum hast du mir keine *Pralinen* gebracht?«

»Gloria, du hast mir doch gesagt, du *haßt* Pralinen.«

Die Tränen liefen ihr herunter. »Ich hasse Pralinen *nicht!* Ich *mag* Pralinen!«

»Nicht weinen, Gloria… bitte… Ich bring dir Pralinen. Alles, was du willst… Paß auf, ich hab mir ein paar Ecken weiter ein Motelzimmer genommen, nur um in deiner Nähe zu sein.«

Ihre blassen Augen wurden groß. »Ein *Motel*zimmer? Du bist mit irgendeiner dreckigen Nutte dort! Ihr seht euch Pornofilme an, und an der Decke ist ein zwei Meter langer Spiegel!«

»Ich werde ein paar Tage in der Nähe sein, Gloria«, sagte Harry besänftigend. »Ich bring dir alles, was du möchtest.«

»*Dann bring mir deine Liebe!*« schrie sie. »*Warum bringst du mir nicht deine Liebe, verdammt noch mal!*«

Einige Patienten wandten sich um und schauten herüber.

»Gloria, ich bin sicher, daß sich niemand mehr um dich sorgt als ich.«

»Pralinen willst du mir bringen? Na, stopf dir die Pralinen doch in den Arsch!«

Harry nahm ein Kärtchen aus seiner Brieftasche. Es war vom Motel. Er gab es ihr.

»Ich möchte dir das geben, bevor ichs vergesse. Darfst du nach draußen telefonieren? Wenn du irgendwas möchtest, ruf mich einfach an.«

Gloria gab keine Antwort. Sie nahm das Kärtchen und faltete es zu einem kleinen Quadrat. Sie beugte sich herunter, zog einen Schuh aus, legte das Kärtchen hinein und zog den Schuh wieder an.

Harry sah Dr. Jensen über den Rasen kommen. Der Arzt kam lächelnd an den Tisch und sagte: »So, so, so...«

»Tag, Dr. Jensen«, sagte Gloria tonlos.

»Darf ich mich setzen?« fragte der Arzt.

»Natürlich«, sagte Gloria.

Der Arzt war ein schwergewichtiger Mann. Der Eindruck von Gewicht, Verantwortung und Autorität war geradezu aufdringlich. Seine Augenbrauen wirkten nicht nur dick und schwer, sie *waren* es – sie wollten abwärts rutschen und in seinem nassen runden Mund verschwinden, aber das Leben ließ sie nicht.

Der Arzt sah Gloria an. Der Arzt sah Harry an. »Nun denn«, sagte er, »ich bin wirklich *sehr* zufrieden mit den Fortschritten, die wir bis jetzt gemacht haben...«

»Ja. Dr. Jensen, ich habe Harry gerade gesagt, daß ich mich schon viel *stabiler* fühle, und wie sehr mir unsere Einzelgespräche und die Gruppentherapie geholfen haben. Ich habe so viel von meinem unvernünftigen Zorn und meinem nutzlosen Frust verloren. Und viel von meinem destruktiven Selbstmitleid...«

Gloria saß da, die Hände auf dem Schoß gefaltet, und lächelte.

Der Arzt wandte sich mit einem Lächeln an Harry. »Gloria hat sich *bemerkenswert* gut erholt.«

»Ja«, sagte Harry, »das ist mir auch aufgefallen.«

»Ich denke, es wird nur eine Frage von ein *bißchen* mehr Zeit sein, dann kann Gloria wieder zu Ihnen nach Hause, Harry.«

»Herr Doktor, dürfte ich eine Zigarette haben?« fragte Gloria.

»Aber natürlich«, sagte der Arzt. Er zückte eine Pakkung exotische Zigaretten und schüttelte eine heraus. Gloria nahm sie, und der Arzt hielt ihr sein vergoldetes Feuerzeug hin und knipste es an. Gloria inhalierte, blies den Rauch von sich und sagte:

»Sie haben wunderschöne Hände, Dr. Jensen.«

»Oh, danke, meine Liebe.«

»Und eine Güte, die rettet. Eine Güte, die heilt...«

»Nun, wir tun hier alle unser Bestes«, sagte Dr. Jensen mit sanfter Stimme. »So, wenn Sie beide mich jetzt entschuldigen wollen, ich muß noch mit anderen Patienten sprechen.«

Trotz seiner massigen Gestalt erhob er sich mühelos von seinem Stuhl und ging zu einem Tisch, an dem ein Patient mit seiner Frau saß, die ihn besuchte.

Gloria starrte Harry an. »Der fette Wichser! Er ißt die Kacke der Schwestern zum Lunch...«

»Gloria, es war wunderbar, dich zu sehen, aber ich habe eine lange Fahrt hinter mir und muß mich ein bißchen ausruhen. Und ich denke, der Arzt hat recht. Du hast Fortschritte gemacht.«

Sie lachte. Doch es war kein frohes Lachen, sondern ein Bühnenlachen, das wie antrainiert wirkte. »Ich hab überhaupt keine Fortschritte gemacht. Tatsache ist, ich hab einen *Rückschritt* gemacht...«

»Das ist nicht wahr, Gloria...«

»*Ich* bin der Patient, Fischkopf! Ich kann eine bessere Diagnose machen als sonstwer.«

»Fischkopf? Was soll das?«

»Hat dir noch niemand gesagt, daß du einen Kopf wie ein Fisch hast?«

»Nein.«

»Nächstes Mal, wenn du dich rasierst, schau mal genau hin. Und paß auf, daß du dir nicht die Kiemen abschneidest.«

»Ich geh jetzt... aber ich komm dich morgen wieder besuchen...«

»Nächstes Mal bring den Kondukteur mit.«

»Kann ich dir wirklich nichts mitbringen?«

»Du gehst doch bloß in dein Motel, um eine Nutte zu ficken!«

»Wie wärs, wenn ich dir ›New York Magazine‹ bringe? Die Zeitschrift hast du immer gemocht...«

»Stopf dir ›New York‹ in den Arsch, Fischkopf! Und ›Time‹ gleich hinterher!«

Harry griff über den Tisch und drückte ihr die Hand, mit der sie sich auf die Nase geboxt hatte. »Bleib dran. Versuch es weiter. Bald bist du wieder gesund...«

Gloria gab nicht zu erkennen, daß sie ihn gehört hatte. Harry stand langsam auf und ging zurück zur Treppe. Auf halber Höhe drehte er sich um und winkte Gloria flüchtig zu. Sie saß regungslos da.

Sie lagen im Dunkeln und waren gerade voll in Fahrt, als das Telefon schrillte.

Harry machte weiter, aber auch das Telefon klingelte weiter. Es war sehr störend. Sein Schwanz machte schlapp.

»Scheiße«, sagte er und wälzte sich zur Seite. Er knipste die Bettlampe an und nahm den Hörer ab.

»Hallo?«

Es war Gloria. »Du fickst irgendeine Nutte!«

»Gloria, lassen sie dich so spät noch telefonieren? Geben sie dir nicht eine Schlaftablette oder so was?«

»Warum hat es so lange gedauert, bis du abnimmst?«

»Kommt es nie vor, daß du mal mußt? Ich war grad mittendrin, als du –«

»Ja, jede Wette! ... Machst du's fertig, wenn du mich abgewimmelt hast?«

»Gloria, wenn du nicht so gottverdammt extrem paranoid wärst, dann wärst du jetzt nicht da, wo du bist.«

»Fischkopf! *Meine* Paranoia war schon oft der Vorbote einer nahenden Wahrheit!«

»Hör mal, das ergibt überhaupt keinen Sinn, was du da sagst. Schlaf dich mal richtig aus. Ich seh dich dann morgen.«

»Okay, Fischkopf – mach ihn zu Ende, deinen *Fick!*«

Gloria legte auf.

Nan saß in ihrem Morgenrock auf der Bettkante und hatte einen Whisky-Soda auf dem Nachttisch. Sie zündete sich eine Zigarette an und schlug die Beine übereinander.

»Na, wie gehts dem kleinen Frauchen?« fragte sie.

Harry goß sich einen Drink ein und setzte sich zu ihr.

»Tut mir leid, Nan...«

»Was tut dir leid? Und für wen? Für sie oder mich oder was?«

Harry kippte seinen Whisky. »Komm, laß uns aus dieser Geschichte keine gottverdammte Seifenoper machen.«

»Ach ja? Na, was soll ich denn daraus machen? Eine abgebrochene Nummer? Willst du versuchen, sie zu Ende zu bringen? Oder gehst du lieber ins Bad und holst dir einen runter?«

Harry sah sie an. »Werd nicht schnippisch, verdammt noch mal. Die Situation war dir genausogut bekannt wie mir. *Du* hast darauf bestanden, daß du mitfährst.«

»Ja, weil ich gewußt hab, daß du sonst irgend ne Nutte mitnimmst!«

»Ach Scheiße«, sagte Harry, »schon wieder dieser Ausdruck.«

»Welcher Ausdruck? Welcher Ausdruck?« Nan trank ihr Glas aus und warf es an die Wand.

Harry ging hin, hob es auf, füllte es wieder und gab es ihr. Sich selbst goß er auch noch einen Drink ein.

Nan schaute in ihr Glas, trank einen Schluck und stellte es auf den Nachttisch. »Ich ruf sie an. Ich erzähl ihr alles!«

»Von wegen! Die Frau ist *krank!*«

»Und *du* bist ein krankes Ekel!«

In diesem Augenblick klingelte das Telefon wieder. Es stand mitten im Zimmer, wo Harry es abgestellt hatte. Beide sprangen gleichzeitig auf und stürzten sich auf den Apparat. Beim zweiten Läuten landeten sie auf dem Teppich, und jeder bekam ein Ende des Hörers zu fassen. Keuchend wälzten sie sich hin und her, ein verzweifelter Kampf von Armen, Beinen und Leibern, der sich im Spiegel an der Decke verdoppelte.

Harold klopfte an die Wohnungstür.

Nelson saß gerade am Küchentisch, aß Käsekuchen und trank einen Espresso dazu.

»Ja?« sagte Nelson. Türklopfen machte ihn nervös. Und wenn er nervös war, bekam er einen Tick und wackelte mit dem Kopf. So auch jetzt.

»Wer ist da?«

»Nelson, ich bins – Harold.«

»Oh. Augenblick...«

Nelson stopfte sich den Rest Käsekuchen in den Mund. Während er ihn kaute, tränten ihm die Augen. Er hatte zwanzig Kilo Übergewicht. Er verdrückte den letzten Bissen, hastete zur Spüle, ließ Wasser über den Kuchenteller und seine Hände laufen. Dann ging er zur Tür, machte die Kette ab, drehte den Knauf und öffnete.

Harold kam herein. Er war mager, einsfünfzig groß, achtundsechzig Jahre alt. Nelson war dreißig Jahre jünger. Beide waren Schriftsteller, aber sie schrieben nur Gedichte. Ihre Bücher verkauften sich schlecht, und wie sie über die Runden kamen, blieb ein Geheimnis. Jeder bekam irgendwoher ein bißchen zusätzliches Einkommen, aber darüber sprachen sie nie.

»Auch einen Espresso?« fragte Nelson.

»Oh, äh, na ja...«

Harold setzte sich. Nach einer Weile brachte ihm Nelson eine Tasse und setzte sich zu ihm auf die Couch.

Nelsons Kopfwackeln setzte erneut ein.

»Tja, Harold, ich bin bei dem Drecksack gewesen. Er hat mich vorgelassen.«

Harold hatte seine Tasse halb zum Mund geführt und hielt in der Bewegung inne.

»Fucktowski?« fragte er.

So nannten sie diesen Autor.

»Yeah.«

Harold trank ein Schlückchen und stellte die Tasse ab.

»Ich dachte, er läßt keinen mehr zur Tür rein?«

»Machst du Witze? Er empfängt so gut wie jede Frau, die ihn anruft oder ihm schreibt. Er versucht sie unter Alkohol zu setzen, er macht ihnen Versprechungen, er lügt ihnen was vor. Er drängt sich ihnen auf, und wenn sie nicht nachgeben, vergewaltigt er sie.«

»Und wie rechtfertigt er das?«

»Er sagt, er braucht es, um darüber schreiben zu können.«

»Dieser elende alte Lustmolch.«

Sie saßen eine Weile da und dachten über den elenden alten Lustmolch nach. Dann fragte Harold: »Warum hat er dich reingelassen?«

»Wahrscheinlich, um es mir unter die Nase zu reiben. Du weißt, ich hab ihn schon gekannt, als er grade seinen Fabrikjob gekündigt hatte und Schriftsteller werden wollte. Er hatte nicht mal Klopapier. Wischte sich den Hintern mit zerknittertem Zeitungspapier.«

»Also, du warst bei ihm, Nelson. Und? War er blau?«

»Natürlich. Er war stockhagelvoll.«

»Er hält das für macho. Er widert mich an.«

»Er ist gar nicht so macho. Tod Winters hat mir erzählt, er hätte ihn eines Abends mal windelweich geprügelt.«

»Wirklich?«

»Ja. Das ist eine Episode, über die er *nicht* schreiben wird.«

»Ganz bestimmt nicht.«

Sie saßen da und schlürften ihren Espresso.

Nelson stocherte in seiner Hemdtasche und zog eine kleine Zigarre heraus. Er riß mit den Zähnen das Zellophan ab. Dann biß er das eine Ende der Zigarre ab, steckte sie in den Mund und griff nach einem Feuerzeug, das auf dem Tisch lag.

»Ich wollte, du würdest das Ding nicht anzünden, Nelson. Es ist eine *ekelhafte* Angewohnheit.«

Nelson nahm die Zigarre aus dem Mund und warf sie auf den Tisch.

»Und außer dem verfluchten Gestank, Nelson, bekommt man auch noch Krebs davon.«

»Du hast recht.«

Wieder schwiegen sie einige Augenblicke. Doch sie dachten weniger an Krebs als an Fucktowski.

»Also, Nelson, dann erzähl doch mal, was er gesagt hat!«

»Fucktowski?«

»Wer sonst?«

»Tja, Harold, er hat mir ins Gesicht gelacht! Er hat gesagt, ich würde es nie zu was bringen.«

»*Wirklich?*«

»Ja. Saß da vor mir, barfuß, in seiner zerfledderten Jeans und einem verdreckten T-Shirt. Er hat ein großes Haus und zwei neue Autos in der Garage. Das Haus steht hinter einer hohen Hecke. Er leistet sich eine teure Alarmanlage. Und die Schönheit, mit der er zusammenlebt, ist fünfundzwanzig Jahre jünger als er...«

»Er kann nicht schreiben, Nelson. Kein Vokabular, kein Stil, nichts.«

»Kotzen und Ficken und Gefasel. Immer dasselbe.«

»Er haßt Frauen, Nelson.«

»Er schlägt seine Frauen, Harold.«

Harold lachte. »Gott, hast du mal das Gedicht gelesen, wo er sich beklagt, daß Frauen mit einem *Darmtrakt* auf die Welt kommen?«

»Harold, er ist so gottverdammt unbedarft. Wieso verkauft sich sein Zeug?«

»Er hat unbedarfte Leser.«

»Ja, er schreibt über Pferdewetten, Saufen... immer und immer wieder.«

Sie ließen sich das eine Weile durch den Kopf gehen.

Dann seufzte Harold. »Und er ist in ganz Europa berühmt, und jetzt geht es auch in Südamerika los.«

»Eine Krebsgeschwulst von Doofheit, Harold.«

»Aber *hier* ist er nicht so berühmt. In Amerika hat man ihn durchschaut.«

»*Unsere* Kritiker wissen, wer echt ist.«

Nelson stand auf, machte die Tassen wieder voll und setzte sich.

»Und noch was anderes. Etwas restlos *Empörendes…*«

»Was denn, Nelson?«

»Er hat sich von Kopf bis Fuß untersuchen lassen. Zum erstenmal. Mit fünfundsechzig.«

»Und?«

»Alles tipptopp. Ich hab den Befund gelesen. Er lag auf dem Tisch, und eine Flasche Wodka stand darauf. Der Fusel, den er schon getrunken hat, könnte eine ganze Armee vernichten. Wenn er mal nicht getrunken hat, dann nur deshalb,weil er in der Ausnüchterungszelle saß. Das einzige, was beim Coulter-Test aus der Reihe tanzte, waren die Triglyceride – mit 264 zu wenig.«

»Na, wenigstens *das!*«

»Trotzdem, es ist nicht fair. Er hat seine ganzen Saufkumpane überlebt. Und einige der Damen, die mit ihm gebechert haben.«

»Er ist mit viel mehr durchgekommen als nur mit seiner Schreiberei, Nelson.«

»Er ist wie ein Hund, der es geschafft hat, im dichtesten Verkehr über einen Freeway zu kommen, ohne nach links oder rechts zu sehen.«

»Hast du ihn gefragt, wie er sich das erklärt?«

»Ja. Er hat mich nur ausgelacht. Er sagte, die Götter lieben seinen Arsch. Er sagte, es ist sein Karma.«

»Karma? Der weiß doch gar nicht, was das Wort *bedeutet!*«

»Er schummelt sich durch, Harold. Ich war bei einer seiner Dichterlesungen, und als ein Student von ihm wissen wollte, was für ihn Existentialismus ist, da sagte er: ›Sartres Fürze‹.«

»Wann werden sie ihm denn endlich auf die *Schliche* kommen?«

»Mir kann es nicht schnell genug gehen!«

Sie schlürften ihren Espresso.

Dann fing Nelsons Kopf wieder an zu zucken und zu wackeln.

»Fucktowski! Er ist so *häßlich!* Wie kann eine Frau ihn küssen, ohne daß es ihr *hochkommt?!*«

»Nelson, meinst du, er hat all die Frauen wirklich gekannt, über die er schreibt?«

»Na ja, ich hab ein paar von ihnen getroffen, und sie sehen ziemlich gut aus. Ich begreife das nicht.«

»Er tut ihnen leid. Er ist wie ein Hund mit Staupe.«

»Der im dichtesten Verkehr über einen Freeway geht, ohne nach rechts oder links zu sehen.«

»Wieso hat er dauernd solches Glück?«

»Scheiße, ich weiß es nicht. Jedesmal, wenn er einen Fuß vor die Tür setzt, gerät er in Schwierigkeiten. Neulich hab ich wieder so was gehört. Ein Verleger hat ihn und seine Freundin in die Polo Lounge eingeladen. Er stand vom Tisch auf und wollte aufs Klo und hat sich verirrt. Lief rum und sagte allen, sie wären Angeber. Als der Oberkellner dazukam und sehen wollte, was da los ist, hat er ihn mit dem Messer bedroht. Seitdem hat er Hausverbot in der Polo Lounge.«

»Und kennst du *die* Geschichte? Da ist er bei einem Professor eingeladen und pißt auf eine Topfpflanze und zündet den Hühnerstall an.«

»Kein bißchen Klasse.«

»Keine Spur.«

Wieder wurde es eine Weile still. Dann seufzte Harold und sagte: »Er kann nicht schreiben, Nelson.«

»*Und* er hat keine Bildung, Harold.«

»Keine Bildung und keine Manieren, Nelson.«

»Ein Arschloch. Ein richtiges Arschloch. Ich hasse ihn.«

»Warum wird er gelesen? Warum kaufen sie seine Bücher?«

»Weil er so simpel schreibt und an der Oberfläche bleibt. Dazu haben sie Vertrauen.«

»*Wir* haben einige der größten Gedichte des zwanzig-sten Jahrhunderts geschrieben, und dieses Arschloch Fucktowski bekommt den Beifall.«

»Er ist gehässig.«

»Ein falscher Fuffziger.«

»Wie kann eine Frau dieses *häßliche* Gesicht küssen?«

»Seine Zähne sind ganz *gelb!*«

Das Telefon läutete.

»Entschuldige, Harold…«

Nelson nahm den Hörer ab.

»Hallo?…Oh, Mom…Was?…Tja, ich weiß nicht. Ich glaube nicht, daß das eine gute Idee wäre. Nein, wirklich nicht. Komm, Mom, laß uns das vergessen…Ich weiß, du meinst es gut. Äh, paß auf, Mom, ich bin mitten in einer Besprechung. Wir wollen eine Dichterlesung in der Holly-wood Bowl organisieren. Ich ruf dich bald mal an, Mom. Tschüs…«

Nelson knallte den Hörer auf die Gabel.

»*Diese Fotze!*«

»Was ist denn, Nelson?«

»Sie will mir einen *Job* besorgen! Das ist ja *tödlich!*«

»Großer Gott, *begreift* sie denn nicht?«

»Leider nein, Harold.«

»Meinst du, Fucktowski hatte mal eine Mutter?«

»Spinnst du? So was wie der soll aus einem Körper ge-kommen sein? Einem *menschlichen* Körper? Niemals.«

Nelson stand auf und lief hin und her. Sein Kopf wak-kelte heftiger denn je.

»*Gott, was geht mir diese Warterei auf den Geist! Hat denn niemand Verständnis für ein Genie?!*«

»Tja, Nelson, *meine* Mutter hatte bis zu ihrem Tod keins. Aber sie *hatte* genug Verstand, um ihr Geld zu spa-ren und gut anzulegen…«

Nelson setzte sich wieder und vergrub das Gesicht in den Händen.

»Meine Güte, meine Güte…«

Harold lächelte.

»Na ja, an *uns* wird man sich noch erinnern, wenn *er* schon hundert Jahre tot ist...«

Nelson ließ die Hände sinken und schaute zu ihm hoch. Er brach sämtliche Rekorde in Sachen Kopfwackeln.

»Aber begreifst du denn nicht? Inzwischen sieht alles ganz anders aus! Bis dahin ist die Welt wahrscheinlich in die Luft geflogen! Wir werden nie Anerkennung finden!«

»Ja«, sagte Harold, »ja, da hast du auch wieder recht. Ach, verdammt noch mal...«

Irgendwo in einer Stadt im Süden saß Fucktowski betrunken an seiner Maschine und schrieb über zwei Poeten, die er einmal gekannt hatte. Es war keine große Story, aber sie war notwendig: Er hatte jeden Monat eine Story für ein Sexmagazin zu schreiben, das brav alles druckte, was er schrieb. Egal, wie schlecht. Vermutlich wegen seiner internationalen Reputation.

Fucktowski hatte es gern, wenn seine Sachen zwischen den Aktfotos erschienen. Er stellte sich vor, daß einige der Girls, die für die Fotos posierten, das Magazin durchblätterten und auf eine seiner Geschichten stießen.

Scheiße, was'n das? würden sie sagen.

Girls, hätte er ihnen geantwortet, wenn er gekonnt hätte, das ist die einfache, gradlinige Zeile und der realistische Dialog. So sollte man es machen. Und mein häßliches Gesicht mit den gelben Zähnen könnt ihr nur in euren Träumen küssen – ich bin schon vergeben.

Er zog die letzte Seite aus der Maschine und heftete sie mit den anderen zusammen. Dann sah er sich nach einem großen Umschlag um. Das war das Schwierigste an der ganzen Schreiberei: Das Ergebnis in einen Umschlag stecken, Adresse draufschreiben, Briefmarken draufkleben und zur Post bringen.

Meistens brauchte er ein paar Gläser Wein, um einen der schönsten Zeitvertreibe, die man je erfunden hatte, zum Abschluß zu bringen.

Er goß sich das erste ein.

Es war 11.45 Uhr, als Martin Glisson vom Telefon geweckt wurde. Der Apparat stand neben dem Bett auf dem Boden. Er nahm ab.

»Yeah?«

»Martin?«

»Yeah.«

»Hier ist der Nager.«

Der Mann, der sich »Der Nager« nannte, war Redakteur bei einer Zeitschrift in New York.

»Hör mal, wir haben noch nichts von dir, und in sechs Tagen ist Redaktionsschluß.«

»Okay, Nager, ich schick dir was.«

Martin schrieb jeden Monat eine Story für die Zeitschrift ›Sexerox‹.

»Wie läufts mit den Damen, Martin?«

»Ich gönne mir eine Pause. Ich gehe ihnen aus dem Weg.«

»Woher kriegst du dann dein Material?«

»Was spielt das für eine Rolle, solange es sich gut liest?«

»Hast recht. Wir mögen dein Zeug. Soviel wir von dir wissen, könntest du genausogut noch Jungfrau sein. Auf jeden Fall, in den nächsten sechs Tagen brauchen wir was.«

»Ist gut, Nager. Bleib dran.«

»Klar, Martin...«

Martin ließ den Hörer auf die Gabel fallen, wälzte sich herum und ließ sich die Sonne ins Gesicht scheinen. Der Alkohol trieb ihm den Schweiß aus den Poren. Er hatte siebenundzwanzig Bücher geschrieben, war in sieben oder acht Sprachen übersetzt und hatte noch nie mit einer verdammten Schreibhemmung zu tun bekommen. Jetzt aber hatte er eine.

Er starrte ins Sonnenlicht. Gerade dreizehn Jahre war es

her, seit er dem Achtstundentag entronnen war. Jetzt hatte er die ganze Zeit für sich. Jede Sekunde, jede Minute, jede Stunde, jeden Tag, jede Nacht. Er war Schriftsteller, Schriftsteller, Schriftsteller. Profi-Autor. In Amerika gab es zwölf Millionen Menschen, die Schriftsteller sein wollten. Er war es.

Martin stand auf, ging ins Badezimmer, ließ heißes Wasser in die Wanne laufen und setzte sich auf die Toilette. Er kannte sein Problem: Er brachte es nicht fertig, sich an die Schreibmaschine zu setzen. Sie stand im anderen Zimmer, und er mußte nur reingehen und sich an die Maschine setzen, und alles würde von selbst kommen. Aber er konnte es nicht. Ein ums andere Mal ging er da rein und sah die Maschine an, aber er setzte sich nicht davor. Es ging nicht. Und er wußte nicht einmal genau, warum.

Na, immerhin gelang ihm noch ein Schiß. Er wischte sich den Hintern, sah in die Schüssel, spülte und dachte: Zwischen Schreiben und Kacken ist nur eine hauchdünne Linie. Er ließ ein wenig kaltes Wasser nachlaufen und stieg in die Wanne.

Schreiben. Es machte einen benommen, man wurde komisch, man wurde untauglich für die Welt da draußen. Kein Wunder, daß sich Hemingway das Hirn in den Orangensaft geballert hatte. Kein Wunder, daß Hart Crane in die Schiffsschraube sprang und Chatterton Rattengift nahm. Die einzigen, die weitermachten, waren die Bestsellerschreiber, aber die schrieben schon gar nicht mehr, die waren bereits tot. Vielleicht war auch er schon soweit, mit seinem Haus, mit der Alarmanlage, der IBM Selectric, dem Porsche und dem BMW in der Garage. Aber den Swimmingpool, das Jacuzzi und den Tennisplatz hatte er sich bisher versagt. Vielleicht war er also nur halb tot.

Das Telefon klingelte. Er lächelte. Steig in die Badewanne, und das Telefon wird klingeln. Früher hatte es immer geklingelt, wenn er am Ficken war. Das kam jetzt nicht mehr vor. Er war Schriftsteller und konnte sich nicht mit Ficken abgeben. Er brauchte die Zeit, um Pornokram zu schreiben.

Er stieg aus der Wanne, ging naß und triefend ins Schlafzimmer und nahm den Hörer ab.

»Ja?«

»Martin Glisson?«

»Ja.«

»Praxis Dr. Warner. Ich möchte Sie daran erinnern, daß Sie um ein Uhr einen Termin haben.«

»Heilige Scheiße.«

»Wie bitte?«

»Ich wollte sagen – wegen was?«

»Es ist Ihr halbjährlicher Termin. Untersuchung und Zahnsteinentfernen.«

»Aha. Danke.«

Martin verzichtete auf sein Bad. Er ließ sich aufs Bett fallen und wälzte sich herum, bis er trocken war. Ein bißchen Originalität hatte er sich noch bewahrt.

Dann zog er sich an und ging nach draußen. Er sah die beiden Autos an und entschied sich für den BMW. Er hatte das Gefühl, daß er ein wenig Abwechslung brauchte.

In der Zahnarztpraxis meldete er sich bei der Sekretärin. Sie bat ihn, Platz zu nehmen, und schob die Glasscheibe ihres Schalters wieder zu. Es mißfiel ihm immer, wenn sie diese Trennscheibe schlossen. Eigentlich war es beleidigend, ihn derart auszuschließen. Oder vielleicht wollten sie nicht, daß man die Schreie aus dem Behandlungszimmer hörte. Wie auch immer.

Er setzte sich und nahm sich eine Illustrierte.

An ›Sexerox‹ gefiel ihm, daß sie alles druckten, was er ihnen schickte. Er fand, daß er jetzt wirklich was schreiben sollte, um sich diese Einnahmequelle zu erhalten. Vielleicht hatte er gar keine Schreibhemmung. Vielleicht bildete er es sich nur ein. Aber im Endergebnis war es dasselbe.

Er hatte seine Lesebrille vergessen, doch er blätterte

trotzdem in der Illustrierten. Auch mit Brille hätte er nichts zu lesen gefunden. Er interessierte sich nicht für Sport, Weltpolitik, Film, Theater oder Königshäuser. Nicht einmal dafür, ob die Welt demnächst unterging oder nicht.

»Hi, Mister!«

Ein kleines Mädchen, etwa fünf Jahre alt, in einem adretten blauen Kleid und weißen Schuhen. Blond, mit einer roten Schleife im Haar. Sie hatte große, wunderschöne braune Augen.

»Hi«, sagte Martin und schaute wieder in seine Illustrierte.

»Kriegst du deine Zähne gezogen?« fragte die Kleine.

Martin schaute kurz hoch.

»Ach je, ich weiß nicht. Hoffentlich nicht.«

Er musterte sie verstohlen. Sie war wirklich ein niedliches kleines Ding. Doch wahrscheinlich würde mal ein männermordendes Luder aus ihr werden.

»Du hast 'n komisches Gesicht«, sagte sie.

Martin lächelte. »Du auch.«

Sie lachte. Das Lachen gelang ihr wirklich gut. Glatt und kalt. Es erinnerte ihn an Eiswürfel in einem Glas. Nein, das war ungerecht. Es war etwas anderes. Aber was?

Das wär doch was, dachte er. *Mann belästigt kleines Mädchen im Wartezimmer eines Zahnarztes, während sich ihre Mutter einen Weisheitszahn ziehen läßt. Mach es realistisch und erschreckend, aber trotzdem komisch. Der Mann will gar nicht, aber eigentlich doch, und die Kleine führt ihn irgendwie aufs Glatteis. Wenn die Mutter rauskommt, hat er sich das Höschen der Kleinen über den Kopf gezogen.*

»Wo ist deine Mutter?« fragte er sie.

»Die kriegt 'n Zahn gezogen.«

»Oh...«

Martin schaute wieder in seine Illustrierte.

»Warum setzt du dich nicht zu mir und tust mir vorlesen?« fragte die Kleine.

Martin sah zu ihr hinüber.

»Das geht nicht gut. Ich hab meine Brille vergessen.«

»Komm doch und versuchs trotzdem«, sagte sie mit einem Lächeln.

Eine seltsame Kleine, dachte er. Sie hat überhaupt keine Angst.

Er stand auf, nahm sich den Stuhl neben ihr und rückte ihn dicht an ihren.

»So, und was soll ich dir vorlesen?«

»Einfach was aus dem Heft, was du da hast.«

Martin konnte kaum die Buchstaben erkennen. Er las ihr etwas vor. Es ging um Sicherheitsprobleme bei den nächsten Olympischen Spielen. Der Artikel war sehr langweilig. Die Olympischen Spiele konnten ihm gestohlen bleiben. Doch die Kleine fand es anscheinend interessant. Er spürte, wie sie seinen Arm berührte. Ihr Kopf neigte sich immer mehr nach seiner Seite, als könnte sie so besser hören. Er spürte ein Haarbüschel, das seine Wange kitzelte. Seine Stimme versagte.

Jetzt, dachte er, *würde ihr der Mann in meiner Story ganz sacht die Hand auf den Schenkel legen. Das wäre ein Anfang....«*

In diesem Augenblick ging die Tür des Behandlungszimmers auf, und eine sehr füllige Dame kam heraus. Sie trug eine Freizeithose, eine Bluse und Sandalen.

»Komm, Vera. Es wird Zeit, daß wir nach Hause kommen.«

Vera lächelte Martin an.

»Danke, Mister!«

»Hat sie Sie belästigt, Sir? Sie ist eine kleine Nervensäge, nicht?«

»Ach nein«, sagte Martin, »sie war ganz lieb...«

Die Kleine und ihre Mutter gingen. Martin legte die Illustrierte auf den niederen Tisch. Vielleicht würde er am Abend etwas schreiben. Einfach reingehen und sich an die Schreibmaschine setzen, eine Flasche Wein aufmachen, das Radio anstellen. Es würde schon kommen. Sein Problem war, daß er zwischen Zweifeln und übersteigertem Selbstvertrauen schwankte.

Die Zahnarzthelferin kam heraus und sagte: »Mr. Glisson, kommen Sie bitte?«

Er folgte ihr den Flur hinunter.

»Erste Tür rechts«, sagte sie und ließ ihm den Vortritt.

Martin machte es sich wie ein alter Hase auf dem Behandlungsstuhl bequem. Die Helferin sah sich seine Karteikarte an.

»Na, ich sehe, wir haben letztes Mal geröntgt, also brauchen wirs jetzt nicht schon wieder. Es sei denn, Sie hatten Beschwerden. Hat Ihnen etwas weh getan?«

»Nicht an den Zähnen«, sagte er.

»Machen Sie mal auf?«

Sie stocherte ihm mit einem spitzen Instrument zwischen den Zähnen herum.

»Hmmm, scheint alles in Ordnung zu sein... da ist ein bißchen Belag, aber ich sehe kein Zeichen von Karies.«

»Gut...«

»Na, und wie ist es Ihnen so ergangen, Mr. Glisson?«

»Ganz gut. Sie erinnern sich an mich?«

»Aber ja.«

»Tja, und wie ist es bei Ihnen gelaufen?«

»Okay. Nur daß wir unser Pferd verloren haben.«

»Ihr Pferd?«

»Ja, wir hatten ein Reitpferd. Es ist beinah über Nacht verendet. Sehr traurig.«

»Ja, so was gibts. Mein Kater ist gestorben.«

»So, wenn Sie jetzt weit aufmachen, dann fang ich an. Und halten Sie das hier. Wenn ich *jetzt* sage, nehmen Sie's einfach wie ein Trinkröhrchen in den Mund.«

Sie gab ihm den dünnen gebogenen Plastikschlauch, der Blut und Speichel absaugte.

»Ja«, sagte Martin, »ich weiß noch, wie das geht.«

Sie begann an seinen Zähnen zu schaben. Sie war reizlos, aber nicht hausbacken; eine ordentliche Hausfrau von etwa fünfunddreißig, halbwegs intelligent, vielleicht ein bißchen vollschlank, aber adrett.

Hm, dachte Martin, *wie wäre es damit? Ein Mann beim Zahnsteinentfernen auf dem Behandlungsstuhl. Früher Nachmittag. Bißchen öde Konversation. Mann schwer verkatert. Fühlt sich in letzter Zeit so komisch. Nicht verrückt oder so was, nur komisch. Sein Leben hat sich ohne viel Abwechslung hingeschleppt, aber auch ohne Schicksalsschläge. Ein Leben, das nur aus Essen, Schlafen und Trinken besteht. Kein großes Auf und Ab, nicht mal eine Tretmühle, aber auch nicht gerade erhebend. Und auf einmal tut er es, ohne zu überlegen, ohne recht zu wissen, warum, einfach so, wie wenn man einen Groschen von der Straße aufhebt – während die Zahnarzthelferin an seinen Zähnen schabt, greift er ihr mit einer Hand an den Hintern, knetet ihr herzhaft die Arschbacke und läßt wieder los.*

Sie macht einfach weiter und sagt keinen Ton. Na ja, sie sagt »jetzt«, und er hängt sich den Plastikschlauch in den Mund, der Blut und Speichel absaugt.

Er läßt den Schlauch los, greift ihr mit beiden Händen an den Arsch, bohrt ihr richtig die Finger rein und läßt wieder los. Sie schabt einfach weiter.

Dann greift er ihr mit beiden Händen unter den gestärkten Kittel, betastet ihren Slip und zieht ihn langsam herunter. Sie schabt einfach weiter und sagt kein Wort...

Plötzlich hörte er, wie die Helferin schrie: »He! Was fällt Ihnen ein!?«

Martin schreckte aus seiner liegenden Stellung hoch. Die Helferin war mit weit aufgerissenen Augen bis zur Wand zurückgewichen.

»Sind Sie nicht ganz dicht!?« schrie sie.

Dr. Warner kam gerannt.

»Was ist los, Darlene?«

»Dieser Idiot hat mich abgefummelt!«

»Haben Sie das getan, Sir?«

»Vielleicht. Ich weiß nicht.«

»Aber *ich* weiß es, verdammt noch mal! Er hat mir an den Hintern gelangt!«

»Ich wollte es nicht. Es war wie in einem Traum...«

»So etwas können Sie doch nicht einfach machen«, sagte Dr. Warner.

»Ich weiß. Ich weiß, daß es falsch war. Ich weiß nicht, was ich sagen soll.«

»Wir müssen die Polizei rufen!« schrie die Helferin. »Wir zeigen ihn an! Er ist gefährlich!«

»Sie haben recht«, sagte Martin. »Rufen Sie die Polizei. Ich werde auf sie warten. Man wird mich wohl einsperren müssen. Was ich getan habe, war vollkommen idiotisch. Ich bedaure es, aber Bedauern ist nicht genug.«

»Na gut, Darlene«, sagte Dr. Warner, »rufen Sie die Polizei.«

»Nein«, sagte sie, »aber schicken Sie ihn weg. Mir wird schlecht, wenn ich ihn nur ansehe. Schicken Sie ihn nur endlich weg!«

Martin konnte es kaum fassen, daß sie ihn davonkommen ließ.

»Danke«, sagte er. »Ich kann Ihnen nicht genug danken. Glauben Sie mir, ich werde so etwas nie wieder tun. Ehrenwort.«

»Sehn Sie nur zu, daß Sie hier verschwinden«, sagte Darlene, »bevor ichs mir anders überlege!«

»Also gehn Sie schon«, sagte Dr. Warner.

Martin rutschte vom Behandlungsstuhl herunter und verließ den Raum, ging den Flur hinunter und durchs Wartezimmer hinaus auf die Straße. Er sah den BMW, fand seine Wagenschlüssel, schloß die Fahrertür auf, stieg ein. Der Motor sprang an, er lenkte den Wagen vom Bordstein weg, fuhr bis zur Kreuzung am Boulevard und hielt an der Ampel. Die Ampel wurde grün. Er bog rechts ab, fädelte sich in den Verkehr ein und fuhr einfach den anderen nach. Dann kam wieder eine rote Ampel, und während er in der Wagenschlange wartete, dachte er: Sie wissen es nicht, sie wissen nicht, was mit mir ist. Die Ampel sprang auf Grün, und er fuhr wieder hinter den anderen her. Er fuhr in die falsche Richtung und entfernte sich immer weiter von seinem Haus, aber darauf kam es jetzt auch nicht mehr an.

Entschuldigung

Sehr geehrte Redaktion,

ich weiß, ich habe den Ablieferungstermin verpaßt, aber allerhand triviales Zeug kam mir in die Quere, z. B. Ehekrach, kaputtes Auto, ein Hausgast für eine Woche und noch ein paar andere Dinge, an die ich mich nicht mehr erinnere. Eins weiß ich aber noch: Ich mußte meinen Führerschein erneuern lassen. Jedesmal, wenn mein Führerschein erneuert wird, dämmert mir mal wieder, wieviel älter ich geworden bin. Es ist ein Zeichen, daß man sich dem Grab bedenklich nähert, und als Datum ist es weit ominöser als Silvester oder ein Geburtstag – ich habe zwar nichts gegen das Sterben, aber mich stört, daß es mir sicher ist. Und deshalb entschließe ich mich alle vier Jahre, wenn der Führerschein mal wieder fällig ist, zu einem gewaltigen Besäufnis. So auch diesmal. Am Tag darauf machte ich mich auf den Weg zum Department of Motor Vehicles in Hollywood, aber der Schädel brummte mir so sehr, daß ich mich der Tortur nicht stellen konnte. Außerdem wurde mir dauernd schwarz vor den Augen. Also bog ich rechts ab, und kurz vor dem Hollywood Boulevard, in der Las Palmas oder Cherokee, glaube ich, entdeckte ich eine Kneipe. Ich parkte, stieg aus, ging rein, setzte mich an die Bar, ließ mir vom Barkeeper eine Flasche Heineken geben (ohne Glas) und machte einen ordentlichen Zug.

Ein paar Hocker weiter saß ein altes Mädchen mit abstehenden Haaren. Es sah aus, als hätte sie ein Stachelschwein auf dem Kopf. Und was sie anhatte, sah aus, als hätte sie in ein dreckiges Bettlaken ein Loch geschnitten, den Kopf durchgesteckt und das verdammte Ding angezogen.

»Hey«, sagte sie.

Ich sah sie etwas direkter an.

»Ich bin Helena, die Zigeunerin«, sagte sie.

»Phillip Messbell«, antwortete ich, »stellungsloser Fluglotse.«

»Soll ich dir aus der Hand lesen, Phillip?«

»Wieviel?«

»Ein Bier.«

»Okay.«

Sie schleifte ihre Klan-Kluft zu dem Barhocker neben mir, packte meine linke Hand, drehte sie mir um und fuhr mit den Fingern über meine Handfläche.

»Ah«, sagte sie, »du hast eine lange Lebenslinie. Du wirst ein *langes* Leben haben...«

»Das kenn ich schon. Erzähl mir mal was Neues.«

Sie tastete sich weiter. »Ah, dein Lieblingsbier ist Heineken.«

»Komm, laß den Quatsch.«

»Oh, jetzt seh ich es!« rief sie.

»So? Was denn?«

»Du wirst innerhalb der nächsten Stunde eine Nummer schieben.«

»Mit wem? Mit dir?«

»Vielleicht. Hast du fünfundzwanzig Dollar?«

»Nein.«

»Dann nicht mit mir.«

Sie bekam ihr Bier, und ich trank meines aus und verschwand. Ich stieg in den Wagen, bog links in den Boulevard ein und fuhr Richtung DMV. Meinem Kopf ging es ein bißchen besser, aber klar war er immer noch nicht. Ich würde den verflixten Test machen müssen, ohne das Übungsheft studiert zu haben, aber das störte mich nicht. Was ich haßte, war das endlose Schlangestehen mit Blick auf lauter Hinterköpfe. Die Hinterköpfe sahen zwar nicht so schlimm aus wie die Gesichter, aber eine Qual war es trotzdem. Ich fuhr weiter...

Als ich an der nächsten Ampel halten mußte, spürte ich auf einmal den Drang zu einem Schiß. Um mich davon abzulenken, sah ich mir das Treiben auf dem Bürgersteig an.

Auf der Bank der Bushaltestelle saß eine junge Frau. Es hätte die Monroe sein können, zurück aus dem Reich der Toten, nur ein bißchen stärker mitgenommen, die Schenkel strammer und der Schlafzimmerblick eindeutig lasziver. Ihr Kleid war hochgerutscht und zeigte mehr, als ich seit Monaten zu sehen bekommen hatte. Sie sah mein Lächeln und erwiderte es. Ich lächelte, sie lächelte, die Welt war eitel Sonnenschein. Als es grün wurde, sprang sie auf und rannte auf mich zu. Ich trat mit dem rechten Fuß die Beifahrertür auf, und sie glitt herein. Wie ein üppiger Weinstock, der darauf wartet, abgeerntet zu werden.

Der Typ in dem Wagen hinter mir drückte auf die Hupe und schrie: »*Wenn die Nutte nicht dein Tod ist, dann bringt dich nichts mehr um!*«

Ich ließ die Kupplung schnalzen und zischte ab. Als ich einen Blick riskierte, sah ich, daß sie die Hand zwischen den Schenkeln hatte und sich kratzte.

»Ich heiße Rosie«, sagte sie.

»Gordon Plugg«, stellte ich mich vor.

»Willst du Berg-und-Talbahn?« fragte sie, »oder Einmal um die Welt? Willst du Badesalz, Brauner Hund oder Gelbes Meer? Schneebesen? Saugnapf? Besenstiel? Ich mach auch Dreihand-Mary und Kaminfeger. Was soll's sein?«

»Ich will meinen Führerschein erneuern lassen«, sagte ich.

»Fünfzig Dollar.«

»Das machst du *auch?*«

»Klar.«

»Gebongt…«

Sie zündete sich eine Zigarillo-Kippe an und musterte mich von der Seite. »Du bist 'n komischer alter Knacker. Siehst aus, als müßtest du schon unter der Erde sein und hast bloß vergessen zu sterben.«

»Ich werds schon auf die Reihe kriegen.«

»Was'n dein Problem?«

»Daß dauernd was ist, was mich nervt, Rosie. Tag und Nacht.«

»Zum Beispiel?«

»Also, wenn ich zum Beispiel morgens meine Hose anziehe und nach dem Reißverschluß greife, da denk ich jedesmal: *Wird er auch gehn?* Tut er natürlich meistens, aber was mich nervt, ist – warum muß mir dieser Gedanke kommen? Warum hab ich das nötig? Ist doch komplett überflüssig. Energieverschwendung.«

»Geh doch zum Psychiater.«

»Was ich brauche, ist ein Psychiater, der nicht selber einen braucht, und die Sorte gibts nicht.«

»Willst du damit sagen, daß so gut wie jeder plemplem ist?«

»Na ja, praktisch jeder hat 'n Reißverschluß. Nur daß sie unterschiedlich intensiv und konfus reagieren, wenn es um Reißverschlüsse und so Sachen geht...«

Rosie gähnte. »Wie weit ist es bis zu dir?«

»Scheiße, ich dachte, wir fahren zu dir!«

Sie rülpste einen Rauchring. »Das macht zehn Dollar extra.«

»Okay, aber ich will auf jeden Fall die Nummer mit dem runderneuerten Führerschein.«

»Kriegst du auch.«

»Das wird sicher 'n Hammer«, sagte ich.

»Ich *könnte* dir den Bananen-Split mit Sahne gleich hier im Auto geben, während du fährst...«

»Nein, ich will die Nummer mit dem Führerschein.«

»Bist du *wirklich* drauf eingestellt?«

»Alle vier Jahre....«

Rosie dirigierte mich durch die Straßen, und dann waren wir vor ihrem Häuschen, das aussah, als hätte man es aus Spanplatten zusammengezimmert. Es war an den Seiten ein bißchen eingedellt, und das Dach hing schief, aber davor stand eine stattliche Palme.

Ich folgte ihrem Arsch, der wippte, schlenkerte und sang. Er wollte heraus aus diesem Rock, er verlangte den Stromstoß aus den Lenden des Mannes, diese verstunkene elektrische Energie, die das häßliche Menschengeschlecht dazu antreibt, sich durch sinnlose Jahrhunderte fortzupflanzen. Ich folgte ihrem Arsch, wie es meine Vorgänger getan hatten.

Rosie trat die Tür auf, und mein Blick fiel auf mehrere Schmuddelkinder, die herumhingen oder -liefen. Ein kleiner Bursche beugte sich über ein Flugzeugmodell und klebte Teile zusammen. Rosie ging hin und gab ihm einen Tritt in den Hintern, daß er an die hintere Wand kullerte. *»David, ich hab dir doch gesagt, du sollst das Leimschnüffeln lassen! Es zerreißt dir dein verdammtes Hirn!«*

David schüttelte seine Benommenheit ab, zeigte ihr den Finger und brüllte: *»Friß Scheiße und verreck!«*

Ein weiterer kleiner Bursche saß da und trug ein T-Shirt mit dem Konterfei von Tim Leary darauf. Er machte den Eindruck, als wäre er im Alter von vier Jahren in irgendeinem Niemandsland gestrandet. Dann gab es noch ein kleines Mädchen, das ein Foto von Burt Reynolds in der Hand hatte. Es hielt die Flamme eines Feuerzeugs an seinen unheimlich männlichen, lächelnden Mund. Der Mund verkohlte und klaffte auseinander. »Burnt Reynolds«, sagte die Kleine.

Rosie sah mich an. »Erst das Geld...«

Ich gab ihr einen Fünfziger und einen Zehner. Sie verstaute das Geld irgendwo und fing an, sich vor mir auszuziehen. In Gegensatz zu den meisten Frauen sah sie ohne Kleider besser aus als mit.

»Rosie«, sagte ich leise, »die Kinder...«

»Nichts, was sie nicht schon oft gesehn haben. Es ist wie ein alter Film. Es langweilt sie. Und mich langweilt es auch...«

Rosie knipste das Licht aus – eine Glühbirne, die an einem Kabel von der Decke hing – und legte sich mit gespreizten Beinen auf eine dreckige Matratze. Ich riß meinen Hosenlatz auf und sank auf die immensen, magischen Wölbungen dieses Körpers – die Brüste, die Schenkel... Ich dachte an Wolken und Wasserfälle, an Glückstreffer im Würfelspiel, und dann dachte ich: Großer Gott, ich habe mich gar nicht ausgezogen, nicht mal die Schuhe. Meine Finger gruben sich in ihr Haar, und es fühlte sich an, als wäre es voll Sand. Sie roch nach nassen Gummihandschuhen. Ich hatte ein trauriges Gefühl, mir war nach Heulen, und ich wußte nicht, warum. Dann öffnete sich ihr Mund unter meinem. Sie ist einsam, dachte ich, wirklich einsam. Nein, ich bin es. Ihre Zunge war kalt, ich biß hinein, und sie ratschte mir mit den Fingernägeln am Rükken herunter und zerriß mein Hemd, und ich spürte, wie ein bißchen Blut kam. Ich griff nach unten und spielte an ihr herum, es war soweit, es ging, und dann hatte ich ihn drin, und sie war ausgesprochen gut. Keine Muschi, die zupackt, aber das Nächstbeste. Und dann wußte ich nicht mehr, ob es Tag oder Nacht war, oder wo ich war, ich kam wieder von der Decke runter und dachte, es ist nur ein Traum, ein sehr schöner Traum, und ich verschnaufte auf diesem magischen Körper, und dann rutschte ich herunter und…«

Ich stand vor einem Fotoapparat, der von einer lustigen, dicken alten Dame mit Augen wie Walnüssen bedient wurde, sie war ungefähr so alt wie ich, und sie sagte: »Na los, lächeln Sie mal! Es tut nicht weh!«

Ich lächelte. Ein Blitzlicht zuckte…

»Sie bekommen jetzt erst mal einen vorläufigen Führerschein«, sagte sie, »und innerhalb von dreißig bis sechzig Tagen wird Ihnen der reguläre Führerschein zugeschickt.«

Ich schaute an mir herunter und sah, daß mein Reißverschluß offen war. Ich griff danach und wollte ihn hochziehen. Diesmal ging er nicht. Kaputt.

Ich ging hinaus und spürte am Rücken die kühle Luft, die durch mein zerrissenes Hemd drang. Mein Wagen stand auf dem Parkplatz. Ich stieg ein, steckte mir eine Zigarette an und drehte den Zündschlüssel. Ich fuhr vom Parkplatz und die Straße hinunter. Es war kein schlechter Tag gewesen, und nach der Uhr am Armaturenbrett war noch viel von ihm übrig. Vielleicht würde ich runter an den Strand fahren oder ins Kino gehen. Ich konnte Kinos nicht leiden, aber ich hatte schon eine Weile keinen Film mehr gesehen, also entschied ich mich dafür. Ich stellte das Autoradio an und erwischte eine grauenhafte Schnulze. Die Welt war voll von lausigen Schnulzen. Ich knipste das Radio aus, und dann erinnerte mich etwas daran, daß ich immer noch meinen Darm erleichtern mußte.

Drei Ecken weiter fand ich eine Tankstelle. Ich fuhr rein, stieg aus und ging in Richtung Toilette. Der Tankwart sah mich.

»Hey, Mann, Ihr Reißverschluß ist offen.«

»Yeah, ich weiß…«

»Hören Sie«, sagte er, »wer bei uns aufs Scheißhaus geht, von dem erwarten wir, daß er hier auch was kauft…«

»Pump mir die Reifen auf«, sagte ich.

Ich betrat das Männerklo und schloß mich in der winzigen Kabine ein. Sie hatten sogar Papierschablonen für die Klobrille. Ich legte drei übereinander, zog die Hosen runter und setzte mich drauf. In dem Augenblick fiel mir eure Zeitschrift auf, die auf dem Boden lag, der Umschlag naß und zerfleddert, richtig traurig, wißt ihr, da auf dem Scheißhausboden, und während ich einen in die Schüssel pflanzte, fiel mir ein, daß ich den Ablieferungstermin verpaßt hatte, und ich beschloß, euch zu schreiben, wie es dazu kam, und jetzt wißt ihrs.

Es war Sonntag, und sie machten bei 35 Grad im Schatten das zweite Spiel einer Doppelveranstaltung. Die Fans auf den Rängen waren mit Bier abgefüllt. Ihre Bluejays hatten das erste Spiel verloren und waren drauf und dran, auch das zweite zu verlieren – im fünften Durchgang lagen sie mit 2:6 zurück. Und das gegen den Tabellenletzten, die Groundhogs. Die Fans waren sehr unzufrieden. Sie hätten das Eintrittsgeld sparen und sich zu Hause betrinken können. Sie hätten zu Hause bleiben und ihre Kinder und Hunde verprügeln können. Statt dessen hatten sie ihren Sonntag in der prallen Hitze vertan, und Montag früh wartete auf die meisten wieder der stupide Job. Die Fans waren unzufrieden und verbiestert, und den Bluejays erging es genauso.

An der Home Base nahm Schiedsrichter Harry Culver seinen Platz hinter dem Fänger ein und wartete auf den gottverdammten Ball. Die Bluejays waren am Zug, und die Groundhogs hatten einen Screwballer auf der Wurfplatte. Harry haßte es, bei einem Screwball entscheiden zu müssen, ob er ihn »gut« geben konnte oder nicht. Der Ball wurde im letzten Augenblick noch unberechenbar. Bei einem langsamen Kurvenball oder einem Fastball war es leichter.

Monty Newhall, mit einer durchschnittlichen Trefferquote von 34,3 Prozent der beste Hitter der Jays, stand am Schlag. Männer auf First und Third Base, zwei Läufer »aus«, ein Ball »gut« gegeben, einer nicht. Der Kerl an der Hammondorgel spielte *Charge!*, die betrunkenen Fans brüllten, und der Screwballer zog ab. Der Ball summte heran wie eine wütende Hummel. Im letzten Augenblick senkte er sich und kam am Rand des Schlägerfelds in Kniehöhe herein.

»*Gut!*« röhrte Harry Culver und zeigte es mit Hand und Unterarm an.

»Saubere Entscheidung, Harold«, sagte der Fänger. Er ließ einen Furz und warf den Ball zum Screwballer zurück.

»Scheiße!« sagte Monty Newhall. *»Auszeit!«*

Der Fänger trat beiseite und sagte: »Er riecht aus dem Mund, Harry. Laß dich nicht von ihm abknutschen.«

Der Fänger hieß Johnny Acro und verdiente 800 000 Dollar im Jahr. Monty Newhall pflanzte sich vor Culver auf. Newhall brachte es auf 950 000 Dollar im Jahr. Das ganze Spielfeld war voll von Millionären. Die Armen kamen ins Stadion, um die Millionäre spielen zu sehen. Die Millionäre legten ihr Geld an, und jeder war eine GmbH. Sie mußten nur ein paar Jahre diesen kleinen weißen Ball schlagen und fangen und verschiedene steuerliche Abschreibungsmöglichkeiten nutzen, und sie waren saniert.

Newhall stand vor Harry Culver und stieß sein Gesicht nach vorn.

»Meine Karriere steht auf dem Spiel. Jedesmal, wenn du so eine Fehlentscheidung triffst, nimmst du mir zehntausend Dollar aus der Tasche.«

»Komm mir nicht mit so einem Scheiß«, sagte Harry. »Der Ball war gut.«

»Gut? Gut wie was?«

»Wie das Loch in einer Doughnut.«

Newhall lachte. »Du hast 'n Hitzschlag, Fettsack. Das war ein blöder Spruch.«

»Ja, war es. Ich bin müde. Es war ein verdammt langer, heißer Tag.«

»Das ist dein Problem, Fettsack. Und als Schiedsrichter bist du ne Niete.«

»Geh wieder auf Position, oder ich stell dich vom Platz!«

»Du tust *was?*«

»Du hast es gehört!«

Die Fans brüllten und schluckten ihr Bier. Bei jedem Satz stieß Newhall sein Gesicht nach vorn, so daß Harry einen halben Schritt zurückweichen mußte.

»Ich mach dich *arbeitslos*«, sagte Newhall. »Du bist ein Nichts.«

Whitey Thorenson, Newhalls Manager, stieg aus dem Spielergraben, kam im Laufschritt an und drängte sich mit seiner fetten roten Visage dazwischen.

»Was machst du mit meinem Boy? Willst du ihn einschüchtern?«

»Dein Boy hat einen Ball verpaßt. Er hat sich selber eingeschüchtert.«

Whitey wandte sich an Newhall.

»Ist der Kerl ausfällig geworden? So 'n Scheiß darf er sich nämlich nicht leisten.«

»Ich glaub, er hat mich beleidigt«, sagte Newhall.

»Das ist eine verdammte Lüge!« sagte Harry.

Jetzt kamen die beiden anderen Schiedsrichter dazu.

»Das reicht jetzt! Schluß damit!«

»Ich hab hier alles unter Kontrolle«, sagte Harry.

Die Fans waren inzwischen außer sich vor Wut und warfen mit allem, was sie finden konnten – Pappbecher, Kronenkorken, bierdurchweichte Socken, Programme, Sandwiches...

»Du hast die Kontrolle *verloren*«, sagte Tony Pietro, der Hauptschiedsrichter. »Du mußt dich durchsetzen.«

»Verdammt noch mal, Tony, halt du dich da raus! Ich brauch keinen Zoff von dir! Ich krieg schon genug von meiner Frau!«

»Sieh einer an«, meinte Whitey Thorenson. »Er leistet sich ne gottverdammte Fehlentscheidung, und dann bringt er auch noch seine Privatprobleme aufs Tapet. Was haben wir denn da für einen Unparteiischen?«

»All right«, sagte Harry, »jetzt greife ich durch! Whitey – Platzverweis! Newhall – du bist *raus!* Runter vom Platz! Das Spiel geht weiter!« Mit einer dramatischen, weit ausholenden Armbewegung zeigte er auf den Spielergraben.

»Ich geh nirgends hin«, sagte Newhall.

Pappbecher und sonstiger Müll regneten herab, trafen sie an den Schultern, am Kopf, am Rücken...

»Ich denk auch nicht dran«, sagte Whitey Thorenson.

»Ihr habt den Schiedsrichter gehört«, sagte Pietro. »Also geht vom Platz, damit wir weiterspielen können.«

»Yeah«, sagte der andere Schiedsrichter.

»Hört mal«, sagte Whitey, »ihr zwei seid in Ordnung, aber euer Kollege ist nichts als ein Stück Scheiße.«

»Was hast du gesagt?« fragte Harry.

»Ich hab gesagt, du bist ein Stück Scheiße.«

Harry machte einen Schritt nach vorn und schubste Whitey mit beiden Händen.

Das Publikum geriet außer Rand und Band. Der Kerl an der Orgel spielte *Charge!*

»Hey, hey«, sagte Whitey. »Seht euch den kleinen Blauen an! Jetzt wird er auch noch pampig!«

Die anderen Schiedsrichter hielten Harry fest.

»Beherrsch dich. Das Spiel wird aufgezeichnet…«

»Alle können dich sehen…«

Jetzt machte Whitey einen Schritt und schubste Harry. Er bückte sich und warf Harry eine Handvoll Dreck an die Hose. Dann ging er um ihn herum, kickte in den Sand und deckte ihn noch mehr ein.

»Du bist halt kein Mann, Fettsack! Deshalb bist du Schiedsrichter geworden, und ein beschissener noch dazu!«

Harry stürzte sich auf Whitey. Der wich ihm aus und sagte lachend: »Hey, *Scheißer!*«

Auf den Rängen drehten sie jetzt durch. Manche wollten das Spielfeld stürmen. Polizei und Platzanweiser versuchten sie daran zu hindern.

Dann ging alles sehr schnell. Harry ging auf Whitey los und boxte ihn in die Magengrube. Whitey knickte ein, und während er gebückt dastand, stellte sich Harry hinter ihn und versetzte ihm einen ziemlich heftigen Tritt in den Arsch. Whitey kippte vornüber und hielt sich den Arsch. Harry stürzte sich auf Newhall, kam aber nicht an ihn heran, weil Newhall immer auswich. Die beiden Kollegen packten Harry und hielten ihn fest.

Im Sitzungsraum des Klubvorstands rauchte Harry Culver, noch ziemlich außer Atem, in hastigen Zügen eine Zigarette. Presse und Fernsehen wurden draußen zurückgehalten. Es war kein besonders repräsentatives Vorstandszimmer für einen so wohlhabenden Klub. Ein Hauch von Urin war unverkennbar. Dies war der Ort, wo Verträge geschlossen wurden, in denen es um viele Millionen Dollar ging. Es war auch der Ort, wo millionenschwere Spieler hereinzitiert wurden und gesagt bekamen, daß sie nicht mehr gebraucht wurden.

Von draußen hörte Harry das Gebrüll der Fans, während das Spiel weiterging – ohne ihn, ohne Whitey, ohne Newhall mit seiner Trefferquote von 34,3 und seinen Homeruns, seinen Ribbies, seinen erlaufenen Bases. Jetzt saßen und standen sie hier herum mit dem Eigner der Jays und einigen Leuten, die er nicht kannte – Leute, die Aktenkoffer aufklappten und miteinander flüsterten.

H. T. Faulkner, der Commissioner of Baseball, kam herein.

Jemand sagte: »Hallo, Mr. Faulkner.«

Harry bog in die Einfahrt seines Hauses ein, das 65 000 Dollar gekostet hatte und noch mit einer Hypothek von 39 000 Dollar belastet war. Er fuhr den Wagen in die Garage, und beim Aussteigen dachte er: Ich bleibe dabei, daß der Ball gut war. Ich würde jederzeit wieder so entscheiden. Egal, was kommt. Er verließ die Garage, ging auf dem geplätteten Weg nach vorn, stieg die Stufen hinauf, öffnete die Tür und ging ins Haus.

Susan saß auf der Couch und sah sich ›Raumschiff Enterprise‹ an. Die Klingonen waren in voller Aktion. Spock war cool, aber vorübergehend wirkungslos. Harry ging hin und gab Susan einen Kuß auf den Nacken.

»Tag, Schatz.«

Er ging außen herum und setzte sich neben sie.

»Herrje, hast du die Folge nicht schon gesehen?«

»Doch, aber manchmal entgeht mir was. Beim zweiten

Mal sieht man Sachen, die man vorher nicht mitbekommen hat.«

»Wo ist Trina?«

»Ist irgendwo draußen und spielt.«

»Ich werde mich umziehen«, sagte Harry, »und ein Bad nehmen.«

»Achte darauf, daß du dich richtig einseifst – unter den Armen und so...«

»Ja, ja...«

Er ging ins Schlafzimmer und zog seine Kleider aus. Das tat gut. Im Badezimmer drehte er die Hähne auf und schaute herunter auf das kreiselnde Wasser. Geraume Zeit stand er so da.

...bis auf weiteres von seiner Tätigkeit entbunden... Untersuchung wird eingeleitet...

Er drehte die Wasserhähne zu, prüfte das Wasser mit der Hand und stieg in die Wanne.

»Susan!« rief er. »Wo ist die Seife?«

»Ich versteh dich nicht!« rief sie zurück.

»Schon gut«, sagte er.

Scheiß drauf. Er ließ sich ins Wasser gleiten.

Es war neun Uhr abends, als es an der Haustür klingelte. Monty ging nach vorn und machte auf. Draußen stand Harold Sanders.

»Tag, Harry. Pünktlich auf die Minute.«

»Wie es so schön heißt: Wenn du nicht pünktlich sein kannst, kannst du gar nichts sein.«

»Guter Spruch. Komm rein. Setz dich, wo du willst.« Harry ging um den Couchtisch herum und setzte sich aufs Sofa. »Wie gehts Debra?«

»Ganz gut. Sie kommt gleich runter.«

Die Weinflasche stand schon da. Monty zog den Korken heraus und schenkte zwei Gläser ein.

»Ein guter Rotwein, Harry. Schmeckt dir bestimmt.«

»Danke, Monty.«

Debra kam mit zwei großen Schüsseln herein. Eine mit Chips, eine mit Nüssen.

»Tag, Harry.«

»Tag, Debra. Du siehst prima aus.«

»Vielen Dank. Tja, ich schätze, ich laß euch beide allein.«

»Nein, Debra«, sagte Monty, »es gibt nichts zu bereden, was du nicht hören kannst. Ich möchte, daß du dabei bist. Einverstanden, Harry?«

»Najaaa«, sagte Harry gedehnt, »meinetwegen. Normalerweise machen wir das unter vier Augen. Aber wir gehören ja alle zur Familie, würde ich sagen.«

»Eben«, sagte Monty. »Deshalb hab ich dich auch zu mir eingeladen.«

»Angenehmere Atmosphäre«, sagte Harry.

»Nimm dir was zum Knabbern«, forderte ihn Debra auf. Sie saß auf dem Sessel am hinteren Ende des Couchtischs. Von da hatte sie es näher zur Küche, wenn eine weitere Flasche oder sonstwas benötigt wurde.

Harry nahm sich ein paar Nüsse, stopfte sie in den Mund, kaute. Trank einen Schluck Wein.

»Hervorragender Wein«, sagte er.

»Trink nur«, sagte Monty. »Wir haben noch reichlich.«

»Harry trinkt ganz gern was«, sagte Debra. »Ich meine, außerhalb der Saison.«

»Na ja, jetzt haben wir nicht mehr Saison«, sagte Harry. »Und genau genommen war die letzte eigentlich gar keine.«

»Ja«, sagte Monty, »vierzehn verlorene Spiele, das war ziemlich schlecht. Und direkt nach einer gewonnenen Meisterschaft.«

Harry trank sein Glas aus. »Von wegen schlecht, es war beschissen.« Er warf Debra einen Blick zu. »Entschuldige den Ausdruck...«

Monty goß ihm nach. Harry sah in sein Glas. Monty trank seines aus.

Debra trank nichts. Sie zündete sich eine Zigarette an und beobachtete Harry von der Seite.

Nach einer Weile sagte Monty: »Macht es dir Sorgen, daß du hier in einem schwarzen Viertel bist, Harry?«

»Ich hoffe, meine Räder sind noch dran, wenn ich rauskomme.«

»Hast du in der Einfahrt geparkt? Da passiert deinem Auto nichts.«

»Du müßtest nicht in dieser Gegend wohnen, Monty.«

»Ich wohne gern in meinem alten Viertel, bei meinen Brüdern. Und eines Tages werde ich mein Geld vielleicht noch brauchen.«

»Ja, kann gut sein.«

Es wurde wieder still. Sie tranken aus, und Monty machte die Gläser wieder voll.

»Ich sollte vielleicht lieber gehn«, meinte Debra.

»Nein, bleib nur da. In Ordnung, Harry?«

»Das liegt bei dir.«

»Ja, allerdings. Debra, holst du uns bitte noch eine Flasche?«

Debra stand auf und ging in die Küche.

»Hör zu, Harry, wenn du was Unangenehmes zu sagen hast, dann rück damit raus.«

»Nichts Unangenehmes, ich will nur ein paar Details klären.«

»Es gibt keine Details zu klären. Mein Vertrag gilt noch zwei Jahre, er garantiert mir 800 000 im Jahr, *und* daß gegen meinen Willen kein Transfer läuft.«

»Ich bring es auf 90 000 im Jahr. Ich komm mir vor wie eine Schildkröte, die gegen einen Elefanten antritt.«

»Kannst mir ja die Zehen abbeißen.«

»Ja, von wegen. Wo ist eigentlich Feldstein? Warum ist dein Agent nicht da?«

»Ich brauch ihn nicht. Noch nicht. Ich will mir erst mal anhören, was du zu sagen hast.«

»Menschenskind, Monty, ich bin nicht zu einem Plausch hergekommen. Ich will zu einer Verständigung kommen.«

»Ich hab eh das letzte Wort. Zu einer Verständigung können wir auch ohne Feldstein kommen. *Falls* mir zusagt, was du zu bieten hast.«

Debra brachte die neue Flasche. Monty zog den Korken raus.

»Danke, Debra«, sagte Harry. »Hast du was dagegen, wenn ich eine Zigarre rauche?«

»Nein, nur zu.«

Debra hatte für sich ein Glas mitgebracht. Sie schob es Monty hin.

»Schenk mir bitte auch ein. Ich komm mir vor wie bei einer Konferenz über Atomwaffen. Einer Gipfelkonferenz.«

»Geht mir auch so, verdammt noch mal«, sagte Monty. Er füllte die drei Gläser.

»Also, wo waren wir?«

Harry brannte seine Zigarre an und machte einen Lungenzug. Er trug einen grauen Anzug mit schwarzen Nadelstreifen. Hauchdünnen Nadelstreifen. Schwarze, hochglanzpolierte Schuhe. Ein Hemd in Pink mit einer schwarzen Krawatte. Das Hemd in Pink hatte grüne Pünktchen.

»Monty, weißt du deine Trefferquote von der letzten Saison?«

»Na ja, so genau hab ich sie nicht im Kopf.«

»Es waren genau neunzehn Prozent.«

»Ich hab mir im Juni den Knöchel verstaucht...«

»Seivers sagt, du hast zu weit von der Platte gestanden und zu weit vorne. Sie haben dich mit Kurvenbällen fertiggemacht, ein ums andere Mal. Er sagt, er konnte dich nicht dazu bringen, deine Position zu korrigieren.«

»So? Was hat denn Seivers je geschlagen?«

»Man muß als Schlagmann kein As gewesen sein, um ein guter Coach zu sein.«

»Blödsinn!«

Debra leerte ihr Glas. Sie griff nach der Flasche und goß es sich wieder voll.

»Monty hatte neunzehn Home-runs«, sagte sie. »Das war sehr viel für den Klub.«

»Es waren zwölf weniger als letztes Jahr.«

»Es war trotzdem viel für den Klub«, sagte Debra.

»Nicht für einen Spieler, der 800 000 Dollar kriegt. Nicht mit siebendundsechzig Ribbies.«

Es wurde wieder still. Sie beschäftigten sich mit ihren Drinks. Harry paffte seine Zigarre. Debra wedelte ein oder zwei Rauchwolken mit der Hand weg und ließ es dann sein. Harry trank sein Glas aus und machte mit einer Kopfbewegung darauf aufmerksam. »Was dagegen, wenn ich noch eins trinke?«

Monty machte ihm das Glas voll. »Bitteschön, Bleichgesicht. Alles, was du willst.«

»Wie soll ich denn das jetzt verstehen?«

»Was meinst du, Harry?«

»Ich meine, daß du mir auf die beschissene Tour kommst.«

»Beschissen, Mann?«

»Ja, beschissen.«

Ein lastendes Schweigen trat ein.

Debra holte eine weitere Flasche. Monty zog den Korken heraus.

»Mein Vertrag garantiert mir 800 000 auf zwei Jahre, und daß kein Transfer läuft. Das ist alles, was ich wissen muß.«

Er schenkte reihum ein.

Harry nahm sein Glas und trank einen Schluck. Als er es hinstellen wollte, fiel ihm ein Bild an der gegenüberliegenden Wand auf, und seine Hand mit dem Glas verharrte auf halber Höhe. Während er mit der linken Hand seine Zigarre im Aschenbecher ausdrückte, sagte er: »Sag mal, das ist gut... das Bild da... was ist das, ein Wasserfall? Gefällt mir...«

Dann führte er sein Glas wieder zum Mund und trank es aus.

»Das ist von Debra«, sagte Monty. »Sie malt.«

Harry sah Debra an.

»Gott, das ist gut. Wirklich wahr.«

»Danke.«

»Ähm, ich würde gern noch eine Zigarre rauchen. Darf ich, Debra?«

»Hast du deshalb den Schlenker mit dem Bild angebracht? Um mich gnädig zu stimmen?«

»Aber nein, Debra.«

»Na gut. Ich werds überleben.«

»Danke.«

Harry pellte die Zellophanhülle von einer Zigarre und biß das eine Ende ab.

»Ich stell mich immer ganz vorne an die Markierung«, sagte Monty. »Ich bin dem Werfer gern so nah wie möglich. Das ist einfach so meine Art.«

»Die Bedingungen ändern sich«, sagte Harry, während er seine Zigarre anrauchte. »Du bist jetzt fünfunddreißig, Monty. Du hast ein bißchen nachgelassen. Du mußt deine Position korrigieren. Du brauchst diesen extra Sekundenbruchteil.«

»Blödsinn.«

»Neunzehn Prozent, Monty. Das sagt alles.«

»Mußt du darauf rumreiten? Du wirst langsam monoton.«

»Ja, und dazu noch dieser stinkende Qualm«, sagte Debra.

»Es geht hier ums Geschäft, Debra. Nichts ist so monoton, wie wenn einer weniger als zwei von zehn Bällen trifft und dafür 800 000 Dollar kassiert.«

Monty leerte sein Glas.

»Harry, du trittst mir auf die Zehen. Du machst mir zuviel Druck.«

»Wie meinst du das?«

»Ich hatte einfach ne schwache Saison. Jeder hat mal eine schwache Saison.«

»Monty, du bist fünfunddreißig. Wenn du mit fünfunddreißig so eine Saison hast, kommen Zweifel auf…«

»Ach, leck mich doch, Harry«, sagte Monty.

»Warum mußt du meinen Mann dauernd schlechtmachen?« fragte Debra.

»Ich finde eher, daß er mich schlechtmacht. Vielleicht sollte ich lieber gehen.«

»Nein, bleib«, sagte Monty. »Laß uns das ausdiskutieren. Du bist hergekommen, weil du mir was zu sagen hast. Jetzt will ichs auch hören.«

»Das ist alles so widerwärtig«, sagte Harry. »Ich mag es nicht. Ich mag nicht mal meinen Job.«

»Auf was willst du raus?« fragte Monty.

»Gib mir bitte noch ein Glas.«

Monty schenkte nach.

Harry sah Debra an.

»Dein Bild gefällt mir wirklich. Das hat nichts mit irgendwas anderem zu tun.«

Er nahm sein Glas, trank es halb aus und stellte es wieder hin.

Dann sah er Monty an.

»Ich schätze, ich bin nichts als ein Laufbursche für

die vom Vorstand. Ich soll dir was von ihnen ausrichten...«

»Ich weiß nur eins«, sagte Monty. »Daß mir die nächsten zwei Jahre 800000 Dollar pro Jahr zustehen, so oder so. Feldstein weiß es, Debra weiß es, und du weißt es. Das ist alles.«

»Na ja, nicht ganz.«

»Nicht ganz? Wo liegt denn das Problem?«

»Das Problem sind deine neunzehn Prozent von der letzten Saison.«

»Wenn du mir noch *ein*mal mit dieser Zahl kommst, hau ich dir ein paar rein.«

»Ich schreib mirs hinter die Ohren.«

»Tu das.«

»Ich hasse diesen Job. Wirklich.«

»Uns interessiert nicht, was du haßt. Deine Einstellung kennen wir inzwischen«, sagte Monty.

»Können wir diesen Rassenkram nicht aus dem Spiel lassen?«

»Er war schon immer im Spiel. Warum sollte jetzt damit Schluß sein?«

»Vielleicht hast du recht.«

Monty goß wieder nach. Harry drückte seine Zigarre aus.

»Keine Zigarren mehr«, sagte Debra.

»Is gut.«

Harry trank einen Schluck.

»Also?« sagte Monty.

»Oh, Mann«, seufzte Harry. »Also, es ist so – wenn du nächstes Jahr für uns spielst, dann nicht als Stammspieler. Das ist beschlossene Sache. Du wirst gegen linkshändige Werfer aufgestellt oder als Ersatzmann. Tut mir leid, aber die Trainer sagen unter anderem, daß du's gegen Rechtshänder nicht mehr bringst.«

»Ach ja?« sagte Monty.

»So haben sie's mir gesagt.«

Monty lachte.

»Scheiße, die brauchen mich überhaupt nicht aufzustellen. Solange ich in voller Montur antrete, kriege ich meine 800 000.«

»Da hast du recht.«

»Das können sie mir nicht vermasseln.«

»Nein.«

»Also. Ist das alles, was du zu sagen hast?«

»Na ja... nein.«

»Gut, dann laß auch noch den Rest hören. Raus damit.«

»Ja, raus damit«, sagte Debra.

»Also gut«, sagte Harry, »es ist so: Wir haben einen möglichen Tausch mit Oakland abgesprochen. Falls du mitmachst.

»Oakland?« fragte Monty.

»Oakland?« fragte Debra.

»Ihr wollt mich aus der Nicht-Transfer-Klausel rauskaufen?« fragte Monty. »Was bietet ihr?«

»Nichts.«

»Nichts? Vergiß es!«

»Herrgott, jetzt warte doch mal«, sagte Harry. »Schenk mir noch was ein, okay?«

Monty schenkte ihm nach. Harry starrte in sein Glas.

»Und servier uns keinen Scheiß wegen meiner Malerei«, sagte Debra.

Harry sah Monty an. »Na schön, hör zu...«

»Yeah, ich höre.«

»Also, sieh mal, bei Oakland wärst du Stammspieler, verstehst du. Du machst jedes Spiel mit, und durch den regelmäßigen Einsatz kommst du vielleicht wieder in Form. Das ist deine Chance.«

»Hmmm...«, sagte Monty. »Was würde der Klub im Tausch für mich kriegen?«

»Zwei Nachwuchsspieler, die später benannt werden können.«

»Was? Mehr bin ich dem Klub nicht wert?«

»Nein, es ist bloß so, daß sie dein Gehalt loswerden wollen, um ganz ehrlich zu sein.«

Monty griff nach seinem Glas. Er sah Harry in die Augen.

»Was denkst du, was ich wert bin?«

»Was meinst du damit?«

»Du weißt, was ich meine.«

»Yeah«, sagte Debra.

»Tja, so was gehört nicht zu meinem Job. Wie gesagt, ich bin nur ein Laufbursche.«

»Aber angenommen, du hättest es zu entscheiden?« sagte Monty.

»Ja, was dann?« fragte Debra. »Was würdest du sagen?«

»Du meinst, was das Jahresgehalt angeht?«

»Ja«, sagte Monty.

»Ach Gott, ich weiß nicht...«

»Mach 'n Versuch.«

Harry überlegte eine Weile. Ernsthaft.

Dann sagte er: »Na ja, 200000.«

»200000?« fragte Monty.

»Ja, so in der Preislage.«

»Schaff deinen weißen Arsch aus meinem Haus!«

»Was?«

»Und zwar sofort!«

»Eh dir was passiert«, ergänzte Debra.

Harry stand auf.

»Okay, ich gehe...«

»Und laß dir nicht Zeit damit«, sagte Monty. »Wenn ich sage *raus hier*, dann meine ich *gleich!*«

Harry ging zur Tür. Monty und Debra folgten ihm auf den Fersen. Er machte die Tür auf und hinter sich zu und stand draußen. Die beiden waren im Haus geblieben. Sein Wagen stand noch in der Einfahrt. Er stieg ein, ließ den Motor an und setzte rückwärts raus. Er fuhr los und bog nach links zum Freeway ab.

Ich hätte besser mit Feldstein reden sollen, dachte er. Das hat man davon, wenn man es mit den Spielern direkt versucht. Einen dicken schwarzen Schwanz im Arsch. Das ist alles, was man davon hat.

Der Mond stand über dem Horizont, als er auf den Freeway kam und sich in den Verkehr einfädelte. Er lenkte mit einer Hand und wickelte mit der anderen eine Zigarre aus. Er biß das Ende ab, steckte sie in den Mund und hielt den Anzünder daran. Was für ein verschwendeter Abend. Und das Schlimmste daran war, daß er Baseball nicht ausstehen konnte. Ein Affenzirkus, ein Fest des Flachsinns. Er gab Gas und fuhr dem Mond entgegen.

Marty drückte auf die Klingel und wartete, und die Tür ging auf und ein massiver Kerl ließ ihn rein und er folgte dem massiven Kerl einen Flur hinunter und am Ende des Flurs war wieder eine Tür und der massive Kerl machte sie auf und Marty ging rein und da saß Kasemeyer hinter dem Schreibtisch, und Kasemeyer sagte: »Hock dich hin.« Marty setzte sich auf einen Stuhl vor dem Schreibtisch, und der massive Kerl schloß die Tür und zog sich zurück, aber nicht sehr weit. Kasemeyer sah nicht nach viel aus, aber er war alles (falls irgend etwas beanspruchen konnte, »alles« zu sein) – nicht nur in dieser Stadt, sondern in vielen Städten und sogar in ein paar Ländern.

»Marty«, sagte Kasemeyer, »wie lange arbeitest du jetzt schon als Auftragskiller?«

»Sehr lange, Sir, und ich bin noch nie erwischt worden. Ich habe immer einen Dummen gefunden, der dafür reinrasselt.«

»Wen hast du alles erledigt?«

»Sie wissen es so gut wie ich, Sir: Die beiden Kennedys, Martin Luther King und noch viele andere.«

»Hast du nicht auch Huey Long umgenietet?«

»So alt bin ich noch nicht, Sir. Das war ein Hit von meinem Vater.«

»Du kommst aus einer Mordsfamilie, Marty.«

»Danke, Sir.«

»Zigarre?«

»Nein danke, ich rauche nicht.«

Kasemeyer warf eine Zigarre. Sie traf Marty an der Brust und fiel zu Boden.

»Heb sie auf. Wickel sie aus. Zünd sie an. Rauch sie. Ich will sehn, wie du sie rauchst.«

Marty hob die Zigarre auf, pellte sie aus der Zellophanhülle, biß das eine Ende ab und steckte sie in den Mund.

»Ich hab kein Feuer, Sir.«

Kasemeyer drückte auf einen Knopf an seinem Schreibtisch. Die Tür ging auf, und der massige Kerl kam herein.

»Percy«, sagte Kasemeyer, »gib dem Mann Zunder.«

»Ihm oder seiner Zigarre, Mr. Kasemeyer?«

»Im Moment nur seiner Zigarre.«

Während Percy den Auftrag ausführte, nahm Kasemeyer selbst eine Zigarre und präparierte sie.

»So, Fettsack, jetzt komm her und zünd mir meine an.«

»Ja, Mr. Kasemeyer.«

Percy ging um den Schreibtisch herum und gab Kasemeyer Feuer.

»Danke, Fettsack. Bleib in der Nähe.«

»Ja, Mr. Kasemeyer.«

Kasemeyer lehnte sich zurück, machte einen tiefen Zug an seiner Zigarre und exhalierte mit einem »Ah...!«

Dann sah er Marty an. »Schmeckt dir die Zigarre?«

»Ja, Mr. Kasemeyer.«

»Aha. Und jetzt möchte ich, daß du sie dir mit dem glühenden Ende an die linke Handfläche hältst.«

»Was?«

»Du hast gehört, was ich gesagt hab. Tu es!«

Marty starrte ihn an.

»Mr. Kasemeyer, ich bitte Sie!«

»Du hast fünfzehn Sekunden. Entweder du versengst dir die Hand, oder du verlierst die Hand. Oder den Arm. Oder mehr...«

Marty saß wie erstarrt, während Kasemeyer einen Zug machte und eine edle Qualmwolke von sich blies.

»Fünf Sekunden.«

Marty hielt die Zigarre an seine linke Handfläche und kniff die Augen zusammen.

»*Ojemine!*« schrie er.

»Ruhe! Jetzt drück das Scheißding aus!«

Marty drückte. In seiner Verzweiflung biß er sich auf die Unterlippe.

»So, jetzt kannst du weiterrauchen.«

Marty steckte die Zigarre wieder in den Mund. Sie zitterte zwischen seinen Lippen.

»Mach ihm die Zigarre wieder an, Percy. Ich glaube, sie ist ausgegangen...«

Percy tat, wie ihm geheißen war. Dann nahm er wieder Aufstellung an der Tür.

Kasemeyer schaute zu ihm hin.

»Wann hast du Geburtstag, Fettsack?«

»Am neunten Januar, Sir.«

»Erinner mich, daß ich dir ein totes Huhn schicke.«

»Danke, Sir.«

Kasemeyers Blick wanderte wieder zu Marty, der kraftlos an seiner Zigarre paffte und verstohlen seine linke Hand betrachtete.

»Du Arschgeige! Du hast den falschen Mann umgelegt!«

»*Was?*«

»Wir wollten, daß du Henry Muñoz erledigst.«

»Hab ich doch.«

»Du hast den Falschen erwischt!«

»Aber Sir... die Fotos, seine Eigenheiten und wie er angezogen war – es hat alles gepaßt. Er hat im Restaurant an seinem üblichen Tisch gesessen, zur gewohnten Zeit und am gewohnten Abend. Er hat sich sogar dasselbe bestellt wie immer – sein Lieblingsgericht und seinen Lieblingswein.«

»Du hast es zu *eilig* gehabt, Arschloch! Du hast dem falschen Mann die Kuddeln rausgepustet! Das war nicht der richtige Hit! Ein Wunder, daß du nicht den Oberkellner abserviert hast!«

»Ich entschuldige mich, Sir. Bitte geben Sie mir noch eine Chance.«

»Warum sind alle so verdammt unfähig, Marty?«

»Ich weiß nicht, Sir. Ich bin sicher, daß ich noch nie den falschen Mann erwischt habe.«

»Weißt du«, sagte Kasemeyer, »ich geh in ein Lokal und

bestell mir ein gut durchgebratenes Steak, und weißt du, was ich kriege?«

»Nein, Sir.«

»Ich krieg es *halb* durch!«

»Sie sollten es zurückgehen lassen, Sir.«

»Ich tu was Besseres. Ich kauf das Lokal und schmeiß den Koch raus.«

»Ich würde nie den Oberkellner abschießen, Sir.«

»Ich will mir ein Nummernschild geben lassen, auf dem DEATH stehn soll, und sie schreiben mir, daß ich es nicht haben kann. Warum sind alle so verdammt inkompetent?!«

»Ich weiß nicht, Sir.«

Kasemeyer schaute zur Tür.

»Fettsack, warum sind die Leute so inkompetent?«

»Ich weiß nicht, Sir.«

»An manchen Tagen kommt es mir vor, als wär ich allein auf der Welt. An andern Tagen bin ich mir *sicher.*«

Es wurde still. Kasemeyer nuckelte an seiner Zigarre und blies Rauchwolken an die Decke.

»Mr. Kasemeyer«, unterbrach Marty das Schweigen, »geben Sie mir noch einen Versuch. Dieses Mal erwische ich Henry Muñoz garantiert.«

»Ach ja?«

»Sie brauchen es nur zu sagen, Sir.«

»Na gut, meinetwegen. Jetzt steh mal auf.«

Marty stand auf.

»So, und jetzt *tret dich in den Arsch!*«

»Was? Wie denn?«

»Laß dir was einfallen. Du hast fünfzehn Sekunden.«

Marty stand da und versuchte es mit dem linken Bein, aber er brachte es nicht bis zum Hintern hoch. Er versuchte es mit dem rechten. Ging auch nicht. Er versuchte es weiter, abwechselnd mit links und rechts, und sein Blick wurde gehetzt und verängstigt, während er ergebnislos versuchte, sich in den Hintern zu treten. Kasemeyer fing an zu lachen. Er lachte und lachte, warf schließlich seine

Zigarre weg und hielt sich den Bauch. Dann brach das Lachen jäh ab.

»Okay, das reicht.«

Er sah Percy an.

»Tret du ihn in den Arsch, Fettsack! Kick ihn durch die Tür und den Flur runter und raus auf die Straße!«

»Bitte, Mr. Kasemeyer! Ich erledige Muñoz! Ich baller ihm das Hirn durch die Eier!«

Kasemeyer nickte Percy zu.

Der erste Tritt landete. Percy folgte Marty durch die Tür und trieb ihn mit Fußtritten den Flur hinunter und auf die Straße. Als er wieder hereinkam, zündete sich Kasemeyer gerade eine frische Zigarre an. Percy blieb abwartend stehen.

»Mr. Kasemeyer, er hätte nicht den falschen Mann abknallen sollen.«

Kasemeyer inhalierte und blies eine Rauchwolke.

»Ach, Quatsch, Fettsack, er hat den Richtigen erledigt.«

»Sie meinen, er hat Muñoz erwischt?«

»Hat ihm die Kuddeln glatt aus dem Arsch gepustet. Erstklassiger Job.«

»Ja, warum haben Sie dann...«

»Frag mich nie *warum*, Fettsack!«

Percy kämpfte mit den Tränen.

Kasemeyer entging es nicht.

»Schon gut, schon gut, werd nicht weinerlich! Ich verrate es dir: Ich bin den Kerl einfach leid! Außerdem weiß er zuviel. Hat schließlich lang genug für mich gearbeitet. Wer sagt mir, daß ihn nicht jemand zum Reden bringt?«

»Ja. Ja, da haben Sie recht. Was machen Sie jetzt?«

»Der Killer ist zum Abschuß freigegeben. Wird heute nacht erledigt. Das ist seine letzte Nacht auf Erden.«

»Sie sind ihn also leid geworden, Boß, hm?«

»Ja, das kann man sagen.«

»Boß, werden Sie mich vielleicht auch mal leid?«

»Percy, ich muß mich über dich wundern! Werden Katzen je die Jagd auf Vögel leid?«

»Nein.«

»Werden Fische je das Wasser leid?«

»Nein, Mr. Kasemeyer.«

»Na also. Du kannst gehn.«

Percy verließ das Büro und ging leise den Flur hinunter zu seinem Posten an der Haustür. Er ging so leise, wie es seine 125 Kilo erlaubten.

Kasemeyer wartete einen Augenblick, dann nahm er den Telefonhörer ab und drückte auf einen Knopf.

»Bevins? Paß auf, wir müssen Percy ausradieren. *Warum?* Frag mich nie *warum*, Bevins! Ja, also gut, verdammt noch mal: Er weiß zuviel. Ist dir jetzt wohler? Gut. Und sorg dafür, daß es innerhalb der nächsten zwölf Stunden geschieht.«

Kasemeyer legte auf.

Es erforderte allerhand, sich ganz oben zu halten. Kein Mensch hatte davon eine richtige Vorstellung. Das Stehvermögen, die Schachzüge, die Finessen.

Er nahm den Hörer wieder ab und drückte auf einen anderen Knopf.

»Pia? Bring zwei Flaschen Weißwein runter. In einem Sektkübel. Ich bin in Stimmung für 'n Blowjob. Und ich will, daß du was Durchsichtiges trägst, das in der Wäscheschleuder in Fetzen gegangen ist. Und mach dir ne wüste Frisur. Und beeil dich!«

Er legte auf und lehnte sich zurück.

Da fiel ihm die fette Fliege auf, die durch den Raum surrte. Er griff in die Schublade, nahm die 45er heraus, entsicherte sie und legte auf das verdammte Vieh an.

Sie gaben eine Pressekonferenz im Klubhaus der Groundhogs. Die Fotografen knipsten, und der Eigner hatte den
Arm um die Schultern des neuen Managers. Nur, daß es
kein neuer war. Clint Stockmeyer hatte Larry Nelson
schon zweimal verpflichtet und wieder entlassen. Stockmeyer war in jeder Beziehung ein großer Mann – großer
Brustkasten, dicker Bauch, dickes Bankkonto. Larry
knickte unter seinem Gewicht fast ein, doch er rang sich
ein Lächeln ab. Es war ein schwaches Lächeln im Vergleich
zu Stockmeyers breitem Grinsen.

»Wie lange wird er sich halten?« fragte einer der Reporter.

»Also, wir haben Larry als Beweis unseres Vertrauens
einen Zweijahresvertrag gegeben«, sagte Stockmeyer.
»Für uns ist er der beste Manager der Liga.«

»Wenn er so gut ist, warum haben Sie ihn dann zweimal
geschaßt?«

Einige lachten. Selbst Larry Nelson lachte ein wenig, als
er sich unter Stockmeyers Arm wegduckte.

»Na ja, die Emotionen gingen eben jedesmal hoch«,
sagte Stockmeyer. »Wir sind beide dickköpfig, wie Sie
wissen, und es gab Dinge, über die wir uns einfach nicht einigen konnten….«

»Er hat seine Finger zu oft in den Brei gesteckt«, sagte
Nelson.

Stockmeyer lächelte und legte Larry wieder den Arm
um die Schultern. »Larry hat recht. In dieser Saison wird
Larry das alleinige Sagen haben. Egal, welche neun Spieler
er aufstellen will – so wird es gemacht. Spielerverkäufe und
alle sonstigen Veränderungen in der Mannschaft sind allein seine Sache.«

»Mr. Stockmeyer, ich habe den Eindruck, Sie besorgen
hier das Reden ganz allein. Was hat denn Larry zu sagen?«

Larry befreite sich wieder von Stockmeyers Arm und machte einen kleinen Schritt nach vorn.

»Also, ich bin glücklich, wieder bei den Groundhogs zu sein. Das hier ist meine Lieblingsstadt. Ich stelle Pexa auf Third Base, und Cerritos übernimmt für ihn als Shortstop. Bowers wird Ausputzer, und dem Nachwuchstalent Jack Lakewood gebe ich eine echte Chance als Centerfielder. Ich denke auch noch an weitere Umstellungen...«

»Meinen Sie, Sie werden mit Mr. Stockmeyer auskommen?«

»Warum nicht? Ich glaube, wir haben beide aus der Vergangenheit gelernt.«

»Genau«, sagte Stockmeyer. Er trat vor und legte Larry erneut den Arm um die Schultern. Die Blitzlichter zuckten, und die Pressekonferenz war vorüber. Als der letzte Reporter gegangen war, wandte sich Stockmeyer an Nelson.

»Herrgott, Larry, du hast dir aber nicht viel Freude anmerken lassen.«

»Was willst du? Hätt ich einen kleinen Steptanz hinlegen sollen?«

»Das nicht, aber du hättest mehr Enthusiasmus zeigen können. Die Jays haben dich schließlich ziehen lassen. Du hast auf der Straße gelegen. Ich hab dir eine neue Chance gegeben.«

Verärgert rammte sich Stockmeyer eine Zigarre in den Mund und zündete sie an.

»Und was soll der Scheiß von wegen Pexa auf Third?«

»Pexa bringt es nicht nach rechts. Auf Third Base ist das kein Problem.«

»Was soll das heißen, er bringt es nicht nach rechts?«

»Ich meine es so, wie ich es sage.«

»Ach komm, gehn wir auf einen Drink ins Blue Mule...«

Sie nahmen ein Taxi. Das Blue Mule war eine teure Bar, und zu dieser Nachmittagsstunde waren noch nicht viele

167

Gäste da. Sie setzten sich in eine Nische im hinteren Teil des Lokals. Die Bardame kam hüftwackelnd an den Tisch.

»Hi, Larry«, sagte sie, »wieder da?«

Stockmeyer bestellte sich einen Whiskey Sour, Larry entschied sich für einen Wodka-Tonic mit Limone.

»Was meinte sie mit ›wieder da‹?« fragte Stockmeyer.

»Wer weiß schon, was Frauen meinen«, gab Larry zurück.

»Du kannst dir in dieser Saison keine Kneipenschlägereien leisten«, sagte Stockmeyer. »Es ist schlecht fürs Spiel und schlecht für unser Image.«

»Was soll ich machen, wenn sich ein Linkmichel mit mir anlegt?«

»Denk dir was aus. Ständig haust du jemand die Faust ins Gesicht. Das ist nicht smart.«

»Ich will mir nur nichts gefallen lassen.«

»Das will niemand. Benutz deinen verdammten Grips. Geh ihnen aus dem Weg, tu es mit einem Lachen ab oder mach sie verbal fertig.«

»Manche lassen aber nicht locker. Die verstehn nur eine Sprache.«

»Das liegt an dir. Du bringst sie auf neunzig, Larry. Ich hab dich schon erlebt.«

»Das ist nicht wahr.«

»Doch.«

»Komm, Stockmeyer, verschon mich ne Weile, ja?«

Die Drinks kamen. Sie sahen der hüftwackelnden Bardame nach.

»Vielleicht nehm ich die als Shortstop«, meinte Larry. »Die hat Erfahrung mit so runden harten Dingern.«

»Vielleicht auch mit deinen?«

»Das geht nur mich was an.«

Larry kippte seinen Wodka und signalisierte der Bardame, daß er noch einen wollte.

»Was anderes«, sagte Stockmeyer, »– wenn du dahinterkommst, daß sich einer Koks reinzieht, will ich, daß er auf die Ersatzbank kommt und dann abgeschoben wird. Ich will ihn raushaben.«

»Und wenn er vierunddreißig Prozent schlägt?«

»Mir ganz egal. Meinetwegen kann er vierundsechzig Prozent schlagen. Ich will ihn raushaben. Ich will bei den Groundhogs keine Kokser haben. Es ist schlecht fürs Spiel.«

»Was ist mit denen, die saufen?«

»Die sind nicht so schlimm.«

»So? Schon mal versucht, in verkatertem Zustand einen Screwball zu treffen?«

Larry bekam seinen Drink.

»Danke, Süße...«

Die Bardame entfernte sich wieder hüftwackelnd und baute noch einen Extraschlenker ein, ehe sie hinter der Bar verschwand. Stockmeyer trank einen Schluck aus seinem Glas und stellte es wieder hin.

»Warum soll Bowers als Ausputzer ein Spiel aus dem Feuer reißen? Er hatte nur siebzehn Homeruns. Belanski hatte zweiunddreißig.«

»Homeruns sind nicht das ganze Spiel. Bowers hat die Ribbies, und er macht auch Treffer, wenn wir Läufer an den Bases haben. Was ist los, Stockmeyer, ich dachte, die Entscheidungen auf dem Platz überläßt du mir?«

»Ja, ja, tu ich auch. Ich will nur deine Gründe kennen. Ich stelle schließlich die gottverdammten Schecks aus, wie du weißt.«

»Ich weiß, daß du die gottverdammten Schecks ausstellst. Warum beschränkst du dich nicht darauf?«

Stockmeyer trank sein Glas aus und gab der Bardame ein Zeichen. Larry Nelson deutete auf sein leeres Glas, aber der Barkeeper hatte es schon gesehen.

»Weißt du, Larry«, sagte Stockmeyer, »wenn du was trinkst, wirst du sofort unangenehm.«

»Ach ja? Und was ist mit dem Abend, als du den Taxifahrer k.o. geschlagen hast?«

»Der hat angefangen.«

»Mit was denn?«

»Er hat mir gesagt, er würde lieber Scheiße fressen, als die Groundhogs spielen zu sehen.«

»Ist doch witzig.«

»So? *Du* warst damals Manager!«

»Ah, da kommt Tanya.«

»Wer?«

»Die Bardame.«

Tanya brachte die Drinks und stellte sie ihnen hin. Larry packte sie und zog sie auf seinen Schoß herunter.

»Komm, Baby, wir laufen zusammen weg.«

»Hast du auch Geld?«

»Ich hab einen dicken Zweijahresvertrag.«

»Vielleicht wär ich besser dran mit dem Typ, der dir den Vertrag gegeben hat?«

Larry schubste sie. »Launisches Weib. Ich dachte, bei uns zweien ist es Liebe.«

Tanya stand auf und nahm ihr Tablett.

»Denken solltest du dir verkneifen, Larry. Das ist nicht grade deine Stärke.«

Sie wackelte davon.

»Sag mal, Nelson, kennst du sie gut?«

»Wir kennen uns.«

Stockmeyer griff nach seinem Drink.

»Paß auf, also mit Pexa auf Third bin ich einverstanden, aber Bowers als Ausputzer, das seh ich nicht.«

»Du hast gesagt, ich hab freie Hand.«

»Du kostest uns Einnahmen.«

»Tu ich nicht.«

»Steigst du mit der Kleinen hier ins Bett?«

»Schon möglich. Was dagegen?«

»Nein. Kannst du mich mit ihr verkuppeln?«

»Macht Bowers den Ausputzer?«

»Okay.«

»Ich werd sehn, was ich tun kann.«

Sie schwiegen eine Weile. Dann fragte Stockmeyer: »Wer sind deine ersten vier?«

»Ellison, Carpenter, Mullhall und Harding.«

»Das ist doch Scheiße.«

»Nein, dabei bleibts.«

»Wer schlägt lang?«

»Pelling.«

»Pelling? Das ist gut. Und in der kurzen Position?«

»Spinelli.«

»*Spinelli?* Heiliger Strohsack!«

»Du hast gesagt, ich hab freie Hand.«

Sie bestellten eine weitere Runde. Es ging auf den Abend zu, und das Lokal begann sich zu füllen. Von Tanya war öfter ein schrilles Lachen zu hören. Männer kamen herein und setzten sich erschöpft auf die Barhocker, halb kirre von dem, was der Arbeitstag ihnen angetan hatte. Sie waren auf der Suche nach etwas anderem, aber es gab nichts anderes. Nun ja, es gab Tanya. Manche hatten eine Frau zu Hause. Deshalb waren sie hier in der Bar. Und manche Ehefrauen waren in anderen Bars.

Stockmeyer und Nelson sahen sich die Männer an der Bar an.

»Trauriger Haufen«, sagte Nelson.

»Yeah«, sagte Stockmeyer.

Einige Gäste hatten das Interesse an Tanya verloren und sahen sich jetzt um.

»Ich glaube, mich hat einer erkannt«, sagte Larry.

»Na ja, du bist ein bekannter Mensch.«

»Verdammt!«

»Was ist denn?«

»Hast du das gesehn? Der Typ hat mir den Finger gezeigt!«

»Ich hab nichts gesehn.«

»Das laß ich mir nicht bieten! Den mach ich fertig!«

Larry war schon halb aufgestanden, als Stockmeyer über den Tisch griff und ihn grob wieder nach unten drückte. *»Bleib sitzen!«*

»Scheiße, was machst du denn?«

»Keine Schlägereien!«

»Na und? Deshalb brauchst du nicht grob zu werden!«

»Es ist in deinem eigenen Interesse!«

»Du hast es gesehn! Er hat mir den Finger gezeigt!«

»Ist doch schon vorbei. Schau, er redet jetzt mit Tanya.«

Das stimmte. Der Mann unterhielt sich mit Tanya. Sie lächelte ihn an und ging ihm um den Bart, als würde er lauter charmante und einfallsreiche Dinge sagen.

»Die Nutte hat ein Hirn, das ist so winzig, daß es sogar auf einem Röntgenbild nicht zu sehen wäre«, sagte Larry.

»Aber was für einen Hintern!« sagte Stockmeyer.

»Das ist wahr.«

»Ich finde, wir brauchen noch einen Outfielder, der Linkshänder ist und auch als Schlagmann was taugt«, sagte Stockmeyer.

»Finde ich auch. Besorg mir einen. Einen unter fünfunddreißig, ja?«

»Ich werde sehn...«

Larry trank sein Glas aus und stellte es hin.

»Schau doch! Der Drecksack zeigt mir wieder den Finger!«

»Ignorier es. Du bist eine Figur des öffentlichen Interesses.«

»Von wegen ignorieren! Den nehm ich mir vor!«

Larry kam halb hoch. Stockmeyer schmetterte ihn auf seinen Sitz zurück.

Larry starrte ihn an.

»Mach das nicht noch mal, Dicker.«

»Es ist in deinem eigenen Interesse.«

»Um meine Interessen kümmer ich mich selber. Da, schau! Er tut es schon wieder!«

Larry sprang auf. Stockmeyer sprang auf, um ihn wieder niederzuzwingen, doch Larry knallte ihm eine Rechte ans Kinn. Stockmeyer sackte zusammen, kippte nach links, fiel aus der Nische und landete auf dem Gesicht. Tanya stieß einen Schrei aus. Stockmeyer rappelte sich auf die Knie hoch, rückte seine Krawatte gerade und sah zu Larry Nelson hoch.

»Okay, du Mistkerl! Du bist entlassen!«

»Was juckt mich das, Dicker? Ich hab einen Vertrag auf zwei Jahre.«

»Du kriegst dein Gehalt, Arschloch, aber meinen Klub wirst du nicht managen!«

Stockmeyer stand auf.

»Außerdem verklag ich dich wegen Tätlichkeit und Körperverletzung! Du hörst von meinem Anwalt!«

»Wenn du ein Mann wärst, würdest du zurückschlagen!«

»Bullshit!«

Stockmeyer ging mit soviel Würde, wie ihm möglich war, zum Ausgang und verschwand. Larry sah sich nach dem Kerl um, der ihm den Finger gezeigt hatte. Der war auch verschwunden.

Am nächsten Morgen um halb elf klingelte das Telefon. Tanya griff aus dem Bett zum Hörer.

»Yeah?«

Sie rüttelte Larry Nelson wach. Er wälzte sich herum und setzte sich auf.

»Was ist?«

Sie zog ihm das Laken weg und ließ ihm den Hörer auf die Weichteile fallen. Er griff nach unten und nahm den Hörer.

»Hallo? Ach, Stockmeyer... Wie hast du mich gefunden? Was? Ja, verstehe. Na schön, meinetwegen, aber denk dran: Das Sagen hab *ich*, ja? Also gut. Alles klar. Wiederhören.«

Larry beugte sich über Tanya und ließ den Hörer auf die Gabel fallen.

»Was wollte er?« fragte sie.

»Daß ich zurückkomme.«

»Gehst du zurück?«

»Ja. Ich brauch den Job.«

Larry stand auf, ging ins Badezimmer und pißte. Er wusch sich die Hände und das Gesicht und fuhr sich mit den nassen Fingern durchs Haar. Er kam zurück ins Schlafzimmer. Nackt, wie er war, blieb er mitten im Raum stehen.

»Mensch«, sagte Tanya, »letzte Nacht warst du aber echt lausig.«

»Komm, vergiß es«, sagte er. »Haben wir noch Koks da?«

»Nein, nichts. Du hast ne Nase wie 'n Elefant.«

»Scheiße«, sagte Larry.

Er griff zwischen seine Schenkel und kratzte sich am Sack.

Der Sieger

Sie waren in der sechsten Runde, und Tony Musso deckte
Bobby Barker mit harten Körpertreffern ein. Bobby hatte
dicke rote Striemen an beiden Seiten. Jedesmal, wenn er
wieder einen Schlag einsteckte, konnte man sehen, daß er
aus dem Ring wollte, aber er wußte nicht, wie. Er *ließ* sich
machen – ich sah es einmal in Philly, als Red Dog Jensen
genug hatte: Er stieg einfach durch die Seile und verschwand.

Jeder Schlag, der Bobby traf, tat mir selbst weh. Musso
war ein Stier, ein Sadist. Sein Hirn hatte die Größe eines
Golfballs, aber er konnte *schlagen*. Musso würde nie
Champion werden, aber eine Menge Jungs dazu bringen,
die Handschuhe an den Nagel zu hängen. Bobby hatte zuviel Angst um sein Gesicht. Er zog es vor, zu tänzeln, mit
der Linken zu stochern und für die Girls auf den Ringplätzen gut auszusehen. Ab und zu startete er einen kleinen
Angriff, seine Schläge kamen schnell und punktgenau,
aber es steckte nichts dahinter. Zwischen den Fights versuchten wir ihn fernzuhalten von den Girls, den Parties
und dem Koks, aber er büchste oft aus. Schade drum. Er
war in vieler Hinsicht ein netter Junge.

Bobby bekam einen harten linken Haken auf die Rippen
und grinste. Dann der Gong.

Wir stellten den Hocker in die Ringecke, er setzte sich
drauf, und wir nahmen ihm den Mundschutz heraus, rie-
ben ihn mit dem Schwamm ab, hielten ihm die Wasserflasche an den Mund, damit er spülen und ausspucken
konnte, und wir drückten ihm die Eispackung auf den
Nacken. Dann maulte er, noch ehe ich was sagen konnte:
»Leck mich... ich weiß schon: schlagen und wegduk-
ken... schlagen und wegducken... reingehn, Kombina-
tion schlagen, auf Distanz gehn. Leck mich.«

»Red nicht«, sagte ich. »Hör mir zu. Du brauchst nicht

noch mehr einzustecken. Wenn er dir das nächste Mal auf die Rippen schlägt, geh zu Boden und laß dich auszählen.«

»Verdammt, was bist du denn für 'n Manager?« fragte Bobby.

»Ich will dir bloß das Leben retten. Du hast gegen Musso keine Chance. Paß auf, wir gehn nach Mexico City und fangen noch mal neu an.«

»Blödsinn. Ich box keine Mexikaner. Das sind Killer.«

Der Warnsummer ertönte. Buzzard, unser Betreuer, schob ihm den Mundschutz rein. Wir nahmen Hocker und Eimer aus der Ecke, der Gong scheppterte, und Musso ging auf Bobby los. Bobby stoppte ihn mit einer linken Geraden und wich seitwärts aus. Bobby hatte sieben Siege in Folge, aber er war noch nie gegen einen wie Musso angetreten. Musso stand mit 22-7-1 im Buch und hatte gegen die Besten geboxt. Bobby hatte nichts als Sechs-Runden-Kämpfe gewonnen. Heute ging es zum erstenmal über zehn, und der Kampf wurde landesweit im Fernsehen übertragen. Pretty Boy Bobby gegen Tony Musso, den italienischen Stier. Ich hatte Bobby zu schnell nach oben gebracht. Es würde eine nette Börse sein, aber wahrscheinlich seine letzte gute. Nun ja, ich hatte noch einen Jungen, den ich trainierte, Rickey Munson, der begeisterte sich fürs Boxen, lief keinen Weibern nach und wollte nur fernsehen. Von dem versprach ich mir einiges.

Es war heiß in der Halle. Ich trank einen Schluck oder zwei aus der Wasserflasche. Es war genug für mich und Bobby drin.

»Bobby kommt gegen Musso nicht an«, sagte Buzzard.

»Tja, da können wir nichts machen«, sagte ich.

In diesem Augenblick bekam Bobby einen mächtigen linken Haken auf die Rippen. Man konnte es in der ganzen Arena hören. Bobby grinste, knickte ein bißchen ein, schob einen schwachen linken Jab raus und ging zurück. Musso setzte nach.

Boxen ist nicht immer ein angenehmer Beruf, aber angenehme Berufe sind ja auch ziemlich rar. Rechtsanwalt, zum Beispiel. Gutes Einkommen, aber was für ein Haufen Schleim. Und Zahnarzt? In den Mündern der Leute siehts noch schlimmer aus als in ihren Ärschen. Automechaniker? Zerschrammte Hände, Schmiere, die nie mehr ganz abgeht, und man muß überhöhte Rechnungen ausstellen, nur um über die Runden zu kommen. Außerdem sind die Leute komplette Arschlöcher, wenn es um ihre Autos geht. Zoowärter? Den ganzen Tag mit dem Wasserschlauch die Käfige säubern, und dann kommen sie einem auch noch mit Fragen wie: »Tun Giraffen auch mal schlafen?« Nein, angenehme Berufe gibts nicht viele, aber Boxen kann häßlich werden. Ein Kampf kann sehr einseitig werden, bevor er gestoppt wird. Solange man ab und zu noch zurückschlägt, lassen sie weitermachen, selbst wenn man keine Chance hat. Und die Fans? Die wollen, daß einer von den beiden draufgeht. Das ist es, was sie wirklich sehen wollen.

Ich hörte einen Aufschrei und schaute hoch. Bobby war zu Boden gegangen. Der Ringrichter drängte Musso in die neutrale Ecke und begann zu zählen.

»Steh auf, Bobby!« kreischte eine Puppe in der ersten Reihe. Was wußte die schon. In der Sonne liegen und sich bräunen lassen, das war die größte Anstrengung, die sie sich je zugemutet hatte. Sie sah nach Nutte aus. Tja, *das* war ein Beruf. Das einzige Problem war, daß er nicht lange hielt. Da mußte man schnell punkten und in die vollen gehen.

Bobby, dieser Idiot, stand bei »acht« auf. Der Ringrichter wischte ihm die Handschuhe ab und schaute ihm in die Augen. Bobby nickte, und der Ringrichter gab den Kampf wieder frei. Musso griff an, und Bobby duckte sich unter einer mörderischen Rechten weg, als der Gong kam.

Wir hatten den Hocker schon dastehen. Buzzard nahm ihm den Mundschutz raus. Ich hielt ihm den Hosenbund ab und quetschte ihm Wasser rein. Dann hielt ich ihm die Flasche an den Mund.

»Du Armleuchter«, sagte ich, »warum bist du aufgestanden?«

»Ich werd ihn schlagen, Harry«, sagte er.

»Bobby, das ist kein ›Rocky‹-Film. Das läuft nicht so. Das sind blöde Phantasien. Dir muß es jetzt darum gehn, daß du lebend hier rauskommst. Wahrscheinlich hast du schon ein paar gebrochene Rippen. Wenn du das nächste Mal zu Boden gehst, *bleib unten!* Den Fans bist du doch scheißegal. Du mußt dich um dich selber kümmern!«

»Mensch, Harry, wenn du mein Manager sein willst, dann solltest du mir sagen, wie ich den Kerl schlagen kann! Harry, du bist ne elende Niete von einem Manager!«

»Ich versuch dir das Leben zu retten, Bobby. Dafür solltest du mir dankbar sein. Ich behandle dich nicht wie 'n Klumpen Fleisch.«

Der Summer ertönte, und wir räumten die Ringecke. Dann kam der Gong.

»Harry«, sagte Buzzard, »es war richtig, was du ihm gesagt hast.«

Runde acht. Musso stürmte aus seiner Ecke. Tja, den Kerl hätte ich gern in meinem Stall gehabt. Dauerhaft und doof. Wohnte sogar bei seiner Mutter und spendete einen Teil seiner Börse einem katholischen Waisenhaus. Frauen? Gott, nee. Frauen waren für ihn etwas, das man heiratete. Er trank nicht, er rauchte nicht. Drogen waren etwas, wovon er in der Zeitung las. Gegner zusammenkloppen, das war alles, was er machte. Es war eine Freude, ihn in Aktion zu sehen...

Aber mir fiel auf, daß er langsam wurde. Vor jeder Attacke schien er zu zögern. Trotzdem sah er noch gut aus. Verglichen mit Bobby, der all diese roten Striemen an den Rippen hatte und keine der sieben Runden für sich verbuchen konnte. Bobby warf einer der Puppen auf den Ringplätzen eine Kußhand zu. Sie kreischte wie eine Sopranistin, die sich einen halben Liter Brandy reingeschüttet hat.

Bobby hielt sich den Gegner mit Jabs vom Leib. Dann

verpaßte er ihm aus kurzer Distanz drei Linke und zwei Rechte an Kopf und Körper. Er tänzelte außer Reichweite und legte einen kleinen Shuffle ein. Musso griff an. Bobby feuerte seine erste rechte Gerade in diesem Kampf ab. Musso bekam sie genau auf die Nase. Er war so überrascht, daß er stehenblieb und blinzelte. Blut lief ihm aus den Nasenlöchern. Er wischte es mit dem Handschuh weg, und Bobby erwischte ihn im Nachsetzen mit einem Uppercut. Die wenigsten Boxer verwenden den Uppercut, obwohl an dem Schlag nichts auszusetzen ist. Der hier kam von ganz unten und hatte allerhand dahinter. Musso ging ein paar Schritte zurück. Bobby setzte nach und schlug eine Rechts-links-Kombination zum Kinn. Musso blieb stehen und versuchte die Deckung oben zu behalten. Er stand da und starrte Bobby an.

Dann griff Bobby tief in die Kiste und holte die Power heraus, die ihm den ganzen Abend gefehlt hatte. Er setzte dem Gegner mit rechten und linken Haken zu und schien mit jedem Schlag stärker zu werden. Musso fiel rückwärts gegen die Seile. Bobby verharrte, als wollte er das Ziel genau ins Visier nehmen. Mit einer linken Geraden stellte er sich Musso zurecht. Dann feuerte er die Rechte ab. Musso, das grelle Licht der Ringlampen in den Augen, stand noch einen Augenblick, dann kippte er vornüber aufs Gesicht und blieb liegen. Die Kleine in der ersten Reihe schrie. Alle schrien. Na ja, ich nicht. Ich sprang auf und kletterte in den Ring, packte Bobby, drückte ihn an mich, hob ihn hoch. Dann gab ich ihn an Buzzard weiter, und der hob ihn auch hoch. Unser Boy war auf dem besten Weg zu einem Titelkampf.

Musso war noch bewußtlos. Sie hatten ihn auf den Rücken gedreht. Ein Zittern durchlief ihn, während er da auf der Matte lag, über der die verqualmte Luft waberte. Es war ein verdammt großer Abend geworden.

Schließlich bekamen sie Musso auf die Beine, führten ihn in seine Ecke und setzten ihn auf den Hocker. Er wußte immer noch nicht, wo er war.

Bobby rannte um den Ring und war völlig aus dem Häuschen. Er blieb stehen, beugte sich über das Seil und schrie etwas zu der Kleinen in der ersten Reihe hinunter. Ich ging hin und packte ihn.

»Laß sie. Die haben alle Herpes.«

»Sieht mir gut genug aus, daß man dafür sterben könnte.«

»Nichts ist soviel wert.«

Ich zerrte ihn weg, rüttelte ihn ein bißchen und sagte: »Geh zu Musso in die Ecke und gib ihm einen kleinen Klaps, damit man sieht, daß ein Sieger weiß, was sich gehört.«

»Von wegen! Ich hasse den Drecksack! Er hat versucht, mich zu killen!«

»Er hats nur für seine Mutter getan. Also geh jetzt hin und gib ihm 'n Klaps, damit man sieht, daß du Anstand hast.«

Bobby ging zu Musso in die Ecke und klatschte ihm den Handschuh zwischen die Augen. Das Blut, das aufgehört hatte, lief Musso wieder aus der Nase. Bobby tanzte zurück in die Ringmitte.

Der Ansager kam in den Ring, und das Mikrofon wurde heruntergelassen.

»*Ladies und Gentlemen! Nach einer Minute und neun Sekunden in der achten Runde, Sieger durch K. O. – Pretty Boy Bobby Barker!*«

Das Gebrüll war unbeschreiblich. Bobby machte seinen patentierten Rückwärtssalto und landete auf den Füßen. Er war wirklich high. Ich fragte mich immer noch, ob er nicht ein paar angebrochene Rippen hatte.

»*Ladies und Gentlemen, es folgt noch ein weiterer Kampf!*«

Buzzard und ich bugsierten Bobby aus dem Ring, und der Fernsehmensch fing uns ab. Es war Henry Chamberlain. Von Boxen keinen Schimmer. Außerdem hingen ihm links und rechts die Backen herunter. Wie er zu diesem Job gekommen war, ist mir ein Rätsel. Aber in jeder Branche gibt es Nieten, die es schaffen, ganz nach oben zu kommen.

Er hielt meinem Jungen das Mikro unter die Nase.

»Bobby«, sagte er, »das war ein tolles Comeback! Ich hatte gedacht, Sie wären erledigt! Wie haben Sie den Kampf noch aus dem Feuer gerissen?«

»Na ja«, sagte Bobby, »ich…«

Ich nahm das Mikrofon.

»Wir hatten es so geplant. Wir wollten, daß Musso sich verausgabt. Die meisten Schläge gingen bei Bobby auf die Handschuhe und die Ellenbogen. Außerdem haben wir damit gerechnet, daß Musso sein Alter zu schaffen macht. Er ist ein *großer* Boxer, aber er hat zu viele harte Kämpfe absolviert. Die Jugend wird sich am Ende durchsetzen. Die Jugend und eine solide Kampftaktik *haben* sich durchgesetzt.«

Chamberlain nahm mir das Mikrofon weg.

»Was kommt als nächstes, Bobby?« fragte er.

»Na ja, mir wär Hammering Hanson recht.«

»Nein«, sagte ich. »Hanson ist 13-3-0. Ein Klub-Fighter. Uns wäre Slick Pettis recht.«

»Aber der ist unter den ersten zehn!«

»Sie haben gehört, was ich gesagt hab, Chamberlain.«

»Was ist, Bobby«, sagte er und hielt meinem Jungen wieder das Mikro unter die Nase, »möchtest du noch etwas sagen?«

»Klar. Ich widme diesen Kampf all den wunderschönen Girls, die sich meine Fights aus der ersten Reihe ansehen. Und dann möchte ich noch meine ganzen Kumpels grüßen, meine Freunde in Riverside, Kalifornien…«

Chamberlain zog das Mikro zurück.

»Danke, Bobby.«

Wir bugsierten Bobby den Gang runter zur Kabine. Er schaute immer wieder über die Schulter nach hinten, als wollte er noch mehr. Er würde auch noch mehr kriegen. Keine Frage. Buzzard schirmte ihn auf der einen Seite ab und ich auf der anderen.

Ich fühlte mich gut. Wir fühlten uns alle gut. Amerika war ein großartiges Land, wenn man auf der Siegerstraße war.

Während wir uns der Kabine näherten, fühlte ich mich schon richtig reich, und ich kann Ihnen sagen, wenn Sie anfangen, sich reich zu fühlen, gehn Sie ein bißchen anders, Sie reden ein bißchen anders, und sogar die Finger an Ihren Händen fühlen sich ein bißchen anders an.

Ich jedenfalls fühlte mich so, und ich sagte zu dem Jungen: »Bobby, wir gehn aufs Ganze.« Und Bobby lächelte mir zu.

Buzzard stieß die Tür auf, machte eine ausholende Armbewegung, und wir gingen rein.

Harry machte den Arm lang und knipste die Nachttisch-
lampe aus. Wieder ein vertaner Abend. Nichts zu lesen,
nichts im Fernsehen, wie üblich. Es war eine halbe Stunde
nach Mitternacht. Wenigstens hatte er sich nicht betrunken. Vielleicht hätte er es tun sollen, um das Gefühl haben
zu können, daß er mit seiner Zeit etwas angefangen hatte.
Doch manche Abende verschwendete man einfach. Und
manche Tage, manche Wochen, manche Jahre. Es hatte
Zeiten gegeben, die schwer durchzustehen waren, doch er
hatte überlebt, und manche mochten ihn sogar für erfolgreich halten. Geld bedeutete ihm allerdings wenig. Er hatte
kein Verlangen nach Besitz, teurem Plunder oder Reisen.
Seine Ruhe zu haben und von Ärger verschont zu bleiben,
das waren Dinge, die er sich wünschte. Ärger hatte er in
seinem Leben schon mehr als genug gehabt. Manchmal,
wenn er zurückschaute, fand er es erstaunlich, daß er noch
am Leben war. Doch ganz sicher gab es viele, denen es so
erging.
   Na gut. Schlafen war immer eine seiner liebsten Zu-
fluchten gewesen. Der Schlaf heilt Wunden und gleicht
vieles wieder aus. Harry hatte einen guten Schlaf. Man
konnte fast sagen, daß er wild entschlossen war, gut zu
schlafen.
   Ehe er die Augen schloß, nahm er noch wahr, daß draußen Vollmond war. Er atmete gleichmäßig. Ein Mann
brauchte eigentlich nicht viel. Nur ein bißchen innere
Ruhe und Ausgeglichenheit. Er war fast eingeschlafen, als
das Telefon klingelte. Er drehte sich auf die Seite und nahm
den Hörer ab. Es war Diana.
   »Ich hab einen Platten! Mein Gott, ich weiß nicht, was ich
machen soll! Ich hab einen Platten! Ich war unterwegs zum
Seven-Eleven und wollte ein paar Dosen Katzenfutter kaufen, und jetzt hab ich einen gottverdammten Platten!«

»Hör mal«, sagte Harry, »du bist doch Mitglied im Automobilklub. Ruf dort an, und sie schicken jemand, der dir den Reifen wechselt.«

»Ich habs ja versucht, ich habs ja versucht!« schrie sie. »Dauernd ist besetzt, oder es heißt ›Bitte warten‹! Und wenn man endlich durchkommt, dauert es Stunden, bis jemand kommt! Ich ängstige mich zu Tode! Eben sind ein paar Halbstarke in nem Auto vorbeigefahren, und sie haben zu mir rausgebrüllt! Vielleicht werd ich vergewaltigt!«

»Paß auf«, sagte Harry, »ruf einfach den Automobilklub noch mal an. Ich hatte immer Glück mit ihnen. Länger als zehn oder fünfzehn Minuten hat es nie gedauert. In der Zwischenzeit zieh ich mich an und komm rüber.«

»Ich *kann* sie nicht noch mal anrufen! Mein Kleingeld ist alle! Das hier ist der letzte Anruf, den ich machen kann! Begreifst du denn gar nichts? Ist dir nicht klar, was mir passieren kann?!«

Sie zeterte und fluchte. Bei der ersten Gelegenheit sagte Harry: »Hör mal, ich sagte doch, daß ich komme. Das wird schon wieder. Beruhige dich bitte.«

»Aber du weißt doch nicht, wo ich bin! Wie willst du mich denn finden, du Arschloch!«

»Sag mir, wo du bist.«

»Aber du hast doch keinen Orientierungssinn! Du verfährst dich andauernd! Wie willst du mich da finden?!«

»Ich finde dich schon. Sag mir, wo du bist.«

»Ich bin in der Ocean Street!«

»Ich weiß, wo das ist. Da ist deine Wohnung.«

»Du Arschloch, ich bin nicht in der Nähe von meiner Wohnung, ich bin ganz woanders in der Ocean Street!«

»Was ist die nächste Querstraße?«

»Sepulveda! Weißt du, wo Sepulveda ist?«

»Natürlich.«

»Du Arschloch! Du wohnst schon seit Jahren in dieser Gegend und hast wahrscheinlich keinen blassen Schimmer, wo Sepulveda ist!«

»Ich werd schon hinkommen. Sepulveda und Ocean. Ich finde dich.«

»Aber du weißt nicht, an welcher Ecke ich stehe!«

»Keine Sorge. Ich werde ja dein Auto sehen.«

»Sag mir mal genau, wie du fahren willst! Wie zum Teufel willst du hierher kommen?!«

»Ich fahre auf der Western zum Pacific Coast Highway, dann links ab, dann rechts entweder in die Crenshaw oder Hawthorne, und die fahr ich lang bis Sepulveda, links ab und runter bis zur Ocean Street.«

»Weißt du, wo Lomita ist?«

»Die Straße oder die Stadt?«

»Die *Straße*, du Arschloch!«

»Ich dachte, du bist Ecke Sepulveda und Ocean?«

»Bin ich ja! Aber Lomita ist die erste Straße vor dem Sepulveda Boulevard! Weißt du denn gar nichts?! Du bist garantiert das größte Arschloch, das mir je übern Weg gelaufen ist!«

Einen Augenblick war Harry danach, einfach aufzulegen. Statt dessen sagte er: »Also schön, ich komme hin, aber wenn ich dir aus diesem Schlamassel geholfen habe, will ich dich nie mehr sehen. Hast du verstanden? Schluß, aus!«

Vom anderen Ende kam ein langgezogener Schrei. Dann:

»Nein, nein, nein! Ich bring mich um! Gleich hier und jetzt!«

Dies ging in einen weiteren Schrei über. Als sie damit fertig war, begann sie zu schluchzen, und Harry sagte: »Schon gut, ich hab es nicht so gemeint. Tut mir leid. Ich bin gleich da. Muß mich nur noch anziehen.«

Diana war plötzlich wie umgewandelt. »Ja, gut, weißt du auch genau, wo ich bin?«

»Ja, ich werde dich schon finden. Jetzt beruhige dich mal. Wir kriegen das schon hin.«

»Oh, du *Arschloch!*«

»Was ist denn jetzt noch?«

»Du und deine gottverdammte Gelassenheit! Du gibst dich so überlegen! Ich hasse dich!«

»Hör zu, Diana, ich bin gleich da. Ich leg jetzt auf. Ich bin unterwegs.«

Harry hob seine Unterhose vom Boden auf und stieg rein. Er zog seine Hose an und schlüpfte ohne Socken in die Schuhe. Er ging zum Kühlschrank, nahm sich eine Flasche Bier, machte den Kronenkorken ab und trank sie aus. Es ging ihm runter, als wäre es nur ein Fingerhut voll. Dann ging er ins Klo und zwang sich zum Pinkeln, damit er es nicht auf dem Sepulveda Boulevard tun mußte. Er ging nach draußen, stieg ins Auto und fuhr los.

Auf der Western Avenue sah er sich die Leute in ihren Autos an. Sie wirkten ganz vernünftig. Es war alles sehr seltsam. Fast jede Frau, mit der er gegangen war, hatte mal im Irrenhaus gesessen, oder es gab klinischen Wahnsinn in der Familie. Brüder im Knast, Schwestern, die Selbstmord verübten. Harry zog diesen Typ an. Selbst in der Schule hatten sich die Bekloppten und Verkorksten an ihn gehängt. Es war sein Fluch. Aber er hatte nicht die Lösung dafür. Er hatte nur das Problem. Und Diana war ein Extremfall. So oft sie krank wurde, glaubte sie, sie würde sterben. Sie schrie und zeterte. »Menschenskind«, hatte er einmal zu ihr gesagt, »ich *war* mal am Abkratzen, aber ich hab nicht so ein Trara darum gemacht. Mehr als sterben kann man ja nicht.« Doch damit war er auf taube Ohren gestoßen.

Endlich war er auf dem Sepulveda Boulevard. Was für eine Erleichterung. Manchmal brachte ihn Diana fast soweit, daß er sich selbst für ein Arschloch hielt. Er fuhr und hielt Ausschau nach der Ocean Street. Dann sah er ihren Wagen. Den Fiat, den er ihr gekauft hatte. Schiefergrau. Diana mochte diese Farbe. Er fuhr an den Straßenrand und hielt hinter dem Fiat. In dem Wagen rührte sich nichts. Er stieg aus und ging nach vorn. Diana saß hinter dem Lenkrad und starrte geradeaus. Harry klopfte an das Seitenfenster. Diana kurbelte es herunter.

»Okay«, sagte Harry, »ich ruf jetzt den Automobilklub an. Bin gleich wieder da.«

»Du läßt mich hier nicht allein! Ich geh mit!«

Mit einem Satz war sie aus dem Wagen und stand auf der Straße. Die Haare hingen ihr in die Augen. Ihre Hände wirkten seltsam schlaff und verdreht.

»Nein, warte! Wir rufen nicht an! Die brauchen Stunden! Wir können es auch selber machen!«

Sie rannte hinter ihren Wagen, öffnete den Kofferraum und kam zurück mit einem winzigen Wagenheber und einem Kreuzschlüssel, der ungefähr die Größe eines gewöhnlichen Dosenöffners hatte. Harry versuchte es mit dem Kreuzschlüssel, obwohl er im voraus wußte, daß es sinnlos war. Die Schrauben saßen zu fest. Wahrscheinlich waren sie mit einem elektrischen Schraubendreher angezogen worden. Er holte seinen eigenen Kreuzschlüssel und versuchte, ihn anzusetzen. Er paßte nicht.

»Wir müssen doch den Klub anrufen«, sagte er.

»Verdammt, warum müssen sie so blöde Schraubenschlüssel machen? Warum sind alle so beschissen blöd?«

»Komm, versuchen wirs mit einer Telefonzelle.«

Als sie den Sepulveda Boulevard überqueren wollten, kam ein altes Auto mit vier jungen Kerlen vorbei. Sie schwenkten Bierdosen und grölten. Diana hatte es sich also doch nicht eingebildet. Harry hoffte, daß die vier noch einmal zurückkamen, damit er ihnen die Köpfe aneinanderschlagen konnte. Aber sie kamen nicht wieder. Heute nacht hatte er kein Glück.

Er bekam eine Telefonistin des Automobilklubs an die Strippe. Er las ihr von Dianas Klubkarte die Mitgliedsnummer vor und sagte ihr, was los war und wo der Wagen stand.

»Ist die Dame da?« wurde er gefragt.

»Sie ist hier, aber ich rufe für sie an.«

»Ich kann sie hören«, sagte die Telefonistin. »Würden Sie mich mit ihr sprechen lassen?«

Diana fluchte aus dem Hintergrund dazwischen und schrie Instruktionen.

»Muß das sein?« fragte Harry die Telefonistin.

»Ja, ich möchte mit der Dame selbst sprechen...«

Harry gab Diana den Hörer. Ach, Scheiße, dachte er, jetzt werden sie nie kommen. Wir sind erledigt.

»Er hat Ihnen doch gesagt, wo wir sind! Verdammt noch mal, wie oft müssen wirs Ihnen denn noch sagen! Nein, ich weiß die Hausnummer nicht! Hier sind keine Hausnummern! Es ist eine gottverlassene Gegend! Wo ich jetzt bin? Ich bin vor einem Thrifty Drugstore in einer Telefonzelle! Nein, ich weiß nicht die Nummer von dem Thrifty Drugstore! Ihr Fahrer kann es auch so finden! Thrifty Drugs! Nein, ich bleibe nicht hier! Es ist zu kalt! Ich warte im Wagen!«

Diana ließ den Hörer los, und er baumelte an der Strippe herunter. Harry nahm den Hörer und wollte die Dame vom Automobilklub besänftigen, aber die Leitung war tot.

»Diese schwarze Fotze!« schrie Diana.

»Komm«, sagte Harry, »gehn wir zurück zum Wagen.«

Sie gingen über die Straße zurück, und Harry setzte Diana in ihr Auto. Er stellte sich auf den Bordstein, zündete sich eine Zigarette an und wartete auf einen Abschleppwagen, der vielleicht nie kommen würde. Die Telefonistin brauchte nur beleidigt zu sein und die Meldung nicht weiterzugeben. Harry hoffte, daß sie ein gutes Herz hatte. Er hätte alles darum gegeben, jetzt mit einem Bier vor seinem Fernseher zu sitzen und sich eine Wiederholung von ›The Honeymooners‹ anzusehen. Wenn sich ein Mann doch nur in irgendeine Stadt in Kanada verziehen könnte, so daß man nie mehr etwas von ihm sah oder hörte. Aber so einfach war es nie. Man ließ sich mit jemand ein und ging daran zugrunde.

Harry zündete sich die nächste Zigarette an und ging auf und ab. Dann sah er zu seiner größten Überraschung einen Abschleppwagen des Automobilklubs. Was für ein erhebender Anblick! Wenn es einen Beweis für die Existenz

Gottes gab, dann war es das Erscheinen eines Abschleppwagens mitten in der Nacht. Harry hüpfte auf und ab und
wedelte mit den Armen. Der Bursche sah ihn und fuhr an
den Straßenrand. Er stieg aus und näherte sich dem Fiat.
Diana sprang heraus.

»Wir konnten das Rad nicht abkriegen mit diesem blöden Schraubenschlüssel! Warum werden derart blödsin-
nige Dinger überhaupt gemacht?!«

Der Mann ging nicht darauf ein. Statt dessen sagte er:
»Sie haben *zwei* platte Reifen.«

»Ach, das ist mir gar nicht aufgefallen«, sagte Diana.
»Ich bin an diese verfluchte Verkehrsinsel geschrammt
und hab gemerkt, daß ein Reifen platzt. Ich hab nichts davon gemerkt, daß es zwei waren.«

Mein Gott, dachte Harry, dieser Alptraum nimmt kein
Ende.

»Tja, ich weiß nicht, was ich da machen kann«, sagte der
Mann vom Automobilklub.

»Machen Sie einfach mal den Ersatzreifen dran«, sagte
Harry. »Vielleicht fällt mir noch was ein. Besser ein platter
Reifen als zwei.«

Jetzt fand Diana ihre Wagenschlüssel nicht mehr und
steigerte sich in einen weiteren hysterischen Anfall hinein.
Dann fand sie die Schlüssel – in ihrer Handtasche.

Der Mann hievte den Ersatzreifen aus dem Kofferraum
und sagte: »Da ist keine Luft drin. Jemand hat vergessen,
den Reifendruck zu kontrollieren.«

Er holte eine Preßluftflasche und pumpte den Reifen
auf. Die Luft ging wieder raus.

»Der Reifen hat ein Loch«, sagte er.

Diana blieb ausnahmsweise stumm.

Drei platte Reifen.

»Ach, Scheiße«, sagte Harry lachend, »wir jagen die
Scheißkarre einfach in die Luft und lassen sie hier.«

»Nein, warten Sie«, sagte der Mann. Er wandte sich an
Diana. »Wohnen Sie hier in der Nähe?«

»Ja, ungefähr ne Meile von hier.«

»Na ja, ich könnte den Wagen bis zu Ihnen abschleppen und ihn Ihnen dort hinstellen.«

»Können Sie das?« sagte Diana. »Damit wär mir geholfen.«

Nein, nein, nein, sagte sich Harry, bloß nicht einen endlosen Alptraum noch verlängern.

»Nein«, sagte er und überlegte rasch. »Vier oder fünf Blocks von hier ist ein Reifendienst. Bringen wir die Karre dorthin, dann können wirs am Morgen machen lassen.«

»Soll mir recht sein«, sagte der Fahrer des Abschleppwagens. »Ich weiß, wo es ist.«

»Shit«, sagte Harry, »dann mal los.«

Der Mann nahm den Fiat an den Haken, stellte ihn vor dem Reifendienst ab und verschwand.

»So«, sagte Harry, »jetzt schreiben wir zwei Zettel. Einen klemmen wir unter den Scheibenwischer, und den anderen schieben wir ihnen unter der Tür durch. Das können sie nicht übersehen.«

»Was soll ich schreiben?« fragte Diana.

»Sag ihnen, du brauchst Reifen, und daß wir im Lauf des Morgens vorbeikommen. Hinterlaß ihnen deine Telefonnummer und meine.«

Diana holte zwei Blatt Papier aus ihrem Wagen, legte sie aufs Dach des Fiat und begann zu schreiben. Es dauerte lange, bis sie fertig war. Sie gab Harry die beiden Blätter. Jede Mitteilung war achtzehn oder zwanzig Zeilen lang. Harry las sich nicht durch, was sie geschrieben hatte. Er klemmte das eine Blatt unter den Scheibenwischer und ging mit dem anderen zur Eingangstür des Reifendienstes.

»Was machst du denn?« schrie Diana. »Steck es ihnen durch den Briefschlitz!«

»Nein«, sagte Harry und schob es mit der beschrifteten Seite nach oben unter die Tür, damit sie es gleich sahen. Jede Möglichkeit eines Mißverständnisses mußte ausgeschlossen werden.

Harry fuhr Diana zu ihrer Wohnung. Er sagte ihr, er werde am Morgen wiederkommen und ihr neue Reifen aufziehen lassen, und alles werde wieder in Ordnung sein. Als er nach Hause kam, war es 4.35 Uhr. Nicht zu spät, um noch eine gute Flasche Wein zu entkorken. Er trank ein großes Glas, dann noch eins. Der Wein tat ihm gut, und das brauchte er auch. Natürlich war es feige, daß er versuchte, das Unbegreifliche zu vergessen. Aber es mußte sein.

Am Morgen rief er den Reifendienst an und sagte, er werde vorbeikommen, um neue Reifen für den Fiat zu kaufen.

»Ist gut«, sagte der Mann am anderen Ende. »Wir haben Ihre Zettel gesehen.«

Gegen zehn Uhr war er bei Diana. Ihre Wohnungstür stand offen. Anscheinend hatte sie ihn gehört, denn sie zeterte los:

»O mein Gott! Mein Gott, ich halt es nicht aus! Ich will nicht mehr leben!«

Er ging rein.

»Was ist denn, Diana?«

»Ich kann die Bude nicht in diesem Zustand lassen!«

»Wieso?«

»Siehst du denn nicht? Pisse und Kacke auf dem ganzen Boden! Das Klo ist verstopft!«

»Na, dann putzen wirs halt weg.«

»Das Klo ist verstopft, und ich hab keinen Stampfer! Und ich hab nichts, mit dem ich den Boden aufwischen kann! Ich kann hier nicht weg!«

Heute ist Samstag, dachte Harry. Wenn ich ihr Auto nicht repariert kriege, steht es bis Montag dort, und es gibt weitere Komplikationen.

»Ich besorg dir was«, sagte er.

»Wo gehst du denn hin? Wo gehst du hin?«

»Es dauert nicht lange«, sagte Harry.

Herrje, wo kriege ich jetzt Handtücher her? fragte er sich, während er durch die Straßen fuhr.

Er sah ein großes Kaufhaus, parkte und stieg aus. Sie öffneten gerade. Mit den Kunden, die schon gewartet hatten, ging er hinein. Er fand die Haushaltsabteilung, griff sich drei von den größten Handtüchern, die sie hatten, und bezahlte mit seiner VISA-Karte. Er war verkatert.

Er fragte die Verkäuferin, wo er einen Stampfer finden könne.

»Eisenwaren«, sagte sie. »Erster Gang links und zwei rüber.«

Harry ging zur Eisenwarenabteilung. Dort waren weder Stampfer noch Verkäufer zu sehen. Er ging weiter zur Abteilung Autozubehör. Der Verkäufer dort sah ihn kommen, drehte sich um und ging weg. Harry stellte ihn am Ende des Gangs.

»Sagen Sie mal, sind in der Haushaltsabteilung keine Verkäufer?«

»Nee, glaub nicht.«

»Habt ihr denn keine Stampfer in diesem Kaufhaus?«

»Die müßten bei den Eisenwaren sein.«

»Dort sind keine.«

»Dann sind sie uns ausgegangen.«

Harry verließ das Kaufhaus und fuhr weiter durch die Gegend. Schließlich entdeckte er einen Thrifty Drugstore. Er parkte und ging rein. Es war inzwischen heiß geworden, und in seinem verkaterten Zustand lief ihm erst recht der Schweiß herunter. Er sah einige Stampfer. Sie kosteten nur einen Dollar, waren dafür aber auch mickrig. Es war zum Verrücktwerden. Vielleicht komme ich damit erst mal hin, bis ich was Besseres finde, dachte er. Er erstand einen kleinen Stampfer und fuhr zurück zu Diana.

»Hier«, sagte er. »Ein paar Handtücher und ein Stampfer.«

»Ach Menschenskind, mit dem Stampfer kann ich doch nichts anfangen! Oh, ich möchte am liebsten tot sein!«

Sie schrie anhaltend. Als sie fertig war, sagte Harry:

»Bin gleich wieder da.«

»Wo gehst du denn *hin?!*«

»Gleich wieder da.«

»Oh, dieser Schlamassel! Was mach ich nur?«

»Gleich wieder da.«

Harry warf sich in sein Auto und fuhr wieder los. Er entdeckte ein Haushaltswarengeschäft, parkte, ging rein – und fand den richtigen Stampfer. Einen wunderschönen schwarzen Gummistampfer. Er zahlte bar und trug ihn hinaus zum Wagen.

Als er wieder bei Diana war, sagte er: »Da schau – ein richtiger Stampfer!«

Diana griff danach.

»Warte, laß mich das machen«, schlug er vor.

Doch sie hatte ihm den Stampfer bereits entwunden und bearbeitete damit die Toilette. Sie schluchzte, und ringsum schwappte das Wasser heraus. Sie zog die Spülung und pumpte wieder mit dem Stampfer. Das dunkle Wasser stieg bis an den Rand der Kloschüssel. O Gott, dachte Harry. Dann, im letzten Augenblick, lief das Wasser gurgelnd ab, und der Abfluß war wieder frei.

»Na bitte«, sagte Harry, »das hätten wir geschafft!«

»Ich kann hier nicht weg!« schrie Diana. »Ich kann den Boden nicht aufwischen! Ich weiß mir nicht zu helfen! Was mach ich bloß?!«

»Du hast doch die Handtücher.«

»Die schönen Handtücher kann ich doch nicht zum Aufwischen nehmen!«

»Was brauchst du denn?«

»*Küchenkrepp!*«

»Gleich wieder da…«

Harry warf sich in sein Auto und fuhr noch einmal zu Thrifty Drugs. Er fand die Küchenkrepp-Rollen und nahm gleich mehrere Sorten. Er fuhr zurück zu Diana. Was kann sie jetzt noch wollen? dachte er.

»Herrgott, ich kann den Boden nicht aufwischen! Ich krieg den Boden nicht sauber!«

»Warum denn nicht?«

»Ich hab keinen Reiniger! Wie soll man ohne Reiniger den Boden aufwischen?«

»Ich dachte, du hättest vielleicht welchen.«

»Ich hab aber keinen!«

»Gleich wieder da...«

Sein Kater schien immer schlimmer zu werden. Er ließ sich auf den Fahrersitz plumpsen, zündete sich eine Zigarette an und mußte würgen. Er fuhr zurück zum Thrifty Drugs und besorgte drei verschiedene Sorten Haushaltsreiniger. Die Kassiererin war noch dieselbe wie vorher, doch sie erkannte ihn nicht. Oder vielleicht ließ sie es sich nicht anmerken, weil sie ihn für einen Irren hielt.

Er brachte Diana die drei Flaschen.

»Ich geh mir ne Zeitung holen«, sagte er.

Wieder ins Auto, wieder zu Thrifty Drugs. Der Zeitungsständer war gleich neben dem Eingang. Er nahm sich eine heraus.

Vor Dianas Wohnzimmerfenster stand ein Gartenstuhl auf dem Rasen. Er setzte sich und schlug die Zeitung auf. Sein Mund war staubtrocken, und er hatte ein flaues Gefühl im Magen. Er las die Titelseite, die Berichte aus aller Welt, den Sportteil.

Schließlich rief Diana zu ihm heraus: »Sobald ich geduscht habe, können wir los.«

»Is gut«, sagte er.

Der Fiat mit seinen platten Reifen stand noch da, und Harry ging ins Büro, um die Sache ins Rollen zu bringen. Drei neue Reifen und den mit dem wenigsten Profil als Ersatzreifen in den Kofferraum, vielen Dank.

Der Mann vom Reifendienst schien sehr verständnisvoll zu sein.

»Kommen Sie in einer Stunde wieder, dann ist Ihr Wagen fertig.«

Sie gingen runter zum *Sizzler* und bestellten sich das Hibachi-Huhn für zwei. Diana ließ sich noch einen Salat und einen Eistee bringen. Harry nahm einen Kaffee. Das Lokal war voll.

»Iß langsam«, sagte Harry. »Wir haben eine Stunde Zeit.«

Irgendwie gelang es ihnen, die Stunde herumzubringen. Harry trank mehr Kaffee, als er wollte. Er fühlte sich kotzelend.

Sie gingen zurück zum Reifendienst. Der Fiat stand noch an der gleichen Stelle. Mit platten Reifen.

Harry ging wieder hinein zu dem netten Angestellten.

»An dem Wagen ist noch nichts gemacht«, sagte er.

»Was?«

Der Mann kam hinter seinem Tresen hervor, machte die Tür auf und rief: »He, Eddie! Fahr mal den Fiat rein, ja?«

Er wandte sich zu Harry um. »Tut mir leid, Sir. Wir kümmern uns sofort darum.«

»Komm«, sagte Harry zu Diana, »wir warten in meinem Wagen.«

Sie gingen zum Wagen, setzten sich rein und warteten. Doch niemand holte den Fiat. Mehrere Männer in weißen Arbeitsanzügen standen herum. Manche tranken Kaffee, andere rauchten und unterhielten sich. Einer telefonierte.

Dann erschien plötzlich ein dicker Mensch, ebenfalls in weißer Kluft. Er stieg in den Fiat und ließ den Motor an.

»Was will denn der?« schrie Diana.

»Er fährt dein Auto da rüber zu den Reifenregalen«, sagte Harry.

»Aber er kann es doch so nicht fahren! Nicht mit platten Reifen! Er wird mir die Felgen ruinieren! Sag ihm, er soll das lassen!«

»Sind doch nur ein paar Meter. Das halten die Felgen schon aus.«

Der Dicke fuhr den Wagen langsam zu den Regalen hin.

»Er macht mir das Auto kaputt! Sag ihm, er soll aufhören!«

Harry senkte den Kopf und starrte auf die Fußmatte. Er wollte es dem Mann nicht sagen.

Als er wieder hochschaute, stand der Wagen bei den Regalen. Er sah, wie der Dicke ausstieg und fortging. Der Mann blieb fünf Minuten weg. Als er wiederkam, hatte er in der einen Hand eine Stulle und in der anderen einen großen Becher Cola. Er ging an dem Fiat vorbei und verschwand durch eine Seitentür.

Harry schickte sich an, die Fahrertür zu öffnen, um zurück ins Büro zu gehen und noch einmal mit dem Angestellten zu sprechen.

»Laß es lieber«, sagte Diana, »sonst werden sie vielleicht sauer.«

»Ja, da hast du vielleicht recht.«

Sie blieben sitzen. Nach zehn Minuten kam ein dünner Mann und rollte drei neue Reifen heran.

»Sag ihm, er soll nicht den elektrischen Schraubendreher nehmen, wenn er die Räder dranmacht«, sagte Diana.

Harry ging hin und sagte es dem Dünnen.

»In Ordnung«, sagte der Mann.

Harry ging zurück zum Wagen. Der Dünne wechselte einen Reifen, dann ging er weg.

O Gott, dachte Harry. Das muß der Tag sein, wo mich der Himmel prüft, ob ich bereit bin fürs Jenseits.

Der Dünne kam wieder. Er rauchte jetzt eine Zigarette. Kingsize.

»He, Monty!« rief er einem Kollegen zu. »Was machst du heut abend?«

»Wir gehn aus«, kam von irgendwoher die Antwort. »Zu viert. Ins Orion. Weißt du, wo das Orion ist?«

»Klar weiß ich, wo das Orion ist!«

Plötzlich kam Musik aus den Lautsprechern. Laute Musik. Eine Schlagersängerin. Den Text konnte man nicht verstehen. Die Musik blieb so laut, wie sie war. Der Schlager endete, und ein Mann fing an zu singen. Harry war jetzt wirklich nach Kotzen zumute.

Zwanzig Minuten Schlagermusik. Dann schrie ihnen der Dünne durch das Geplärre zu: »Okay! Fertig!«

Endlich, dachte Harry. Sieg! Wir haben durchgehalten.

Wir haben es geschafft. Wir haben alle Hindernisse überwunden.

Harry ging ins Büro und bezahlte die Rechnung. Er fühlte sich prächtig. Er flachste mit dem Angestellten herum. Er hätte ihn umarmen können. Alle Menschen waren Brüder. Die Welt war wieder schön. Er war frei.

Er ging zu Diana zurück.

»So, jetzt ist dein Auto wie neu. Drei neue Reifen. Letzte Woche eine neue Lackierung, und die Woche davor ein neues Verdeck. Dein Wagen sieht prima aus.«

Diana stieg ein und ließ den Motor an.

»Danke«, sagte sie, »und entschuldige das ganze Durcheinander. In letzter Zeit passiert eine Scheiße nach der andern.«

»Vergiß es. Jetzt ist alles wieder auf der Reihe. Gute Fahrt. Ich ruf dich später an. Ich fahr nach Hause und schlaf ein paar Stunden.«

»Vielen Dank noch mal…«

»Schon gut, Kleines. Bis später.«

Diana fuhr langsam nach vorn zur Straße. Sie winkte ihm flüchtig zu. Er winkte zurück.

Kurz vor der Straße hielt sie. Sie hupte und starrte verzweifelt durchs Seitenfenster zu ihm heraus.

Harry rannte zu ihr hin. »Was ist?«

»Tut mir leid, aber so kann ich den Wagen nicht fahren!« sagte sie, ohne die Scheibe herunterzukurbeln.

»Wieso? Was ist?«

»Da schleift was! Hör doch!«

Sie fuhr ein kleines Stück. Es stimmte. Das schleifende Geräusch war trotz der Musik zu hören.

»Setz wieder zurück«, sagte Harry.

Er ging zu dem Dünnen und schilderte ihm das Problem.

»Ach, das haben wir gleich«, sagte der. »Ist nur ne Kleinigkeit.«

Er machte das schleifende Rad ab, besah es sich und machte es wieder dran. Kein Schleifen mehr.

Diana stieg wieder ein und fuhr zur Straße. Sie winkte. Er winkte. Harry holte tief Luft und wartete ab. Der Fiat reihte sich in den Verkehr ein und verschwand.

Harry fuhr nach Hause, nahm ein Bad und trank ein Bier. Er hatte Glück und erwischte im Fernsehen einen guten Boxkampf im Mittelgewicht. Er hatte es überlebt. Die tiefstehende Sonne schien durchs Fenster und badete ihn in ihrem Glanz. Alles renkte sich wieder ein. Er machte sich ein Sandwich mit Rührei und grüner Paprika. Nach einer Stunde rief er Diana an.

»Alles in Ordnung?« fragte er.

»Ja«, sagte sie, »bis auf die Aufregung mit meiner Katze. Diese Kater haben sie wieder gejagt, die Scheißkerle. Aber jetzt ist sie da. Es ist ihr nichts passiert.«

»Prima…«

»Mutter hat grade angerufen. Sie kommt nächste Woche zu Besuch, wie geplant. Sie läßt dir noch mal danken, daß sie das Gästezimmer haben kann, und du hättest so ein hübsches Haus…«

»Schon gut.«

»Sie bleibt nur drei Tage, dann fährt sie in den Norden.«

»Okay.«

»Ich habe ihre Ankunftszeit und alles. Du weißt, sie kommt langsam in die Jahre. Letzte Woche hat sie sich einen Fußknochen gebrochen, als sie die Treppe runterkam. Es kann sein, daß sie im Rollstuhl sitzt.«

»Wir kümmern uns schon um sie«, sagte Harry.

»Ich will einen Vorhang für ihr Zimmer besorgen. Man kann von der Straße aus direkt reinsehen, das ist nicht recht.«

»Okay.«

»Und noch mal vielen Dank.«

»Vergiß es.«

Sie verabschiedeten sich. Fürs erste. Harry holte sich noch ein Bier. Er setzte sich draußen auf die Stufen und rauchte eine Zigarette. Es wurde Abend. Harry mochte es, wenn es dunkel war. Je dunkler, desto besser. Er rauchte seine Zigarette, er trank sein Bier. Zum erstenmal seit achtzehn oder neunzehn Stunden fühlte er sich richtig gut. Verdammt gut. Und er gestattete es sich, das Gefühl voll auszukosten. Er fand, daß er es sich verdient hatte. Dunkelheit. Frieden. Ah, ah, ah...

Manny Hyman hatte mit sechzehn im Showgeschäft angefangen, war jetzt seit vierzig Jahren dabei und hatte es noch zu keinem Pott gebracht, in den er reinkotzen konnte. Er arbeitete in einem der beiden Salons im Sunset Hotel. Im kleineren. Er sollte sie in rauhen Mengen zum Lachen bringen, aber Las Vegas hatte seine besten Zeiten hinter sich, und das Geld war nach Atlantic City abgewandert, wo alles frischer und neuer war. Außerdem gab es auch noch die gottverdammte Rezession.

»Eine Rezession ist, wenn dir die Frau mit einem anderen durchgeht«, pflegte er ihnen zu sagen. »Eine Depression ist, wenn sie der andere wieder zurückgehen läßt. Meine hat der Typ zurückgehen lassen. Also irgendwo ist da ein Lacher drin, und wenn ich ihn finde, geb ich euch Bescheid...«

Manny saß in seiner Garderobe, hatte eine kleine Flasche Wodka in Arbeit und betrachtete sich im Spiegel. Schütteres Haar. Verschwitzte Stirn. Eine Nase, die auf die Oberlippe runterhing und einen Schlenker nach links machte. Traurige dunkle Augen.

Scheiße, dachte er. Sind schwere Zeiten. Wahrscheinlich geht es allen so. Man läßt es langsamer angehen, aber irgendwie muß man weitermachen. Entweder das, oder man kann nur noch den Hals auf die Eisenbahnschienen legen.

Jemand klopfte an die Tür.

»Herein«, sagte er. »Nichts als stehende Luft hier drin. Und ne alte jüdische Gurke.«

Es war Joe. Joe Silver. Joe stellte für das Hotel die Attraktionen zusammen. Er zog sich einen Stuhl her, setzte sich rittlings darauf, legte die Arme auf die Lehne, parkte das Kinn darauf und sah Manny von der Seite an. Joe war schon so lange im Geschäft wie Manny. Sie sahen fast gleich aus, nur daß Joe nicht arm aussah.

»Du gehst da raus, Manny, und läßt lauter verbittertes Zeug ab. Liegt vielleicht daran, daß du's schon zu lange machst. Weißt du, ich erinner mich an Zeiten, da warst du noch witzig. Da hast du mich immer zum Lachen gebracht. Hast sogar das Publikum zum Lachen gebracht. Scheint noch gar nicht so lange her zu sein...«

Manny verzog das Gesicht. »Ach ja? Du meinst gestern abend?«

»Ich meine letztes Jahr. Ich meine, ich weiß es schon gar nicht mehr.«

»Ach komm, Joe, so schlimm ist es auch wieder nicht«, sagte Manny. Er sah immer noch in den Spiegel.

»Da draußen *ist* niemand, Manny. Du ziehst nicht mehr. Deine Nummer ist so platt, daß man sie unter der Tür durchschieben kann.«

»Auch unter einer Schiebetür?«

»Wir haben hier eine *Drehtür*, Manny. Sie schlenkert dich rein, und wenn du's nicht bringst, schlenkert sie dich mit Karacho wieder raus auf die Straße...«

Manny drehte sich seitwärts und sah Joe an.

»Was soll denn das, Joe. Ich bin einer der großen Komiker. Ich hab Zeitungsausschnitte, die es beweisen. ›Einer der großen Komiker unserer Zeit!‹ *Dir* muß ich das doch nicht sagen!«

»Sie meinten die Eiszeit, Manny. Es geht um *heute*. Hier und jetzt. Wir müssen da draußen mehr Leute an die Tische kriegen. Ich könnte jetzt rausgehn und fünf Pfund trockenen Reis durch die Gegend schmeißen, ohne daß jemand ›Aua!‹ sagt.«

»Vielleicht stehn die Leute nicht auf Trockenreis, Joe. Vielleicht wollen sie gekochten.«

Joe schüttelte den Kopf. »Manny, du kommst den Leuten wie ein verbitterter alter Knacker. Die *wissen* doch schon, daß alles beschissen ist. Sie kommen her, weil sie's *vergessen* wollen!«

Manny setzte die Flasche an und trank einen Schluck.

»Du hast recht, Joe. Ich weiß nicht, was mit mir los ist.

Wir haben schon wieder massenhaft Leute, die um einen Teller Suppe anstehen, wie in den dreißiger Jahren. Und ich seh von der Bühne jeden Tag diese Schweine, die essen und trinken und dumm wie Schifferscheiße sind. Was für ein Recht haben die auf all das Geld? Ich versteh es nicht.«

Joe legte ihm die Hand auf den Arm. »Komm, vergiß diesen Kram. Du sollst nicht für bessere Verhältnisse sorgen, sondern für Lacherfolge...«

»Yeah. Ich weiß...«

»Du weißt, ich kann dich gut leiden, Manny. Als Mensch. Du verplemperst deine ganze Gage am Spieltisch und mit den Girls, aber dagegen hab ich nichts. Jeder braucht ein Ventil. Ich hab auch nichts gegen den Wodka – solange du es bringst. Aber A. J. hat mir gesagt, wir müssen mehr Tische vollkriegen, oder ich bin hier als Promoter erledigt. Du bringst sie nicht zum Lachen, Manny, und mich bringst du auch nicht zum Lachen, und ich hock hier auf dem Schleudersitz! Ich bin am Überlegen, ob ich diesen neuen Jungen reinbringen soll. Benny Blue. Er macht nicht nur Witze, er macht auch neckische Sachen mit Seifenblasen...«

»Joe, dieses Kid ist das Letzte. Purer Abschaum. Hast du gehört, was er sich neulich geleistet hat? Hat sich mit Koks vollgeknallt und eins von den Zimmermädchen naßgepißt. Dann hat er ihr fünf Dollar in den Ausschnitt gestopft und gesagt, sie soll am nächsten Abend wiederkommen.«

»Weiß ich. Aber auf der Bühne ist er gut. Und allein *darum* geht mirs.«

»Ich knall mich nicht mit Koks voll, Joe.«

»Mir doch egal, mit was du dich vollknallst! Ich will wissen, was du *bringst! Dein* Name steht da draußen in Leuchtschrift an der Fassade, und an deinen Tischen sind keine Leute...!«

»Scheiße, das ist die Rezession, Joe! Noch nichts davon gehört?«

»Ja, und laß mir doch bloß deine Rezessionswitze unter

Verputz, Manny. Abend für Abend diese Witze über die Rezession! Du machst die Leute ganz sauer damit. Die wollen was zum *Lachen!* Du machst was *falsch*, Manny. Die Leute bleiben uns *weg!*«

Manny trank einen Schluck aus der Flasche und drehte sich wieder zu Joe Silver um. »Also, dann will ich dir mal was sagen. Es liegt an deinen bescheuerten Tänzerinnen. Du hast jetzt schon die dritte oder vierte Saison die gleichen Girls in den gleichen Kostümen. Die Titten hängen ihnen schon durch, und ihre Ärsche sind mittlerweile so groß wie der nationale Schuldenberg. Und nach ihrem Auftritt gehn sie auch noch anschaffen! ›The Swanettes‹, ha! Du solltest ihnen einen neuen Namen verpassen: ›The Herpes Sisters!‹ Kein Mensch will eine Bande von krätzigen Nutten ansehn, die ihm ihre Plattfüße ins Gesicht schlenkern...«

»Wir können uns keine neuen Kostüme leisten, Manny. Hast du eine Ahnung, was diese Kostüme kosten?«

»Na, wenigstens könntest du in die alten Klamotten was Neues reinstecken.«

»Manny, das ist nicht das Problem. Das Problem bist *du*. Du mußt dein Ding entweder hochkriegen, oder du bist raus, und ich muß Benny Blue mit seinen dreckigen Seifenblasen auf die Bretter stellen.«

»Mein *Ding* hochkriegen?«

»Nur so eine Redensart. Ich meine, deine Nummer mußt du wieder vom Boden hochkriegen. Und wenn's darum geht, ob mein Arsch oder deiner auf der Straße landet, dann wird's auf jeden Fall deiner sein.«

»Danke, Joe.«

»Ich nehme an, du weißt, daß Ginny Brustkrebs hat. Ich steck bis zum Hals in Arztrechnungen...«

»Hab davon gehört, ja.« Manny hielt ihm die Flasche hin. »Da, trink 'n Schluck.«

Joe Silver trank einen Schluck.

»Übrigens, Manny, wie ist es denn letzte Nacht am Spieltisch gelaufen?«

»Du wirst es nicht glauben, aber ich hab anderthalb Rie-
sen mitgenommen.«

»Sagenhaft. Aber tu mir einen Gefallen, Manny...«

»Ja?«

»Schmeiß es nicht gleich wieder zum Fenster raus.«

Joe stand auf. »Na dann: Hals- und Beinbruch. Und 'n
Schlüsselbein dazu.«

»Vielleicht auch noch mein Steißbein, hm?«

»Das auch.«

Manny blieb vor seinem Spiegel sitzen und trank weiter.
Vom Salon draußen konnte er den Sänger hören, der gerade eine lapprige Schnulze vom Stapel ließ. Dieser Wichser wurde nie ausgebuht. Die Ladies mochten das Zeug,
und die Männer ließen es über sich ergehen und waren
froh, daß sie nicht so waren wie dieser Knilch da. Manny
kannte den Sänger von früher. War vom Pasadena City
College geflogen, hatte Koteletten bis runter zum Arsch,
trank Vanille-Shakes und spielte mit den Omas an den
Einarmigen Banditen. Der Kerl hatte ungefähr soviel
Klasse wie das Spundloch einer räudigen Katze.

Ein Klopfen an der Tür. »Dein Auftritt, Manny...«

Er trank noch einen kräftigen Schluck, schaute in den
Spiegel und streckte die Zunge heraus. Sie war grauweiß
gesprenkelt. Er saugte sie rasch wieder ein.

Auf der Bühne war es heiß und viel zu hell. Er wartete,
bis seine Augen sich an das Scheinwerferlicht gewöhnt
hatten. An den Tischen sah er fünf oder sechs Pärchen. Der
Salon hatte sechsundzwanzig Tische. Die Paare redeten
nicht miteinander und bewegten sich nur, wenn sie tranken und die Gläser abstellten und der Bedienung ein Zeichen machten, daß sie dasselbe noch mal wollten.

»Tja hallo, Freunde«, begann Manny und wußte plötzlich nicht mehr, was er sagen wollte. »Wißt ihr«, improvi-
sierte er drauflos, »zwischen Johnny Carson und mir ist
gar kein so großer Unterschied. Carson hat jeden Abend
einen anderen Anzug an. Man sieht ihn nie zweimal im
gleichen Anzug. Ich frage mich, was er mit den vielen An-

zügen macht. Eins weiß ich bestimmt: Ed McMahon kann er sie nicht vermachen...«

Schweigen.

»Der hat nicht das *Format* dafür, kapiert? Na, ich schätze, das war wohl nicht besonders witzig. Aber wißt ihr, ich tu mich an meinen Humor gern so sachte ranrobben. Trick siebzehn mit Anschleichen und so...«

»Na, hoffentlich findest du ihn, eh die Nacht rum ist!« schrie von hinten ein großer Kerl mit Schlagseite.

Manny spähte über die grellen Spots am Bühnenrand in den dunklen Raum. »Ah, jetzt seh ich dich. Mann, du bist ja ein SCHRANK von einem Arschloch. Dir könnten sie die Queen Mary in den Arsch rammen, und es wär noch Platz für die Osterparade.«

»Du bist ne einzige Pleite!« schrie der besoffene Schrank zurück. »Kannst du nicht 'n kleinen Steptanz hinlegen?«

»Ich...«, setzte Manny an.

»Oder noch besser – dich einfach wegzaubern!« schrie ein anderer Besoffener.

Das spärliche Publikum klatschte begeistert Beifall. Manny wartete, bis sie fertig waren.

»Also schön, ich weiß ja, ihr Jungs seid alle unglücklich, weil es eure Freundinnen mit den Arabern treiben, und ihr habt euren VW versetzen müssen, damit ihr die Hypothek abstottern könnt, aber ich bin hier, um euch trotzdem zum Lachen zu bringen...«

»Na, dann machs doch endlich, du koscherer Schwanzlutscher!« röhrte der Große.

»Ich find's immer gut, wenn einer kein Blatt vor den Mund nimmt«, sagte Manny ganz ruhig. »Wenn du jetzt noch aufhörst, bei deiner Ische unterm Tischtuch Stinkfinger zu machen, dann komm ich vielleicht auch mit *meiner* Nummer voran...«

»Na hoffentlich! Es wird schon gleich Tag!«

»Okay. Kennt ihr schon den von dem Schokoladefritzen, der sich beim Versandhaus das Marzipan-Girl bestellt, und im Bett stellt sich heraus...«

»Ja!«

»Aha. Und den mit Reagan und der großen Überraschung, die seine Nancy für ihn hat?«

»Den hast du gestern abend erzählt!«

»Ach, du warst gestern abend schon hier?«

»Ja!«

»Und heute abend bist du wieder hier?«

»Ja!«

»Tja, du Armleuchter, dann sind wir ja schon zu zweit. Der Unterschied ist nur, daß ich für meine Dummheit bezahlt werde.«

»Wenn du morgen abend immer noch da bist, verlang ich Schmerzensgeld!«

Das Publikum klatschte. Manny wartete.

»Der einzige Unterschied zwischen euch und den Leuten auf dem Friedhof ist, daß ihr im Sitzen verschimmelt«, sagte er leise.

»Der einzige Unterschied zwischen deiner Nummer und dem Friedhof ist, daß es dort keinen Eintritt kostet!«

Einige lachten. Manny blinzelte in den Saal.

»Hey, wo kommt ihr eigentlich alle her? Hat euch die Affenmutter im Galopp verloren?«

»Genau! Wetten, daß *deine* Ausrede nicht halb so gut ist?«

Manny machte das Mikrofon vom Ständer ab, setzte sich an den Bühnenrand und ließ die Beine baumeln. Er zog die Wodkaflasche aus der Jackentasche, trank sie aus und warf sie weg.

»Ihr gefallt mir. Ihr steckt voller Scheiße und Gemeinheit. Wißt ihr, ich bin früher viel mit Lenny Bruce rumgezogen…«

»Kein Wunder, daß er anner Überdosis verreckt ist!«

»Und all die *reizenden* Damen hier. Wo kommt ihr Grazien denn her? Direkt aus dem Wachsfigurenkabinett, wie's aussieht. Soll ich euch Kerzen besorgen für eure Muschis?«

»*Das ist nicht witzig, du Yid! Von meiner Frau sagst du so was nicht!*«

Es war der angetrunkene Riese von ganz hinten. Er stand in seiner ganzen Pracht von seinem Tisch auf und wälzte sich wie eine Woge aus Fleisch auf Manny zu. Manny saß wie erstarrt da.

Die Bühnenscheinwerfer gingen aus und wieder an. Die Kapelle legte los. Die Tänzerinnen mit ihren Hängetitten und dicken Hintern kamen heraus und schlenkerten die Beine. Die Musik war laut.

Der Riese stampfte durch das Getöse auf Manny zu. Als er heran war, schwang Manny das eine Bein hoch und trat ihn in die Eier. Der Große grunzte, aber er knickte nicht ein. Als Manny aufstand und von der Bühne flüchten wollte, bekam ihn der Große am Hosenbein zu fassen und zerrte ihn herunter. Manny machte eine Bauchlandung. Der Große hob ihn hoch, stemmte ihn über den Kopf und schleuderte ihn mit voller Wucht auf einen leeren Tisch. Die Rausschmeißer kamen gelaufen. Die Kapelle spielte weiter. Die Girls schlenkerten ihre Beine so hoch sie konnten.

Am Eingang erschien Benny Blue. Er hatte wie immer seine Utensilien dabei, mit denen er die Seifenblasen machte. Er ging sofort ans Werk und produzierte einen schlaffen Penis mit hängenden Eiern. Das schillernde Gebilde schwebte über den Köpfen der johlenden Gäste durch den Salon. Das Showbusiness hatte einen neuen Star.

Es war nach Mitternacht, die Drinks und Zigaretten waren gekommen, ohne daß ich recht wußte woher, und die Musikbox dröhnte ohne Unterbrechung. Die Luft war graublau von schalem Zigarettenqualm. Die Fliegen und Kakerlaken, benebelt und von allem angewidert, waren so abgestumpft wie die Gäste. Es war ein Ort, an dem sich kein vernünftiger Mensch je aufgehalten hätte, doch ich bin kein vernünftiger Mensch, und da war ich nun.

Das Pissoir war unmöglich. Wenn man reinkam, wehte einem der Pisse- und Kottergestank eines Jahrhunderts wie eine Giftgaswolke ins Gesicht. Und niemand benutzte die Toilette. Sie war dunkel und verkrustet und eingetrocknet, und selbst im Wasserkasten war kein Tropfen mehr. Eine Klobrille gab es schon lange nicht mehr, auch der Deckel des Wasserkastens fehlte, die Whisky- und Bierspinnen hatten sich breitgemacht und ihre Netze gesponnen, in denen sie darauf warteten, daß etwas kam.

Ich konzentrierte mich wieder auf meine Umgebung und stellte fest, daß ich neben einem Kerl saß, den ich noch nie gesehen hatte. Er war Mitte dreißig und trug eine Lederjacke. Vielleicht hatte er mir die Drinks spendiert. Sonst saß niemand in der Nähe.

Neben seinem Glas lag eine Packung Pall Malls. Ich nahm sie mir, schüttelte eine heraus und zündete sie mir an.

»Hab ich gesagt, daß du eine Zigarette haben kannst?« fragte er.

»Nein.«

»Vergreif dich ja nicht mehr an meinen Zigaretten!«

Er schob die Packung wieder vor sich hin.

Alles war so ermüdend. Dauernd bekam man es mit einem zu tun, der sich aufplusterte. Sie ertrugen nicht den harmlosesten Scherz, die geringste Konfrontation. Alles empfanden sie als Kampfansage. Jeden Morgen wachten sie verbiestert auf und blieben es den ganzen Tag. Sie wollten nicht verlieren, und sie wußten nicht, wie sie gewinnen sollten. Sie litten an Verstopfung, weil sich soviel Scheiße in ihrem Leben staute.

Ich zog die Pall Malls wieder zu mir her, nahm eine heraus, brach sie durch und warf die beiden Hälften in den Aschenbecher.

Geraume Zeit hockte er nur da und starrte vor sich hin.

Dann machte er den Mund auf.

»Hör mal, ich hab grad wegen schwerer Körperverletzung gesessen! Ich will nicht wieder in den Knast!«

»Dann leg dich nicht mit mir an«, sagte ich.

Es war eine schwüle, dumpfe Nacht. Wir saßen da und atmeten den graublauen Qualm ein, während die Reichen da draußen auf ihren Segelbooten saßen oder ihren Drogenrausch ausschliefen. Das Problem mit dem Leben war, daß es zwischen den riesigen Leerstellen nur winzige Perioden gab, in denen sich was tat, und die Menschen warteten einfach ab, während der Tod auf seinem rotglühenden Arsch saß und sich eins lachte.

»Leg du dich nicht mit *mir* an!« sagte er.

»Besorg dir ein Schaukelpferd mit nem aufgebohrten Arschloch, dann gehts dir besser«, sagte ich.

Ich konnte spüren, wie der Zorn in ihm hochkochte. Mir war es nicht vergönnt, zornig zu werden. Mit einem Zorn, ob berechtigt oder nicht, konnte man reagieren. Ich hatte nichts als einen blassen und müden Ekel.

Er trank Whisky. Ich hatte eine Bierflasche vor mir, die nur noch einen schalen Rest enthielt.

»Spendier mir einen Drink«, sagte ich. »Einen Whisky.«

Er winkte Tommy heran.

»Zwei Whisky.«

Sie kamen. Ich stürzte meinen herunter. Er kippte seinen.

»Noch zwei«, sagte er zu Tommy.

»Laß nur«, sagte ich. »Ich will das Schnorren nicht übertreiben.«

»Trink«, sagte er. Die Whiskys standen vor uns. »Und dann mach ich Kleinholz aus dir.«

»Du meinst, wenn ich den hier trinke, machst du Kleinholz aus mir.«

»Genau.«

»Du weißt, daß ich zu einem Drink nicht nein sagen kann?«

»Ich weiß.«

»Das ist nicht fair«, sagte ich. Dann nahm ich das Glas und trank den Whisky. Er trank seinen.

»Also los«, sagte er.

»Moment«, sagte ich.

»Was ist?«

»Nur noch einen«, sagte ich. »Um die Schmerzen zu betäuben.«

»Noch zwei Whisky«, sagte er zu Tommy.

Sie kamen. Da standen sie, goldbraun und stark, zwischen den toten Fliegen und den halbtoten Gästen. Mein Vater hatte mich immer gewarnt, daß es mit mir einmal soweit kommen würde. Er hatte gewollt, daß ich Ingenieur werde. Meine Güte. Das wäre noch schlimmer gewesen als das hier.

Ich putzte meinen weg, er seinen. Dann stand ich auf, ging zum Ausgang, machte die Tür auf, ging raus. Es war finster. In der Tür hob er sich einen Augenblick gegen das Licht der Kneipe ab. Flüchtig nahm ich eine Neonreklame wahr. Den Schlag sah ich nicht kommen.

Ich saß platt auf dem Arsch, mit gespreizten Beinen, wie eine verdammte Landkrabbe. Schmerzen hatte ich keine. Ich wunderte mich nur ein bißchen – der Kerl war gut. Das war ich auch: Im Wegstecken von Schlägen. Schlägen und Drinks. Ich konnte alles verdauen, was sie zu bieten hatten. Manchmal machte ich sie damit einfach müde. Manchmal auch nicht.

Ich stand auf und schlug einen Schwinger, der vorbeiging, aber während er auswich, trat er in frischen Kotter, den jemand kürzlich hingereihert hatte, und ich traf ihn am Hals. Ich hörte, wie er ein bißchen schluckte. Während er noch verdutzt dreinsah – er war an Siege gewöhnt –, versuchte ich einen linken Haken in seiner Magengrube unterzubringen. Er blockte ihn mit dem Ellbogen ab, konterte mit einer harten Rechten an mein Kinn, und wieder saß ich auf dem Arsch. Es war ein merkwürdiges Gefühl. Als wäre ich so tief in etwas reingeraten, daß es keinen Ausweg mehr gab. Er trat nach meinem Kopf, aber ich sah den Tritt kommen, griff nach seinem Schuh, war überrascht, daß ich ihn zu fassen bekam, und riß ihn im Aufstehen hoch. Jetzt saß er auf dem Arsch.

Ich trat zurück und dachte, wir könnten es vielleicht dabei bewenden lassen. Es gut sein lassen, sozusagen.

Ich wußte, daß ich nur Glück gehabt hatte. Er wußte es auch.

Er stand auf und ging auf mich los. Ich schlug die Linke heraus. Nutzlos. Nichts dahinter. Seinen nächsten Treffer steckte ich so gut weg, daß ich fast stolz war. Dann donnerte er mir noch einen rein, und als ich auf dem Arsch landete, sah ich den Streifenwagen kommen. Ich war froh, ihn zu sehen. Ich hockte da und lächelte dem Streifenwagen entgegen.

Dann spürte ich, wie er mich hochzog. »Dem fehlt nichts«, hörte ich ihn zu den beiden Polizisten sagen. »Ich bring ihn nach Hause.«

Sie blieben sitzen und sahen zu, wie er mich zu seinem Wagen führte und ihn aufschloß. Er setzte mich auf den Beifahrersitz, ging auf die andere Seite herum, stieg ein und ließ den Motor an. Die Bullen sahen uns nach, als wir losfuhren.

Er fuhr durch die Straßen, dann hörte die Beleuchtung auf, und wir waren in freiem Gelände. Viel Platz, viele Bäume. Er fuhr weiter.

Vielleicht bringt er mich hier raus, weil er versuchen will, mir den Rest zu geben, dachte ich.

Aber das war es nicht, was mir Kummer machte.

»Hey«, sagte ich, »ich brauch 'n gottverdammten Drink.«

»Im Handschuhfach ist ne Flasche. Wie heißt du eigentlich?«

»Hank«, sagte ich. Ich griff rein und nahm die Flasche heraus.

»Robert«, sagte er.

Ich riß das Zellophan von der Flasche, machte den Schraubverschluß auf und trank einen Schluck. Ich hielt sie Robert hin. Er trank einen Schluck und gab sie zurück.

»Was machst du so?« fragte er.

»Nichts.«

Wir fuhren weiter, und nach einer Weile sagte er: »Paß mal auf...«

Vor uns fuhr ein Kleinwagen. Er setzte sich daneben und starrte die beiden Jungs an, die drinsaßen. Sie waren etwa neunzehn. Er blieb neben ihnen und starrte zu ihnen rein. Sie bekamen es mit der Angst und gaben Gas. Robert holte sie ein, und als er wieder neben ihnen war, rammte er sie von der Seite, so daß sie fast von der Straße abkamen. Beide schrien gleichzeitig los.

»Hey! Scheiße! Was soll denn das?«

»Sind Sie verrückt?«

Robert fuhr stur neben ihnen her und starrte sie an. Dann rammte er sie wieder.

»Hey! Herrgott noch mal! Sie Arschloch!«

Er rammte sie wieder, und dieses Mal verlor der Fahrer die Kontrolle. Der Wagen schleuderte über den Seitenstreifen und landete im Gebüsch. Robert fuhr von der Straße herunter und blockierte ihnen den Fluchtweg.

»Welchen willst du dir vornehmen?« fragte er mich.

»Ich nehme den, der als zweiter aussteigt.«

Wir kletterten aus unserem Wagen und warteten. Die Fahrertür ging auf, und ein großer Bursche stieg aus. Er trug ein graues Sweatshirt. Ein netter blonder Junge.

»Was ist los mit euch? Spinnt ihr?« fragte er.

Robert ging zu ihm hin und drosch ihm die Faust an den Kopf. Der Junge sank auf die Knie und hielt sich den Kopf.

»Herrgott, wieso ham Sie denn das gemacht?« fragte er.

Robert packte ihn an den Haaren und schlug ihm den Kopf an die Karosserie.

Meiner stieg jetzt auf der Beifahrerseite aus. Ich ging auf ihn zu. Noch ehe ich heran war, griff er in seine Hüfttasche, zog die Brieftasche raus und warf sie mir hin.

»Nehmen Sie's«, sagte er, »aber tun Sie mir bitte nichts.«

Ich hob die Brieftasche auf, nahm das Geld heraus und warf sie ihm zurück.

»Einer Schlägerei solltest du nie aus dem Weg gehn«, sagte ich. »Das schwächt den Willen.«

Ich drehte mich um und schaute rüber zu Robert. Sein Typ lag bewußtlos da, und er nahm ihm gerade die Armbanduhr und einen Ring ab.

»Komm, Robert, verschwinden wir hier.«

Da nahm mich mein Typ von hinten in den Schwitzkasten. Ich bekam keine Luft mehr. Knallrote Blitze zuckten vor meinen Augen. Ich trat nach hinten, traf ihn am Schienbein, und sein Griff lockerte sich ein wenig. Ich konnte mich zur Seite drehen, aber schon hatte er mich wieder. Ich packte seine Eier und riß daran, und er ließ mich los. Er knickte ein und hielt sich die Weichteile. Ich stellte mich hinter ihn und trat ihn in den Arsch, und er kippte vornüber und stöhnte. Ich stand da und sah ihn mir an. Nur ein Junge, der die Mädels pimpern wollte. Nur ein Junge, der aufs College wollte.

Robert kam neben mir heran und versetzte dem Jungen einen harten Tritt an den Kopf. Der Junge bäumte sich auf, als hätte er einen elektrischen Schlag bekommen. Dann wurde er schlaff.

»Das war nicht nötig, Robert. Könntest ruhig ein bißchen gnädig sein.«

»Das ist was für Arschkrücken.«

»Es wäre trotzdem nicht nötig gewesen.«

»Doch, war es. Und jetzt vergiß es.«

»Es paßt mir nicht, daß du das gemacht hast.«

»Was dir paßt oder nicht, ist uninteressant.«

Wir gingen zum Wagen zurück und stiegen ein. Robert startete, und dann waren wir wieder auf der Straße. Ich trank einen Schluck Scotch und hielt Robert die Flasche hin. Er winkte ab: »Nee, ich trink nicht mit Schwächlingen.«

»Gut. Dann bleibt um so mehr für mich.«

Wir fuhren durch die Nacht, und ich nippte an der Flasche.

»Wie ein Baby mit seiner Flasche. Ihr Alkoholiker seid alle schwach«, sagte er.

Ich ging nicht darauf ein.

»Du bringst es nicht ohne Sprit, wie?« fragte Robert.

»Nein.«

Ich trank wieder einen Schluck. Es interessierte mich nicht, ob ich schwach oder stark war. Ich wollte nur die Stunden herumbringen. Ich hatte nicht einmal ein Interesse, auf mich selbst Eindruck zu machen.

»Mein Vater hat gesoffen«, sagte Robert.

»Hat es ihn umgebracht?«

»Die Bullen haben ihn umgebracht.«

»Oh.«

Kriminalität hatte in seiner Familie offensichtlich Tradition. Ich konnte spüren, wie sie sich in ihm festgefressen hatte. Ich spürte noch etwas anderes in ihm, etwas, das umgänglich und leger sein wollte, aber das andere war zu übermächtig. Er war einfach automatisch und von Natur aus gefährlich. Manches daran sagte mir zu, aber nicht alles. Seine Wut hatte keinen Humor. Er spulte sie ab wie einen Job.

»Ich nehm jetzt doch 'n Drink«, sagte er.

Ich reichte ihm die Flasche. Er trank und gab sie zurück.

»Meine Mutter ist grad rausgekommen. Hat fünf Jahre gesessen. Wegen Totschlag.«

»Allerhand. Scheint ne tolle Frau zu sein.«

»Ist sie auch. Hast du gesessen?«

»Nein«, sagte ich, »nur in Ausnüchterungszellen.«

»Halt dich an mich. Von mir kannst du noch was lernen.«

»Yeah.«

Wir fuhren weiter. Es war eine angenehm warme Nacht. Es war schön, eine Weile aus dieser Kneipe rauszukommen. Die Leute, die dort auf den Barhockern saßen, waren einfach einsam. Die ganze Welt war einsam. Alle taten, als wäre es nicht so, als kämen sie zurecht. Sie konnten sich nicht mal den Arsch abwischen. Nichts war so öde wie die große Masse, und das war alles, was es gab.

»Wenn du willst«, sagte Robert, »können wir jede Nacht zusammen losziehen. Du hast so ne coole Art, die den meisten fehlt.«

»Ich bin nicht cool«, sagte ich. »Nur müde.«

»Ist doch egal. Wir können zusammenarbeiten.«

»Ich werd es mir überlegen.«

In Wirklichkeit beschäftigte mich der niedrige Pegelstand der Flasche. Roberts krimineller Wahnsinn würde ohne etwas zu trinken nicht mehr so betörend sein. Ohne das war alles nichts. Trinken gab mir einen Vorsprung. Ohne das war ich Durchschnitt. Ich wollte nicht Durchschnitt sein. Es war zu schwer.

Ich nuckelte an der Flasche.

»Trinken ist eine Art von Davonstehlen«, sagte ich zu Robert. »Ich stehle mich gern davon.«

Er konzentrierte sich aufs Fahren. Ich mochte das Geräusch des Motors, das Dahinsausen in der Dunkelheit. Es war, als würde man frei durch die Zeit schweben. Bewegung. Ungehinderte Aktion.

»Hey!« sagte er. »Ich glaub, da haben wir einen!«

Wir näherten uns einem Wagen. Ich merkte Robert an, wie er sich zu seinem Lebensinhalt aufschwang. Wie ein Tiger, der sich auf ein Gnu stürzt.

Es war ein kleines Auto. Ein Kerl und ein Mädchen saßen darin. Ein junges Pärchen. Robert setzte sich neben sie und starrte zu ihnen rüber. Sie schauten geradeaus und taten, als wären wir nicht da. Aber wir waren da.

»Robert«, sagte ich, »laß sie gehn. Die wollen nur leben.«

»Das ist denen ihr Problem!«

Der Kerl im anderen Wagen nahm Gas weg. Vielleicht dachte er, wir würden überholen. Falsch geraten. Robert bremste ab und blieb neben ihnen. Dann fuhr er ihnen seitlich rein und drückte sie von der Straße.

Wir stiegen aus unserem Wagen, und der Bursche stieg aus seinem. Au, war der kräftig. Ein bißchen angetrunken, die Haare hingen ihm in die Augen, aber er war groß und kräftig, er würde seine Freundin beschützen. Wahrscheinlich ein Highschool-Footballstar. Jemand, der es gewohnt war zu siegen.

Da stand er im Mondschein und drückte die Brust raus. Er war ein Prachtexemplar, und er wußte es.

»Okay«, sagte er, »ich nehme es mit jedem von euch auf. Wer will als erster?«

»Hören Sie«, sagte ich, »wir haben nur Blödsinn gemacht. Lassen wirs auf sich beruhen.«

Robert sah mich an.

»Was ist denn mit dir? Bist du schwul?«

»Nee, glaub ich nicht.«

»Na schön, ich kümmer mich um diesen Hotdog.«

Er ging auf den großen Burschen zu. Dessen Freundin stieg aus dem Wagen. Sie war auch ein Prachtexemplar. Lange Haare, prima Figur. Sie waren ein prächtiges Paar. Der Junge würde eines Tages Firmenanwalt sein und sie Mannequin. Sie waren Siegertypen, denen alles von selbst zufallen würde. Ich kam mir vor, als würden wir unbefugt irgendein heiliges Land der Zukunft betreten.

»Mach ihn fertig, Lance!« schrie das Mädchen.

»Kein Problem, Darlene.«

Der große Bursche und Robert gingen aufeinander zu. Sie finteten nach links und rechts. Es war sehr still. Man konnte das Schlurfen ihrer Füße hören. Der Mond schien interessiert zuzusehen. Alles hielt die Luft an. Das Unkraut, die Bäume, die Wolken. Dann eine jähe Bewegung. Eine Faust, die an einen Kopf knallte. Robert ging zu Boden.

Er stand sofort wieder auf.

Was mach ich, wenn er Robert k.o. schlägt? dachte ich.

Ich wollte nur eins – wieder in meiner schmuddeligen Bude sein, im Bett liegen, die Decke hoch bis ans Kinn, an die Zimmerdecke starren, warten. Darin hatte ich Übung.

Wieder hörte ich ein Geräusch, und der große Bursche lag am Boden. Die Schläge sah man überhaupt nicht. Es war kein Kampf zwischen Männern, es war ein Kampf zwischen Klapperschlangen.

Der Bursche stand auf, und Robert traf erneut, diesmal nicht so wirkungsvoll, aber gut genug, um den Jungen taumeln zu lassen. Als er nachsetzen wollte, schlug ihm das Mädchen von hinten was auf den Kopf. Das stoppte ihn einen Augenblick. Er sah zu mir her.

»Kümmer du dich um die Alte, während ich den Kerl hier erledige!«

Ich rannte zu dem Mädchen hin und hielt ihr die Hände fest. Gott, war die schön. Ihre Augen blitzten vor Wut und Angst, ihr Körper zuckte und verdrehte sich. Ich bekam tatsächlich von ihrem bloßen Anblick schon einen Steifen. Sie schien es trotz ihrer Verwirrung zu bemerken.

Sie spuckte mir ins Gesicht. »Du häßlicher Bettler!«

Dann stieß sie das Knie hoch, um mich zu entmannen. Der Stoß ging knapp vorbei. Ich haute ihr eine runter und sah, wie sie im Mondschein taumelte. Ihre langen blonden Haare flatterten erregend durch die Luft. Ich packte sie und drückte meinen Mund auf ihren, sie biß mich, ich schrie auf, boxte sie in den Magen, und sie fiel hin. Ihr Rock rutschte hoch, und ich bekam lange, magisch glänzende Nylonbeine zu sehen.

Robert erschien neben mir. »Ich hab ihn erledigt«, sagte er. Er schaute auf das Mädchen runter. »Los, die ficken wir.«

»Nein.«

Ich bückte mich und half ihr auf die Beine. Sie war ein bißchen kirre. Sie stand dicht vor mir und sah mich an.

»Bringen Sie ihn nicht um, bitte, bringen Sie ihn nicht um, ich liebe ihn!«

»Keine Sorge«, sagte ich, »es wird nichts passieren.«

»Hey, was hast du denn?« fragte Robert. »Ich werd das Luder ficken!«

»Nein«, sagte ich, »das ist nicht recht.«

»Meinst du, irgendwas ist recht, was wir machen? Warum ziehst du dauernd ne Linie?«

Er stieß mich weg, packte das Mädchen und bugsierte es auf ein Gebüsch zu.

»Nein«, sagte sie. »Nein! *Bitte nicht!*«

»Halt die Klappe«, sagte Robert.

Anscheinend schlug sie nach ihm oder tat sonst etwas gegen ihn. Er revanchierte sich, sie schrie, und er zerrte sie ins Gebüsch. Ich ging zum Wagen, holte die Flasche heraus und trank den letzten Rest. Dann ging ich zu dem Jungen und sah ihn mir an. Ich beugte mich zu ihm herunter. Er sah aus, als würde er schlafen. Ich konnte sehen, daß er atmete. Er war also nicht tot. Schön. Dann konnte er immer noch Firmenanwalt werden. Ich ging zu dem Auto der beiden, machte die Tür auf und setzte mich rein. Auf dem Boden stand eine Tasche. Ich griff hinein und entdeckte eine Flasche teuren Wein, die noch fast voll war. Ich lebte wieder auf. Ich ging zurück zu Roberts Wagen, lehnte mich dagegen und nuckelte an der Flasche.

Nach einer Weile kam Robert wieder. Er blieb stehen und sah mich an.

»Es war fabelhaft«, sagte er. »Es hat ihr Spaß gemacht. Erst hab ich sie gefickt, dann hab ich gesagt, sie soll mir einen blasen, und dann hab ich sie in den Arsch gefickt. Es hat ihr Spaß gemacht.«

»Ja, jede Wette.«

»Doch, hat es.«

»Komm, verschwinden wir hier…«

»Sie wartet auf dich, Hank. Sie will noch mehr.«

»Hör auf mit dem Scheiß. Du hast sie doch nicht gekillt, oder?«

»Nein, sie liegt bloß da und wartet auf mehr. Mit gespreizten Beinen.«

»Komm, gehn wir.«

Der große Bursche streckte noch immer alle viere von sich. Wir stiegen in Roberts Wagen und fuhren zurück, Richtung Stadt. Es war noch Nacht, und alles war still, bis auf das Summen des Motors. Es war, als wäre nichts geschehen. Die Bäume standen da, als wäre nichts, der Asphaltbelag der Straße klang unter den Reifen nicht anders als zuvor, nur der Mond schien Bescheid zu wissen, und an Robert kroch jetzt etwas hoch, etwas Schleimiges, es hüllte ihn ein, es drang ihm in die Augen, die Ohren, den Mund, es war unter seinen Armen und zwischen seinen Zehen, es schleimte ihn ein und sickerte in seine Poren, und es hatte nichts mit Moral zu tun, mit Recht oder Unrecht, es war etwas anderes, etwas vollkommen Widerwärtiges und Unerklärliches.

»Ich seh, du hast eine Flasche gefunden«, sagte er.

»Yeah. Ich hatte Glück.«

»Auch wenn du nicht den Mumm gehabt hast, das Luder zu ficken, du hättest sie wenigstens vollwichsen können.«

»Yeah. Ich schätze, ich hab meine Chance verpaßt.«

Wir kamen in die Außenbezirke der Stadt, ins Armenviertel. Robert griff in die Tasche und warf mir ein Bündel Scheine in den Schoß.

»Deine Hälfte. Der Junge war gestopft.«

»Danke. Du bist ja sehr ehrlich.«

»Muß ich ja. Wir haben da ne gute Sache am Laufen.«

Ich nannte ihm meine Adresse. Als guter Ganove kannte er sich in der Stadt aus und brachte mich glatt hin. Wir hielten vor der Pension. Die ganze Nachbarschaft schlief schon seit mindestens fünf Stunden.

»Paß auf«, sagte er, »die Nacht ist noch nicht rum. Ich würde dich gern meiner Mutter vorstellen.«

»Ich bin sicher, sie ist ne großartige Frau, Robert, aber ich möchte jetzt nur rein und ein bißchen schlafen.«

Ich stieg aus, und Robert fuhr in seinem Wagen davon. Ich holte den Schlüssel raus, schloß die Haustür auf, ging die Treppe hoch. Auf dem ersten Treppenabsatz sah ich das gerahmte Jesusbild. Er machte ein kummervolles Gesicht, wie ein junger Kerl, dem die Freundin gerade mit einem Dealer davongelaufen ist.

Ich ging in mein Zimmer, pißte ins Waschbecken, zog mich bis aufs Unterhemd aus. Dann kletterte ich mit dem ganzen Geld und meiner Flasche Wein in das ungemachte Bett. Ich hatte noch nie so viel Geld gesehen. Ich stopfte mir das Kissen in den Rücken, saß im Dunkeln da und saugte an der Flasche.

Schemenhafte Dinge huschten vorüber, glitten so rasch vorbei, daß sie nie Gestalt annahmen.

Eine Maus kam heraus. Sie kletterte auf die Kochplatte, lief am Griff meiner Kaffeekanne hoch, verharrte auf halber Höhe, sah zu mir her. Ich sah sie im ersten Licht der Morgendämmerung, das wie ein Blitz durchs Fenster drang. Wir starrten uns an. Es gefiel ihr nicht, daß ich in ihrem Zimmer war. Im nächsten Augenblick war sie verschwunden.

Ich war wieder allein. Wenn ich allein war, ging es mir sofort besser. Wenn man allein ist, kann man höchstens noch ein Problem mit sich selbst haben. Das ist leichter zu ertragen. Man gerät nicht in Schwierigkeiten. In Wirklichkeit, das wußte ich, war ich ein ganz netter Kerl.

Ich trank die Flasche aus und warf sie auf den Boden. Dann patschte ich das Kissen glatt, wälzte mich auf den Bauch, kehrte der hirnrissigen Decke den Arsch zu und schlief ein.

Ich weiß nicht mehr genau, wie es anfing. Ich hatte einen Vorschuß von fünftausend Dollar bekommen, dann war etwa ein Jahr vergangen, und dann hörte ich von Harry Flax, daß sie den Film in Italien drehten. Harry Flax war ein fixer Junge, der für den Verlag Waterbed Press in San Francisco als eine Art Mauschler und Strohmann fungierte. Harry Flax hatte überall die Finger drin, einschließlich meines Bücherschranks, aus dem einige meiner vergriffenen Bücher verschwunden waren. Aber das ist eine andere Geschichte, und H. F. ist nicht der einzige, der in meinem Bücherschrank schon zugegriffen hat. Ich erfuhr also, daß die Dreharbeiten zu ›Songs of the Suicide Man‹ begonnen hatten, Luigi Bellini führte Regie, Ben Garabaldi sollte mich spielen und Eva Mutton meine ehemalige Freundin. Ich sah mir nur selten einen Film an. Ich konnte meine Zeit selbst totschlagen und brauchte keine Hilfe dabei. Doch die wenigen Leute, die ich kannte, sagten mir, daß Bellini eine große Nummer war und einige ausgefallene und gewagte Filme gemacht hatte. Ihrer Meinung nach. Im Lauf der Jahre war ich ab und zu auch mal über den Schauspieler Garabaldi gestolpert. Er war nicht schlecht. Nicht gerade toll, aber nicht schlecht. Er hatte die sympathischen Augen eines Mannes, der an Verstopfung leidet und auf dem Pott sitzt und drückt. Ich mochte seine Augen. Aber wenn man von ihnen absah, war er zu bequem. Netter Macho-Typ, aber selbstzufrieden und kein bißchen verrückt. Wahrscheinlich war er so abgeklärt, weil er schon eine Unmenge Damen vernascht hatte. Von Eva Mutton wußte ich nicht viel, aber man sagte mir, sie sei ein aufreizend erotisches Ding, und alle Italiener träumten davon, es ihr zu besorgen.

Na gut, ich hörte von Flax, ich hörte von Hans Weiner, meinem Agenten und Vollstrecker in Europa, und ich wußte nun, daß die Dreharbeiten im Gange waren. Meine Short-Stories von Waterbed Press sollten in etwas anderes umgemodelt werden. Ich vergaß die ganze Sache. Ich schrieb gerade an ›The Band-Aid-Dog‹, einem Roman über meine Kindheit, und die bloße Erinnerung an meinen Vater und all die Scheißtypen in der Grundschule, die mich wie den letzten Dreck behandelt hatten, gab mir genug zum Nachdenken.

Ich tippte also und ging zu den Pferderennen, und wenn ich nicht an der Schreibmaschine saß, trank ich mit Sarah, und obwohl sie nur 45 Kilo wog und ich glatte 100 auf die Waage brachte, hielt sie Glas für Glas mit. Was für eine Person, die ein Reformkost-Restaurant führte, recht ungewöhnlich war. Jedenfalls klappte es ganz gut mit den Pferdewetten und mit dem Tippen auch, und als ich etwa drei Viertel des Romans fertig hatte, bekam ich einen Anruf von Flax. Er sagte, die Italiener seien in der Stadt und müßten einige Szenen am Strand von Venice drehen, und sie wollten sich mit mir treffen. Meinetwegen, sagte ich. Ort und Zeit wurden vereinbart. Sarah mochte den Filmbetrieb. Ich machte mich auf das Schlimmste gefaßt. Streck deinen Schwanz aus dem Fenster, und eine Amsel wird kommen und sich draufsetzen.

Wir parkten vor dem Haus in West-Hollywood. Sarah und ich stiegen aus unserem Wagen, Flax und seine Freundin Sunday aus ihrem.

»Moment«, sagte ich, »wir können noch nicht rein.«

»Warum nicht?« fragte Flax.

»Weil sie vielleicht nichts zu trinken haben.«

»Doch, ganz bestimmt.«

»Das Risiko ist mir zu groß.«

Auf der anderen Straßenseite war ein Spirituosenladen. Ich ging rüber und holte mir was…

Es war ein großer Raum. Sie hatten Tische zusammengerückt und eine lange Planke drübergelegt. Die ganze Crew war da. Bellini, Garabaldi. Nur Mutton war in Italien geblieben. Sie kam in den Venice-Szenen nicht vor. Man machte uns mit allen bekannt. Haufenweise Italiener, die meisten klein und dünn. Bis auf Bellini, der sehr klein und sehr dick war. Er hatte ein angenehm menschliches, interessantes Gesicht. Garabaldi war in Bluejeans und hatte einen Stoppelbart, um auszusehen wie ich. Ich war jedoch glattrasiert und trug eine Jacke von Brooks Brothers, eine neue Hose und blankgewienerte Schuhe.

Jemand gab mir einen Pappbecher voll Weißwein. Ich trank. Der Wein war warm.

»Ist das alles, was ihr habt?« fragte ich.

»Ja, aber wir haben eine Menge davon!«

»Mensch, das Zeug ist ja *warm!* Weißwein trinkt man nicht warm. Was ist denn mit euch los?«

»*Eis!*« schrie jemand. »*Besorgt Eis! Eis!*«

Ich packte meine Flasche Rotwein aus, entkorkte sie, goß Sarah und mir ein und gab die Flasche an die Italiener weiter.

»Ihr solltet Roten besorgen«, sagte ich.

»*Rotwein!*« schrie jemand. »*Holt Rotwein!*«

Bellini saß mir gegenüber. Er sah mir in die Augen.

»Chinaski«, sagte er, »wir werden um die Wette trinken.«

Ich lachte.

Er schwang sein rechtes Bein auf den Tisch.

»Was machen Sie denn, zum Kuckuck?« fragte ich.

»So trinke ich immer.«

»Okay.« Ich schwang auch mein Bein auf den Tisch.

Bellini trank ex. Ich trank ex. Wir bekamen nachgefüllt und tranken es runter. Das konnte ja ein prächtiger Nachmittag werden.

Einer der Italiener hielt mir ein Mikrofon vors Gesicht.

»Deine Mutter lutscht Hundeohren«, sagte ich.

Er war ein netter Junge – er lachte.

Ben Garabaldi stand neben mir. Er stand die ganze Zeit nur da und hielt sich an seinem Pappbecher fest. Ein Jahr danach behauptete er in einem Interview, er hätte mich unter den Tisch gesoffen. Ich nehme an, Schauspieler stellen sich alles vor, was sie wollen.

»Ich hab Sie in dem Film gesehen, wo Sie einen Nachtklubbesitzer spielen«, sagte ich. »Nicht schlecht.«

»Ich lese Ihre Bücher«, sagte er mit einem Lächeln.

»Ich hatte mal eine Freundin, die Bildhauerin war. Sie kannte einen Schauspielerkollegen von Ihnen, und der hatte arrangiert, daß sie sich mit Ihnen treffen und eine Büste von Ihnen modellieren sollte, aber ich ließ sie nicht gehen, weil ich Angst hatte, daß Sie sie flachlegen.«

Er lächelte wieder. Er hatte ein nettes Lächeln. Reich an Erfahrung. Und diese Augen. Aber er war nicht der Richtige, um Chinaski zu spielen. Innerlich pennte er.

Da das Mikrofon noch da war, beantwortete ich einige Fragen und erzählte ein paar Geschichten, während wir tranken. Die Italiener lachten an den richtigen Stellen. Sarah setzte sich ab. Sie kannte meinen Kram auswendig. Wir tranken und tranken. Ich zog die Jacke aus und sengte mir Löcher ins Hemd. Unser Trinkwettbewerb machte nicht viel her – die Pappbecher waren zu klein und mußten dauernd aufgefüllt werden. Zuhause trank ich aus einem silbernen Kelch, der knapp einen halben Liter faßte. Bald war nur noch Wein und warmes Bier übrig. Ich holte Sarah, Flax und Sunday zusammen, und wir verschwanden.

Monate vergingen. Vielleicht ein Jahr. Der Roman wurde fertig, und ich fragte mich, ob ich je noch mal einen schreiben würde. Aber das war nicht so wichtig. Ich hatte ja noch die Pferderennen, das Gedicht und die Short-Story.

Um diese Zeit erreichten mich Briefe von Leuten, die sagten, daß ›Songs of the Suicide Man‹ fertig war und in Italien in den Kinos lief. Später hörte ich, daß der Film in Deutschland lief, dann auch in Frankreich. Ich hörte von fünf oder sechs Leuten, die ihn gesehen hatten. Der Autor ist fast immer der letzte, der was erfährt. Wer ist schon der Autor. Ein Autor ist so was wie eine Nutte. Eine Nutte benutzt man, und dann ist man fertig mit ihr.

Sie denken, wenn Autoren leiden, dann bringen sie es um so besser. So ein Humbug. Mit Leiden ist es wie mit allem anderen: Zuviel davon, und du gehst daran zugrunde. Dem Leiden entrinnen, *das* macht große Autoren: Es ist ein so erhebendes Gefühl, daß es sich auch auf die Leser überträgt.

Na, ist ja egal. Der Film landete schließlich in Hollywood und sollte in einem Kino an der Melrose Avenue anlaufen. Bei mir klingelte das Telefon. Welche Ehre. Aber es waren nicht Garabaldi und Bellini, sondern der Verleiher und seine Kumpane. Einer von ihnen, ein Typ namens Benji, der Pressemensch des Verleihers, wollte ein Interview mit mir machen. Er hatte die Angewohnheit, mich morgens um acht anzurufen.

»Nein, Benji, kein Interview…«

»Es wird dem Film helfen!«

»Ich mach keine Reklame für den Film. Ich hab gehört, er ist Scheiße.«

»Nein, er ist großartig! Er ist großartig! Lassen Sie sich nur ein bißchen ausfragen, wie Sie den ›Suicide Man‹ geschrieben haben. Es hilft…«

»Verdammt noch mal, Benji, ich hab dir schon zweimal gesagt, daß ich bis spät in die Nacht arbeite, und daß du mich nicht vor zwölf Uhr mittags anrufen sollst!«

»Aber da sind Sie bereits auf dem Weg zur Rennbahn!«

»Genau.«

Klick…

Ich fand heraus, daß es so funktionierte – zumindest in diesem Fall: Der Verleiher erwirbt vom Produzenten das Recht, den Film in den Kinos auszuwerten, sagen wir mal in England oder Amerika oder Europa. Dann versucht der Verleiher, den Film möglichst vielen Kinos reinzuwürgen, damit er seine Kosten wieder hereinholt. Alles, was er darüber hinaus reinholt, ist sein Profit. Und alle möglichen Leute sind bei diesen Deals mit Prozenten beteiligt. Mir scheint, das bedeutet eine Menge Druck und ein enormes Risiko.

Eines Nachmittags kam der Verleiher mit Benji und drei anderen vorbei. Der Verleiher hieß George Blackman und war aus New York. Ich mag Leute aus New York, wenn sie mir in San Pedro begegnen. Unübersichtlich wird es für mich nur, wenn ich sie in New York treffen muß. Er war ein korpulenter Mensch in einem grauen Anzug mit Krawatte. Auch Benji trug einen grauen Anzug mit Krawatte. Ich kenne diese Typen. Ihre Schuhe sind immer ein wenig abgestoßen, und die Ecken ihrer Hemdkragen stehen heraus. Blackmans Freundin hieß Angel. Sie hatte schlohweißes Haar, und ihr Gesicht sah nach tausend Jahren aus, doch der Rest von ihr sah aus wie neunzehn. Das nennt sich »Durchbeißen«, und sie hatten sich alle recht gut durchgebissen – sie hatten einen knallharten Charme –, doch ich wußte nichts mit ihnen anzufangen. Sie brachten schlechten Wein mit, in Vierliterflaschen mit Henkeln dran. Die stellte ich in den Besenschrank und fuhr meinen guten Roten auf. Sarah war neugierig und stellte ihnen eine Menge Fragen, und das war gut, weil es sie mir vom Leib hielt. Bei diesen Deals wird immer getrunken und gegessen, vielleicht auch gekokst, alles in entspannter Atmosphäre, dabei lastet auf allen ein permanenter Druck, und sie versuchen sich verzweifelt klar zu werden, was sie da eigentlich machen und wie sie es überleben sollen.

»Kriegen Sie Prozente bei diesem Film?« fragte mich Blackman.

»Angeblich ja, aber fragen Sie mich nicht, ob vom Brutto- oder Netto-Einspielergebnis – ich weiß es nicht.«

»Schon gut«, sagte Blackman, »ich frag Sie nicht danach.«

Später fuhren wir zu dem Restaurant am Hafen, wo sie lebende Krabben haben, die man sich backen lassen kann. Ich mag das Lokal, weil dort die arbeitende Bevölkerung hingeht und man nur selten auf Yuppies stößt, deren Anblick einem jedes Essen verleiden kann. Wir gingen an den Wasserbecken entlang und besahen uns die Krabben. »Also«, sagte ich zu Blackman, »wenn Sie die Krabbe sehen, die Sie wollen, zeigen Sie einfach darauf, und einer der Boys bringt sie dann dem Mann am Backofen.«

Wir trafen unsere Wahl, setzten uns an einen Tisch und tranken Bier, während wir auf das Essen warteten. Jemand hielt mir einen Kassettenrecorder unter die Nase. Es war Benji.

»Sagen Sie was«, kommandierte er.

»Okay – wer bezahlt das alles?«

»Blackman.«

»Gut. Wie wärs denn damit: Wir sind alle Opfer der Umstände, und wenn wir ihnen entkommen wollen, gehn wir daran kaputt.«

»Ja?«

»Ja. Und dauernd gibts einen, der dich auf dem Highway unbedingt schneiden muß. Er kennt dich nicht einmal, und es kümmert ihn auch nicht. Schlimmer noch – es ist ihm egal, ob du dabei draufgehst.«

»Ja?«

»Ja. Alles verschwört sich gegen dich, und das wenigste ist wichtig. Die großen Dinge sind selten entscheidend...«

»Ja? Was ist denn entscheidend?«

»Entscheidend sind die kleinen Dinge. Dich vergewissern, daß dein Auto genug Kühlwasser hat. Zum Beispiel. Oder dir die Zehennägel schneiden. Genug Klopapier haben. Oder eine Ersatz-Glühbirne. Solche Sachen.«

»Das hört sich nicht nach viel an.«

»Ist es aber. Ordne deine trivialen Angelegenheiten, dann kriegst du auch die Riesendinger in den Griff.«

»Auch das Sterben?«

»Selbst das Sterben bekommt dann eine zwingende Logik.«

»Das gefällt mir«, sagte Benji.

»Mir auch«, sagte ich. »Auch wenns vielleicht nicht stimmt.«

Die Krabben wurden serviert. Wir tranken Bier dazu, und es schmeckte uns so gut, daß wir uns das gleiche noch mal bestellten und noch mehr Bier tranken. Wir waren eine genießerische Runde und schätzten uns glücklich. Dann stiegen wir wieder in die Autos und fuhren zu mir.

Danach trafen wir uns noch ein weiteres Mal. Blackman kam vorbei und backte einen weißen Fisch mit viel Zwiebeln drauf, sie brachten auch einen guten Rotwein mit, und wir saßen bis in den frühen Morgen beisammen und redeten. So hatten wir wenigstens etwas zu tun, während wir auf den Starttermin des Films warteten.

Schließlich kam der Abend der Premiere. Sarah und ich gingen essen. Das Lokal lag gegenüber vom Kino, und über dem Eingang des Kinos konnten wir es sehen: SONGS OF THE SUICIDE MAN. Wir tranken Wein und warteten auf unser Essen. Für den Film hatten wir eine Flasche von unserem mitgebracht. Ich hatte so eine Ahnung, daß wir ihn brauchen würden. Zwischen ein Buch und seine Verfilmung schiebt sich so manches, vor allem der Egoismus von Leuten, die nichts lassen können, wie es ist; sie müssen es nach ihren Ideen umfrisieren, und ihre Ideen können nicht besonders gut sein, sonst wären sie nicht so dumm, sich im Filmgeschäft zu verschleißen.

Nach unserem Essen schlappten wir über die Straße. Vor dem Kino stand eine Menschenmenge. Wir drängten uns ins Foyer durch, und dort umringten sie mich mit ihren Exemplaren von ›Suicide Man‹. Jeder wollte ein Autogramm. Ich hatte keine Ahnung, daß von meinem Buch so viele Exemplare verkauft wurden. Wo zum Teufel blieben meine Tantiemen? Es war heiß im Foyer, und Sarah wurde an mich gedrückt von den Leuten, die mir ihre Exemplare entgegenreckten.

»Das ist schlimmer als eine Dichterlesung«, sagte sie.

»Nein«, korrigierte ich sie, »*nichts* ist schlimmer als eine Dichterlesung.«

Jemand drückte mir eine Halbliterflasche Whisky in die Hand. Ich genehmigte mir einen ordentlichen Schluck.

»Behalten Sie sie«, sagte der Bursche. »Ihr Zeug hat mich schon viel zum Lachen gebracht.«

Also trank ich eben weiter, während ich Bücher signierte. Allerhand junge Damen, die ein Buch von mir dabeihatten. Ich stellte mir vor, daß sie es nachts unter ihr Kopfkissen schoben. Ich trank und signierte und trank. Whisky und Wein, das ist eine gute Mischung: Man stumpft total ab.

Plötzlich stand Benji neben mir und nahm mich am Arm.

»Sie fangen mit dem Film erst an, wenn Sie keine Bücher mehr signieren.«

»Das war das letzte Autogramm!« schrie ich.

Wir drängten uns in den Saal, wo man zwei Plätze für uns reserviert hatte. Wir setzten uns, ich nahm unsere Flasche Rotwein aus der Tüte und entkorkte sie. Dann wurde es dunkel, und der Film fing an.

Ben Garabaldi war bei einer Dichterlesung. Er hatte eine Sonnenbrille auf und las ein Gedicht vor. Das war ein schlechter Anfang. Bald stellte sich heraus, daß der Film noch viel schlechter war, als ich gedacht hatte. Garabaldi spielte seine Rolle, wie ich es befürchtet hatte – lasch und fürchterlich normal. Mit jeder Szene wurde es schlimmer. Er hing dauernd an der Flasche, aber er trank nicht, als würde er es brauchen, und er wurde nie betrunken. Wein ist dazu da, daß er einen betrunken macht und vergessen läßt. Nun, etwas vergaß auch Garabaldi – die Schauspielkunst.

Dann die Szene in der Bar, wo er Eva Mutton kennenlernt. Ich bin schon in einigen hundert Bars gewesen, aber so eine Frau habe ich in einer Bar noch nie gesehen. Sie war einfach kein Bar-Typ. Eher so was wie ein mißmutiges Mannequin, das den Mund nicht aufkriegt.

Der Film wurde so miserabel, daß ich mir Luft machen mußte. Ich fing an, die Akteure auf der Leinwand anzuschreien und Regieanweisungen zu brüllen. Sie gehorchten mir nicht. Ich versuchte es weiter.

Schließlich blaffte mich ein Zuschauer an. »Verdammt, warum halten Sie nicht den Mund?!«

»Ich bin Chinaski!« schrie ich zurück. »Wenn hier jemand ein Recht hat, wegen diesem Film einen Schreikrampf zu kriegen, dann ich!«

Der Film ging weiter, und Garabaldi bekam nie einen Rausch. Am Ende ist er unten am Strand und umklammert die Beine einer Minderjährigen in einem Badeanzug. Hinter ihm brechen die Wellen, und der Wind weht ihm durchs Haar. Er fängt an, ein Gedicht über die Atombombe zu rezitieren, das ich mal vor zig Jahren geschrieben habe. Er verbreitet sich darüber, wie gnadenlos dumm wir gewesen sind, daß wir das atomare Monster geschaffen haben. Er deutet an, daß wir es uns schon in längst vergessenen Zeiten angetan haben; daß wir unsere Chancen mehr als einmal versaut haben – und werden wir denn nie was dazulernen? Dann schaut er dem Girl an den Beinen hoch, die Wellen brechen, und die Möwen kreisen.

»Ab in den Orkus!« schrie ich. Der Film endete. Der Applaus war spärlich.

Wir verschwanden aus dem Kino. Das nächste, was ich weiß, ist, daß wir mit Blackman, Benji und Anhang in einer Bar waren. Wir saßen an einem Tisch, und Sarah forderte mich gerade auf, die Klappe zu halten. Ich hatte zu einem Kellner nur nett sein wollen, aber irgendwie hatte ich es fertiggebracht, ihn zu beleidigen. Die Leute gingen mir auf den Geist. Dauernd waren sie beleidigt. Wenn man nicht sagte, was sie hören wollten, faßten sie es als Affront auf.

Wir saßen da einige Zeit, und die anderen jubelten ständig den Film hoch, also fing ich an, von was anderem zu reden, von Pferderennen, vom Boxen, aber sie hockten nur herum und jubelten weiter diesen Film hoch. Sie wollten nicht, daß er durchfiel, denn das hätte bedeutet, daß sie versagt hatten. Schon hart.

Das nächste, woran ich mich erinnere, ist, daß Sarah und ich den Freeway langfuhren. Nur, daß wir uns verfahren hatten. Ich hatte keine Ahnung, welcher Freeway es war. Aber wir hatten noch Wein und Zigaretten. Es fing an zu regnen. Die Sicht war schlecht, aber nicht so schlecht, daß ich das kreisende Blaulicht übersehen konnte, das plötzlich im Rückspiegel auftauchte. Ich fuhr rechts ran.

Ich mußte ins Röhrchen pusten, und es verfärbte sich. Im nächsten Augenblick hatten sie mir die Hände mit Handschellen auf den Rücken gefesselt. Dann mußte ich mich auf dem Seitenstreifen der Länge nach hinlegen. Die Handschellen zwickten. Wasser umspülte mich. Es lief mir in die Hose. Es durchweichte meine Unterhose. Fünf oder sechs Bullen in gelben Regenmänteln standen um mich herum. Zwei von ihnen schwenkten ihre Stablampen. Sie redeten mit Sarah. Die war auch nicht mehr nüchtern.

»Hey!« schrie ich von unten. »Ich bin der größte Schriftsteller des zwanzigsten Jahrhunderts! Behandelt ihr so eure Unsterblichen?!«

Einer der Bullen kam her und leuchtete mir ins Gesicht.

»Sie schreiben, hm? Was schreiben Sie denn?«

»Dreckige Stories. Ich krieg demnächst den Nobelpreis.«

Dann fand ich mich mit Sarah auf dem Rücksitz eines Streifenwagens wieder. Einer der Bullen fuhr in meinem Wagen hinter uns her.

»Das ist grauenhaft«, sagte Sarah. »Was werden sie mit uns machen?«

Sie war an die Polizei nicht so gewöhnt wie ich.

»Wird schon gutgehn«, sagte ich...

Was dann kam, war äußerst merkwürdig. Ich sackte weg, und als ich wieder zu mir kam, waren die Handschellen ab, und wir saßen wieder in meinem Wagen. Der Wagen stand auf einem großen Parkplatz hinter irgendeiner Polizeiwache.

»Sarah«, sagte ich, »wo sind die Bullen?«

»Ich weiß nicht.«

Ich schaute nach den Wagenschlüsseln. Sie waren nicht da. Sie hatten mir die Schlüssel weggenommen.

»Sarah, hast du meine Schlüssel?«

»Nein. Und meine Zweitschlüssel haben sie mir auch abgenommen.«

Darauf konnte ich mir keinen Reim machen.

»Vielleicht sind wir glimpflich davongekommen«, sagte ich. »Vielleicht lassen sie uns hier sitzen und wieder nüchtern werden.«

»Ich finde, das sollten wir auch«, meinte sie.

»Quatsch.«

Ich war ein Schlüssel-Freak. Ich hatte immer einen zweiten Zündschlüssel in einer der beiden Hüfttaschen. Ich griff nach hinten in die nasse rechte Tasche, und da war er!

»Wir sind gerettet«, sagte ich. »Jetzt aber nichts wie weg hier!«

»Nein! Nein! Ich will nicht, daß du in dem Zustand fährst! Du wirst uns umbringen.«

Sie war völlig verängstigt. Die Bullen hatten ihr einen Schreck eingejagt.

Ich steckte den Schlüssel ins Zündschloß und ließ den Motor an. Gott, fühlte ich mich gut!

»Nein!« sagte Sarah. »Tu es nicht!«

»Mensch, werden die sich wundern…!«

Ich fuhr vom Parkplatz, kam auf die Straße, und nach einer Weile sah ich eine Freeway-Auffahrt. Die nahm ich.

»Du fährst zu schnell!« kreischte Sarah.

»Blödsinn.«

»Zu schnell! Zu schnell!«

Ich hörte einen grausigen, furchterregenden Schrei, und dann warf sich Sarah kreischend auf mich und zog mir ihre Fingernägel durchs Gesicht. Ich konnte sie nicht abwehren. Es regnete immer noch, und ich mußte das Lenkrad festhalten. Wie eine Furie bearbeitete sie mich mit ihren Krallen. Schließlich gab sie auf. Dann kamen Ausfahrtschilder, die ich erkannte. Wir fuhren jetzt nicht mehr in die Irre. Genauer gesagt, wir waren schon fast zu Hause. Es dauerte nicht lange, und wir bogen in unsere Einfahrt ein. Da ich ein Schlüssel-Freak war, brauchte ich nur das

Handschuhfach zu öffnen – da lag unser Hausschlüssel, und schon waren wir drin. Sarah ging sofort zu Bett. Ich setzte mich ins Wohnzimmer und tupfte mir mit einem nassen Handtuch das Gesicht ab, noch ganz berauscht von der gelungenen Flucht...

Am nächsten Tag klappte ich das Telefonbuch auf, suchte mir wahllos einen Arzt heraus und vereinbarte einen sofortigen Termin für eine Tetanusspritze.

Ich kam in einen langen Flur, der voll war von betrunkenen und übel zugerichteten Kerlen. Lauter Jungs von der Handelsmarine. Ein Mädchen gab mir ein langes Formular zum Ausfüllen. Ich gab es gleich wieder zurück.

»Sind Sie denn nicht Matrose?« fragte sie.

»Wie schreibt sich denn das?« fragte ich zurück.

Na bitte, sie war beleidigt. Ich hatte es wieder getan.

Eine halbe Stunde wartete ich in einem kleinen Raum. Dann kam eine Krankenschwester rein und gab mir meine Spritze.

»Das war eine Frau, stimmts?« fragte sie.

»Stimmt.«

»Sie gehn garantiert wieder zu ihr zurück.«

»Ich hab sie gar nicht verlassen.«

Das ist jetzt mehr als ein Jahr her. Von ›Songs of the Suicide Man‹ ist nichts mehr zu hören. Ich nehme an, der Film ist in der Versenkung verschwunden. In Italien soll er angeblich eine Unmenge Geld eingespielt haben, aber von meinen Prozenten habe ich keinen Pfennig zu sehen bekommen. Inzwischen war schon wieder ein Produzent hier. Aus Spanien. Er hat mir einen Vorschuß gezahlt. Er will fünf von meinen Short-Stories, und jede soll ein anderer Regisseur verfilmen. Einer aus Spanien, einer aus Deutschland, einer aus Frankreich, einer aus Japan und einer aus den USA. Jeder in seiner Sprache. Er kam eines Abends vorbei und erzählte mir davon. Ich saß da und trank die ganze Nacht durch. Er nicht. Es war sehr merkwürdig. Ich sag euch dann Bescheid.

Charles Bukowski. Den Göttern kommt das große Kotzen.
Deutsch von Carl Weissner. Illustriert von Robert Crumb.
KiWi 1012

Erstmals in deutscher Sprache: ein Tagebuch von Charles
Bukowski, gnadenlos offen und schonungslos – nicht nur
sich selbst, sondern allen gegenüber, die seinen Weg
kreuzen.

Charles Bukowski im dtv

Ein Profi
Stories vom verschütteten Leben
Übers. v. Carl Weissner
ISBN 978-3-423-10188-2

Hot Water Music
Erzählungen
Übers. v. Carl Weissner
ISBN 978-3-423-11462-2

Jeder zahlt drauf
Stories
Übers. v. Carl Weissner
ISBN 978-3-423-11991-7

Ausgeträumt
Roman
Übers. v. Carl Weissner
ISBN 978-3-423-12342-6

Faktotum
Roman
Übers. v. Carl Weissner
ISBN 978-3-423-12387-7

Hollywood
Roman
Übers. v. Carl Weissner
ISBN 978-3-423-12390-7

Pittsburgh Phil & Co.
Stories vom verschütteten Leben
Übers. v. Carl Weissner
ISBN 978-3-423-12391-4

Nicht mit sechzig, Honey
Gedichte vom südlichen Ende
der Couch
Übers. v. Carl Weissner
ISBN 978-3-423-12392-1

**Gedichte die einer schrieb
bevor er im 8. Stockwerk
aus dem Fenster sprang**
Übers. v. Carl Weissner
Fotos v. John Webb & Gipsy
Lou; Richard Robinson; Sam
Cherry; Brad Darby
ISBN 978-3-423-12578-9

Flinke Killer
Gedichte
Übers. v. Carl Weissner
Illustr. v. Janosch
ISBN 978-3-423-12698-4

Western Avenue
Gedichte 1955–1977
Übers. v. Carl Weissner
ISBN 978-3-423-13268-8

Nackt bei 33 Grad
Gedichte
Übers. v. Carl Weissner
ISBN 978-3-423-13398-2

Neuedition der drei Gedicht-
bände ›Pacific Telephone‹,
›Die Girls im grünen Hotel‹
und ›Die letzte Generation‹
in einem Band.

**Das Schlimmste kommt noch
oder Fast eine Jugend**
Roman
Übers. v. Carl Weissner
ISBN 978-3-423-20963-2

»Diese Erinnerungen sind
spannend, böse und witzig.«
(Los Angeles Times)

Bitte besuchen Sie uns im Internet: www.dtv.de

Charles Simmons im dtv

»Charles Simmons' Sätze sind karg und klar gebaut,
voller Raum für Luft und Licht.«
Süddeutsche Zeitung

Salzwasser
Roman
Übers. v. Susanne Hornfeck
ISBN 978-3-423-**12900**-8

»Im Sommer 1963 verliebte
ich mich, und mein Vater
ertrank.« Meer, Sand, Wind,
ein Haus in den Dünen.
Feinfühlig erzählt Simmons
vom Verlust der Unschuld.
»Ein kleines Meisterwerk.«
(Frankfurter Rundschau)

Lebensfalten
Roman
Übers. v. Susanne Hornfeck
ISBN 978-3-423-**13062**-2

Eine eigenwillige Form der
Autobiographie: Charles
Simmons zieht das Fazit seines bisherigen Lebens.
»Nüchtern, melancholisch,
voller Selbstironie und stillem
Humor. Ein verhaltenes Buch
über die Mühsal und vor
allem das Glück zu leben. So
sollte es sein, unser Buch des
Lebens.« (Elmar Krekeler in
der ›Welt‹)

Belles Lettres
Roman
Übers. v. Klaus Modick
ISBN 978-3-423-**13363**-0

Intrigen, Chaos und Kämpfe
hinter der Fassade einer ange-
sehenen Literaturzeitschrift.

Das Venus-Spiel
Roman
Übers. v. Jörg Trobitius
ISBN 978-3-423-**13414**-9

Eine literarische Komödie
über einen seltsamen Zauber-
trank, der eine enorme sexuelle Wirkung entfaltet.

**Geständnisse eines
ungeübten Sünders**
Roman
Übers. v. Klaus Modick
ISBN 978-3-423-**13609**-9

Simmons Debüt von 1964.
»Dieser Briefroman ist in seiner ganz und gar unprätentiö-
sen Art, in seinem charmant-
angeberhaften Tonfall reine
Gegenwart.« (Frankfurter
Allgemeine Zeitung)

T. C. Boyle im dtv

»Aus dem Leben gegriffen und trotzdem unglaublich.«
Barbara Sichtermann

World's End
Roman
Übers. v. Werner Richter
ISBN 978-3-423-11666-4 und
ISBN 978-3-423-21030-0

In der Nacht seines 22. Geburtstages rast Walter Van Brunt betrunken und bekifft mit seinem Motorrad gegen eine Gedenktafel. Die Vergangenheit holt ihn ein…

Greasy Lake und andere Geschichten
Übers. v. Giovanni Bandini u. Ditte König
ISBN 978-3-423-11771-5

Geschichten voller Action, Witz und Überraschungen.

Grün ist die Hoffnung
Roman
Übers. v. Werner Richter
ISBN 978-3-423-11826-2 und
ISBN 978-3-423-20774-4

Drei schräge Typen versuchen in den Bergen nördlich von San Francisco Marihuana anzubauen, um endlich ans große Geld zu kommen. Doch das Leben in der Wildnis ist strapaziös…

Wenn der Fluß voll Whisky wär
Erzählungen
Übers. v. Werner Richter
ISBN 978-3-423-11903-0

Willkommen in Wellville
Roman
Übers. v. Anette Grube
ISBN 978-3-423-11998-6

Zu Dr. John Harvey Kelloggs Tempel der Gesundheit wallfahrtet die gesundheitsbewußte Oberschicht Amerikas…

Der Samurai von Savannah
Roman
Übers. v. Werner Richter
ISBN 978-3-423-12009-8

Als der japanische Matrose Hiro Tanaka vor der Küste Georgias von Bord eines Frachters springt, ahnt er noch nicht, was ihm in Amerika blüht… Ein tragikomischer Roman über die dramatische Begegnung zweier Kulturen.

Tod durch Ertrinken
Erzählungen
Übers. v. Anette Grube
ISBN 978-3-423-12329-7

América
Roman
Übers. v. Werner Richter
ISBN 978-3-423-12519-2 und
ISBN 978-3-423-20935-9

»Ein Buch wie ein rasanter Film, in dem Erste und Dritte Welt aufeinander krachen.« (Elke Heidenreich)

Bitte besuchen Sie uns im Internet: www.dtv.de

T. C. Boyle im dtv

Riven Rock
Roman
Übers. v. Werner Richter
ISBN 978-3-423-**12784**-4

Der steinreiche Erbe Stanley McCormick leidet unter sexuellen Wahnvorstellungen und kann mit keiner Frau allein gelassen werden – schon gar nicht mit seiner eigenen.

Fleischeslust
Erzählungen
Übers. v. Werner Richter
ISBN 978-3-423-**12910**-7

Geschichten über Exzesse, Mordlust, Sehnsucht und Gier.

Ein Freund der Erde
Roman
Übers. v. Werner Richter
ISBN 978-3-423-**13053**-0

Mit Sarkasmus und Witz erzählt Boyle von der Zukunft, die längst begonnen hat.

Schluß mit cool
Erzählungen
Übers. v. Werner Richter
ISBN 978-3-423-**13158**-2

Drop City
Roman
Übers. v. Werner Richter
ISBN 978-3-423-**13364**-7

Eine Hippiekommune zieht in den 70er Jahren von Kalifornien nach Alaskas ... Sex, Drugs and Rock 'n' Roll – das große Epos der Gegenkultur.

Dr. Sex
Roman
Übers. v. Dirk van Gunsteren
ISBN 978-3-423-**20981**-6

USA 1939: Alfred Kinsey untersucht das sexuelle Verhalten von Männern und Frauen, und zwar empirisch. John Milk wird in Kinseys innersten Zirkel aufgenommen ...

Talk Talk
Roman
Übers. v. Dirk van Gunsteren
ISBN 978-3-423-**21060**-7

»Identitätsdiebstahl«: diese jüngste Verbrechensvariante treibt allerorten existenzvernichtende Blüten. Die gehörlose Dana Halter wird unversehens Opfer eines solchen Verbrechens und sinnt auf Rache. – »Einen richtigen Thriller hat Boyle da hingelegt, ein rasantes Roadmovie und eine Lovestory.« (Brigitte)

Bitte besuchen Sie uns im Internet: www.dtv.de